U0727143

市场营销理论与实务

——基于价值共创逻辑

唐德淼　主编

科 学 出 版 社

北　京

内 容 简 介

本书共 10 章，分别为"市场与营销：共生价值""影响因素分析：理解价值""产品与品牌策略：创造价值""市场细分与定位：驱动价值""消费行为分析：锁定价值""价格策略：获取价值""促销策略：传播价值""渠道策略：传递价值""战略管理：促进价值""营销伦理：永续价值"。全书结合经济、产业和市场营销热点，解构知识体系；坚持问题导向，提升分析及解决问题的能力，具有较高的指导价值。

本书可作为商科类教学用书，也可作为企业管理者的参考读物。

图书在版编目（CIP）数据

市场营销理论与实务：基于价值共创逻辑/唐德淼主编. —北京：科学出版社，2023.10
ISBN 978-7-03-076894-0

Ⅰ. ①市… Ⅱ. ①唐… Ⅲ. ①市场营销学–教材 Ⅳ. ①F713.50

中国国家版本馆 CIP 数据核字（2023）第 213624 号

责任编辑：薛飞丽 周春梅/责任校对：王万红
责任印制：吕春珉/封面设计：东方人华平面设计部

科 学 出 版 社 出版
北京东黄城根北街 16 号
邮政编码：100717
http://www.sciencep.com

北京九州迅驰传媒文化有限公司 印刷
科学出版社发行 各地新华书店经销
*
2023 年 10 月第 一 版 开本：787×1092 1/16
2023 年 10 月第 一 次印刷 印张：12 1/4
字数：290 000

定价：49.00 元
（如有印装质量问题，我社负责调换〈九州迅驰〉）

销售部电话 010-62136230 编辑部电话 010-62135397-2039

版权所有，侵权必究

前　言 ▶▶

　　互联网、社交电商、创意生产、产品迭代、大数据、渠道创新等赋能要素推动着市场营销深刻变革。数字化营销、柔性管理将增强应对环境不确定风险的能力，促进价值共生、韧性成长。营销革命 4.0 的转型已势不可当，需要一系列新的营销策略作为支撑。

　　本书在上述趋势和价值共创逻辑的推动下应运而生。全书共 10 章，包括"市场与营销：共生价值""影响因素分析：理解价值""产品与品牌策略：创造价值""市场细分与定位：驱动价值""消费行为分析：锁定价值""价格策略：获取价值""促销策略：传播价值""渠道策略：传递价值""战略管理：促进价值""营销伦理：永续价值"。全书结合党的二十大关于经济和产业发展的重要论述以及市场营销的热点，解构知识体系；坚持问题导向，提升分析及解决问题的能力。

　　本书得到江苏省"333 高层次人才培养工程"中青年学术技术带头人、江苏省高校"青蓝工程"中青年学术带头人、江苏省高校优秀教学团队（带头人）、国家社会科学基金重大项目现代产业体系发展的理论与政策研究等项目资助。

　　编者在编写本书过程中，吸收了芮明杰、陈劲、黄涛、刘志彪、王永贵、郭国庆等专家的研究成果，在此表示诚挚的谢意！同时，感谢无锡环境科学与工程研究中心、苏州工业职业技术学院、科学出版社等单位的支持；感谢薛飞丽编辑的审稿以及 Julian T. 的图表制作。

　　由于编者水平有限，不足之处在所难免，欢迎读者提出宝贵意见，以便再版时修订。

目　　录 ▶▶

◆ 第 1 章 市场与营销：共生价值

市场营销就是解决企业、顾客和社会三者之间的关系，围绕价值主线由创造效用价值阶段、价值主张提炼阶段发展到协同利益相关者及价值共创阶段，并经历从生产观念、产品观念、推销观念到市场营销观念、关系营销观念、服务营销观念、体验营销观念、互动营销观念、数字化营销观念以及价值营销观念的转变。[①]

1.1 市 场

市场是社会分工和产品经济的产物。随着社会分工越来越细化，产品交换日益复杂，形成了买方和卖方的集合。从宏观角度来看，卖方的集合是行业，买方的集合是市场。卖方把产品、服务、信息以及创造的价值传递给市场；反过来，他们获得货币、收益，以及顾客（客户）体验等有价值的反馈。从微观角度来看，美国市场营销协会将市场定义为一种产品和劳务的所有潜在购买者的需求总和。菲利普·科特勒（Philip Kotler）指出，市场是由一切具有特定需求或欲望，愿意且可能从事交换来满足需求和欲望的潜在顾客组成的，即：市场=人群+购买欲望+购买力。市场是由具有购买意向和购买能力的人群构成的，缺少任何一个条件都难以构成市场。[②] 这三个要素相互制约、缺一不可，只有三者结合起来才能构成现实的市场，才能决定市场的规模和容量。

在营销管理中，市场往往特指组织的顾客群体，市场细分（market segmentation）、目标市场（target market）等概念中的市场就是站在卖方的角度分析的，强调的是顾客（客户）群体。其实，市场有两面性，即一面是生产商和其所提供的产品及其价值，另一面是顾客和其所寻求的利益。随着信息化、网络化时代的到来，市场可以分为有形的空间市场和无形的空间市场，即分别是实体运营市场和网络虚拟市场，两种市场的发展出现了边界融合，线上线下、混业经营的趋势。

1.2 市 场 营 销

市场营销是一门不断发展的学科。在不同阶段，不同的市场营销学者对其定义（概

---

① 王永贵，2019. 市场营销[M]. 北京：中国人民大学出版社：3-4.
② 王永贵，2022. 市场营销[M]. 2 版. 北京：中国人民大学出版社：2-5.

念）的界定有所不同，对市场营销的认识也呈现出不断发展的过程（表 1-1）。菲利普·科特勒、加里·阿姆斯特朗（Gary Armstrong）在其著作《市场营销：原理与实践（第17 版）》中将市场营销（marketing）定义为，企业为获得利益回报而为顾客创造价值并与之建立稳固关系的过程。结合前人的有关论述，本书认为，市场营销是创造需求的过程，本质是实现价值创造、价值传递及价值交换的过程。

表 1-1　市场营销的关键定义

关键代表	定义	特征
美国市场营销协会	是为顾客、客户、合作伙伴和整个社会创造、沟通、传递、交换具有价值的提供物的一系列活动、组织、制度和过程	以企业为主导，强调顾客和企业的价值互换过程
菲利普·科特勒	是个人或集体通过创造并同别人交换产品和价值，从而使个人或集体满足其欲望或需要的一种管理过程	强调顾客和企业的价值互换
卢施和韦伯斯特	是一种组织能力，引导企业感知、认识和获取并了解顾客和市场，同时提炼出一种价值主张，并在价值共创（共同创造）和企业整体价值提高的过程中将利益相关者整合为一体	强调企业与利益相关者共创价值，而不再仅涉及简单的交易关系

资料来源：王永贵，2022. 市场营销[M]. 2 版. 北京：中国人民大学出版社：4. 编者整理。

营销逻辑正在发生不断演进。服务主导逻辑作为新的营销理念已经被许多人所接受并达成共识。在这种营销理念下，许多企业采纳了以服务为中心的营销观点，即：识别核心竞争力，识别能够从这些竞争优势中获得利益的潜在顾客，通过创造满足顾客具体要求的产品或服务来培育企业与这些顾客之间的关系，获得顾客信息，研究与分析顾客信息，从而改进产品与服务，为顾客提供价值。作为新的营销理念的服务主导逻辑，首先意味着企业应当更加重视顾客导向（生产与销售顾客所需的产品与服务），企业必须与顾客合作，了解顾客需求的变化，以改进产品，满足顾客的需求。其次，意味着产品与服务是一个整体，二者不可分离。[①]

营销的核心特性包括：帮助企业创造价值；在多种情形下发生；既可以由个体，也可以由组织来实施；与满足顾客的需要和欲望有关；意味着交换；要求做出产品、价格、渠道和促销的决策。

广义上，市场营销是一种通过创造和与他人交换价值，来实现个人和组织的需要和欲望的社会和管理过程。在狭义的商业环境中，市场营销涉及与顾客建立价值导向的交换关系。市场营销过程的一般模型（图 1-1）即创造、获取顾客价值的过程，主要

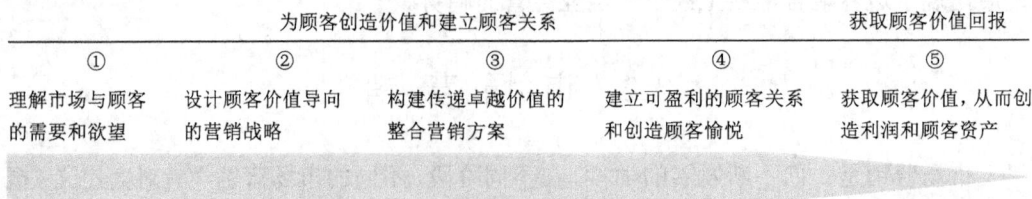

为顾客创造价值和建立顾客关系				获取顾客价值回报
①	②	③	④	⑤
理解市场与顾客的需要和欲望	设计顾客价值导向的营销战略	构建传递卓越价值的整合营销方案	建立可盈利的顾客关系和创造顾客愉悦	获取顾客价值，从而创造利润和顾客资产

图 1-1　市场营销过程的一般模型

---

① 阿尔文·伯恩斯，罗纳德·布什，2015. 营销调研[M]. 于洪彦，金钰，译. 7 版. 北京：中国人民大学出版社：2-3.

包括五个步骤。在前四个步骤中，企业努力理解顾客，创造顾客价值，并建立稳固的顾客关系；在最后一个步骤中，企业因创造卓越的顾客价值而得到回报。正是通过为顾客创造价值，企业从顾客身上得到以销售额、利润和长期顾客权益为形式的价值回报。[①]

在市场营销过程的一般模型中，前四个步骤集中于为顾客创造价值。企业首先必须通过调查顾客的需求和管理市场营销信息获得对市场的全面理解。然后，以对两个基本问题的回答为基础，设计顾客价值导向的市场营销战略。第一个基本问题是"我们为谁提供服务"（市场细分和目标市场选择）。优秀的市场营销人员明白，自己不可能周全地为所有人提供服务。相反，企业需要将资源集中于自己能够更好地服务并且盈利性更高的顾客。第二个基本问题是"怎样才能够更好地为目标顾客服务"（差异化和定位）。此时，市场营销人员必须明确提出为赢得目标顾客需要传递的价值主张。依据确定的市场营销战略，企业要制定一套由四种市场营销组合要素（表 1-2）相互配合而构成的整合的市场营销方案，将既定的市场营销战略转化为真正的顾客价值。

表 1-2　市场营销组合要素

要素	基本任务	二级要素（具体活动）	价值形式
产品	向目标顾客提供有形产品和无形服务	产品的特性、质量、外观、品牌、包装、服务等	创造价值
价格	对顾客获得产品所需支付的货币成本的测量	定价目标、基本价格、折扣、支付方式、信用条件、价格调整等	获取价值
渠道	企业为使产品顺利到目标市场需要采取的活动	分销目标、渠道类型、中间商、营业场所、渠道管理、物流	传递价值
促销	传递产品信息并说服顾客购买的活动	促销目标、整合营销、人员推销、广告、销售促进、公共关系	沟通价值

资料来源：梁文玲，2019. 市场营销学[M]. 3 版. 北京：中国人民大学出版社：30；杜鲁弗•格雷瓦尔，迈克尔•利维，2015. 市场营销学[M]. 郭朝阳，译. 3 版. 北京：中国人民大学出版社：6. 编者整理。

企业根据目标市场的需求，选择自己的产品和服务，制定合适的销售价格，选择分销渠道和促销策略。但是这些可控因素的选择不是一成不变的，随着企业内外部环境的改变，企业的市场营销组合一部分或全部改变以适应新的环境，这样才能使企业的市场营销活动充满活力。

在市场营销组合中，每个变量是由许多子因素组合而成的。企业进行整体市场营销活动必须针对目标市场的需要，协调内部各种资源，适应外部环境变化，从多种营销组合中选择最佳组合。即在确定市场营销组合时，不但要求 4 个 P 之间的最佳搭配，还要注意安排好每个内部的因素搭配，使所有这些因素达到灵活运用和有效组合。

市场营销组合理论主要有以下几种。

[①] 菲利普•科特勒，加里•阿姆斯特朗，2020. 市场营销：原理与实践[M]. 楼尊，译. 17 版. 北京：中国人民大学出版社：5-6.

① 12Ps，包括产品计划（product planning）、定价（pricing）、厂牌（factory plate model）、供销路线（supply & marketing path）、人员销售（personnel sale）、广告（advertising）、促销（promotion）、包装（packaging）、陈列（display）、扶持政策（supportive policy）、实体分配（physical distribution）、市场调研（market research）。

② 4Ps，包括产品（product）、价格（price）、渠道（place）、促销（promotion）。

③ 11Ps，包括探查（probing）、分割（partitioning）、优先（prioritizing）、定位（positioning）、产品（product）、价格（price）、渠道（place）、促销（promotion）、政治权力（political power）、公共关系（public relation）、人（people）。

④ 4Cs，包括顾客（customer）、成本（cost）、便利（convenience）、沟通（communication）。

⑤ 4Rs，包括关联（relevancy）、反应（respond）、关系（relation）、回报（return）。

⑥ 4Is，包括趣味（interesting）原则、利益（interests）原则、互动（interaction）原则、个性（individuality）原则。

⑦ 4S，包括满意（satisfaction）、服务（service）、速度（speed）、诚意（sincerity）。

⑧ 4Vs，包括差异化（variation）、功能化（versatility）、附加价值（value expansion）、共鸣（vibration）。

总之，市场营销学者和企业营销实践者提出了许多营销理论，在实践中，4Ps 是基础，市场营销组合理论从 4Ps 到 11Ps、4Cs，再到 4Rs、4Is 等，不断递进、完善和发展，相互不能取代，在营销实践中要有机结合起来才能取得更好的效果。

企业先开发产品并为它们创立强势的品牌识别、制定价格以创造真实的顾客价值；然后合理地分销产品，使目标顾客方便地买到它们；最后，还要设计促销方案，向目标顾客沟通价值主张，说服他们对市场提供的产品做出积极反应。市场营销过程中最重要的一步，也许是与目标顾客建立以价值为基础的、能为企业带来盈利的关系。纵观整个过程，市场营销人员都在为创造顾客满意和顾客愉悦而进行顾客关系管理。然而，在创建顾客价值和顾客关系的过程中，企业不能孤军奋战，必须与公司内部和整个市场营销系统中的营销伙伴紧密合作。因此，企业除了做好卓越的顾客关系管理，还必须进行有效的伙伴关系管理。市场营销过程的前四个步骤为顾客创造价值；最后一个步骤则是公司从顾客那里获得价值，从稳固的顾客关系中收获回报。递送卓越的顾客价值能培养出一批高度满意的顾客，这些顾客将更多地购买公司的产品或服务，并乐意一再惠顾。这有利于公司获得顾客终身价值和更大的顾客份额，其最终结果是企业长期顾客权益的提升。最后，面对当今不断变化的市场营销环境，企业必须关注额外的三个因素，即在建立顾客关系和伙伴关系时，企业必须强化市场营销技术，利用全球（广泛）市场机会，并确保以符合伦理和社会责任的方式行事。

为顾客创造价值并建立顾客关系是市场营销过程的有效扩展的逻辑起点，由此出发有丰富的外延扩展内涵（图 1-2）。

```
                    为顾客创造价值并建立顾客关系
┌─────────┬─────────┬─────────┬─────────┬─────────┐
│ 理解市场和顾 │ 设计顾客价值 │ 构建传递卓越 │ 建立营利性的 │ 从顾客处获取 │
│ 客的需要和   │ 导向的市场营 │ 价值的整合营 │ 关系和创造顾 │ 价值以创造利 │
│ 欲望         │ 销战略       │ 销计划       │ 客愉悦       │ 润和顾客     │
└────┬────┴────┬────┴────┬────┴────┬────┴────┬────┘
     ↓         ↓         ↓         ↓         ↓
┌─────────┬─────────┬─────────┬─────────┬─────────┐
│ 研究顾客和   │ 选择所要服务 │ 产品和服务设 │ 顾客关系管   │ 创造满意、忠 │
│ 市场         │ 的顾客：市场 │ 计：建立强势 │ 理：与所选择 │ 诚的顾客     │
│             │ 细分和目标市 │ 品牌         │ 的顾客建立持 │             │
│             │ 场选择       │             │ 久的关系     │             │
└─────────┴─────────┴─────────┴─────────┴─────────┘
┌─────────┬─────────┬─────────┬─────────┬─────────┐
│ 管理市场营销 │ 制定价值方   │ 定位：创造真 │ 伙伴关系管   │ 获得顾客终身 │
│ 信息和顾客   │ 案：差异化和 │ 正的价值     │ 理：与营销伙 │ 价值         │
│ 数据         │ 定位         │             │ 伴建立稳固的 │             │
│             │             │             │ 关系         │             │
└─────────┴─────────┴─────────┴─────────┴─────────┘
                    ┌─────────┐           ┌─────────┐
                    │ 渠道：管理需 │           │ 提高市场份额 │
                    │ 求和供应链   │           │ 与顾客份额   │
                    └─────────┘           └─────────┘
                    ┌─────────┐           ┌─────────┐
                    │ 促销：沟通价 │           │ 提高市场份额 │
                    │ 值主张       │           │             │
                    └─────────┘           └─────────┘
┌──────────────┬──────────────┬──────────────┐
│ 利用市场营销技术   │ 管理全球（广泛）市场 │ 确保环境和社会责任   │
└──────────────┴──────────────┴──────────────┘
```

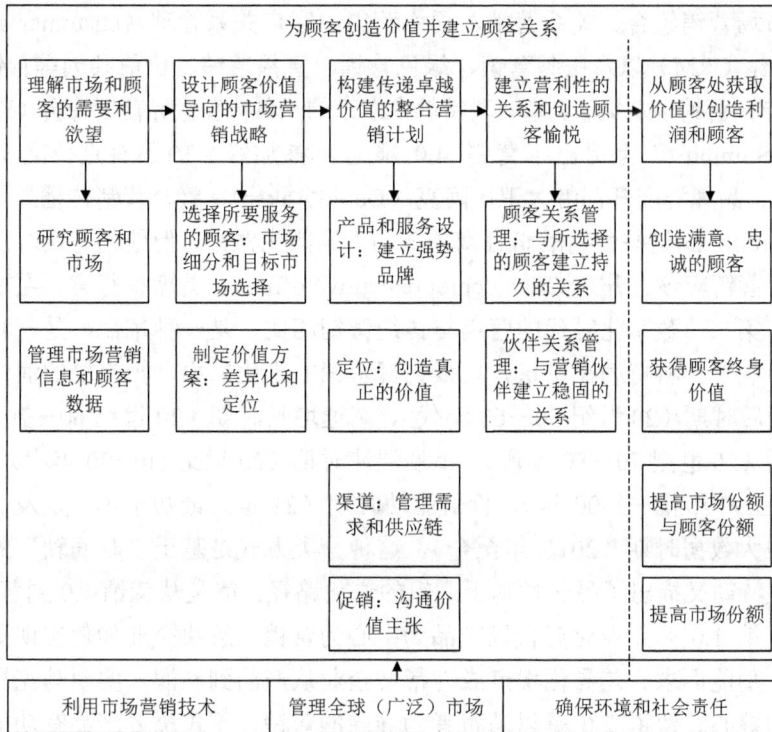

图 1-2　市场营销过程的扩展模型

资料来源：菲利普・科特勒，加里・阿姆斯特朗，2020. 市场营销：原理与实践[M]. 楼尊，译.
17 版. 北京：中国人民大学出版社：30-31.

1.3　市场营销的演进

市场营销的演进体现在营销主体、营销客体、营销内容和营销核心概念等方面的变化上。第一，营销主体的变化。营销主体从"企业"发展成"企业和利益相关者"。传统的市场营销将企业视为一种管理职能部门，认为市场营销是企业的活动；现代市场营销对这一概念进行了扩展，将"企业和利益相关者"视为主体，认为市场营销是指企业和利益相关者共同创造价值。第二，营销客体的变化。营销客体从"产品"发展到"知识和技能"。传统的市场营销是产品的交换，现代市场营销交换的则是知识和技能，往往包括产品与服务特定组合问题的解决。第三，营销内容的变化。营销内容由原来的"销售"发展到"定价、促销、分销和产品"，再发展到后来的"社会与管理过程"，进而发展到"与利益相关者共同创造价值"。第四，营销核心概念的变化。营销管理从刚开始单纯地同顾客进行"交易"逐渐发展到与顾客建立"关系"。在最初的交易阶段，企业更易功利化，不顾长期利益而只顾眼前利益。然而，在关系营销阶段，企业需要兼顾长期发展目标和短期发展目标，从而有利于企业发展壮大。研究和实践中，从关注按需生产、以销定产以及市场经济、交换经济等主题，逐步发展为聚焦分销渠道、市场营销组合、关系营销、网络营销、客户关系管理（customer relationship management，CRM）以及服务营销、绿色营销、直播营销、价值共创等营销新领域。

2013 年，营销学之父菲利普·科特勒在东京的"科特勒世界营销峰会（Kotler World Marketing Summit）"上提出了营销 4.0 概念。参加峰会的还有定位之父艾·里斯（Ai·Ries）、品牌资产开创者大卫·阿克（David Aaker）、整合营销传播之父唐·舒尔茨（Don Schultz），这些营销战略咨询领域的专家辩论激烈，但他们有两个观点高度一致：第一，营销应该上升为 CEO（chief executive officer，首席执行官）层面最重要的战略核心；第二，数字化时代的营销与传统营销相比，是一种革命，是一种商业范式的转移。菲利普·科特勒在论坛开场报告《营销的进化》中，把市场的演进分为多个阶段，即战后时期（20 世纪 50—60 年代）、高速增长时期（20 世纪 60—70 年代）、市场动荡时期（20 世纪 70—80 年代）、市场混沌时期（20 世纪 80—90 年代）、一对一时期（20 世纪 90 年代—2000 年）、价值驱动时期（21 世纪最初十年）以及后来所产生的价值观与大数据时期（2011 年至今）。这种分类方式是基于"时间轴"的。于是，菲利普·科特勒又提出了另一种基于逻辑的进化路径，就是从营销 1.0 到营销 4.0。概括来说，营销 1.0 是工业化时代以产品为中心的营销，解决企业如何实现更好地"交易"问题，功能诉求、差异化卖点成为帮助企业从产品到利润，实现马克思所言"惊险一跃"的核心。营销 2.0 是以消费者为导向的营销，不仅需要产品有功能差异，更需要企业向消费者诉求情感与形象，因此这个阶段出现了大量以品牌为核心的公司。营销 3.0 是以价值观驱动的营销，它把消费者从企业捕捉的"猎物"还原成"丰富的人"，是以人为本的营销，消费者更具合作性、文化性和人文精神驱动性。营销 4.0 以大数据、社群、价值观营销为基础，企业将营销的中心转移到如何与消费者积极互动、尊重消费者是企业主要的价值观，让消费者更多地参与到营销价值的创造中来。在数字化连接的时代，洞察与满足这些连接点所代表的需求，帮助客户实现自我价值，就是营销 4.0 所需要面对和解决的问题，它是以价值观、连接、大数据、社群（区）、新一代数据分析技术为基础所造就的（表 1-3）。①

表 1-3 营销 1.0 时代到营销 4.0 时代特征比较

阶段	营销 1.0 时代	营销 2.0 时代	营销 3.0 时代	营销 4.0 时代
导向	产品导向营销	顾客导向营销	价值观导向营销	大数据、社群、价值观导向营销
目标	销售产品	满足顾客、留住顾客	让世界更美好	洞察与满足数字网络连接点的代表需求，帮助顾客实现自我价值
动因	工业革命	技术科技	新一轮技术革命	大数据/数字化、社群连接、新一代数据分析技术

① 菲利普·科特勒，何麻温·卡塔加雅，伊万·塞蒂亚万，2021. 营销革命 4.0：从传统到数字[M]. 王赛，译. 北京：机械工业出版社：XIV-XVII.

续表

阶段	营销1.0时代	营销2.0时代	营销3.0时代	营销4.0时代
企业如何看待市场	具有生活需要的大众顾客	更聪明、有想法、有喜好的顾客	有独立想法、有喜好、有灵魂的顾客	需求创造
主要营销概念	开发产品	差异化	价值	价值
企业营销方针	产品细化	企业、产品定位	企业使命、愿景、价值观	以尊重消费者为主要价值观
价值主张	功能性	功能性、情感化	功能性、情感化、精神化	价值共创
消费者互动	一对多关系	一对一交易	多对多协作	积极互动,消费者参与价值创造

资料来源:菲利普·科特勒,何麻温·卡塔加雅,伊万·塞蒂亚万,2020.营销革命3.0:从价值到价值观的营销[M].毕崇毅,译.北京:机械工业出版社:4-5.有改动。

另外,市场营销职能在企业中的地位也在不断地变迁。最初,企业没有市场营销部门;然后,市场营销部门与其他部门同等重要,处于平等的地位;在产品需求不足的情况下,企业意识到市场营销要比其他部门职能重要,将市场营销部门放在中心位置,而将其他职能作为市场营销的辅助职能;后来,有学者提出企业的中心应当是顾客而不是市场营销,需要以顾客为导向,而且所有职能部门都必须协同配合,以便更好地为顾客服务,使顾客需求得到满足;随着营销实践的发展和市场竞争的加剧,越来越多的企业达成共识,市场营销部门与其他职能部门不同,它是连接市场需求与企业反应的桥梁、纽带,要想有效地满足顾客需求,就必须将市场营销置于企业(以顾客为中心)。的中心地位。[1]

1.4 营销观念

营销管理(marketing management)是识别需求并满足需求的过程,交换是其核心要素。营销管理要设计顾客导向战略。营销管理可以被定义为选择目标市场并与之建立有价值的关系的艺术和科学。营销管理的目的是通过创造、递送和沟通卓越的顾客价值来发现、吸引、保持和增加目标顾客。企业必须回答两个最重要的问题:我们将为哪些顾客服务(谁是我们的目标顾客)?我们怎样才能够更好地为这些顾客服务(我们的价值主张是什么)?企业要选择服务的顾客,即通过将市场划分为顾客群(市场细分)和选择将要追随的细分市场(目标市场),决定将为谁服务。营销管理是顾客管理和需求管理。同时,要选择价值主张,即决定将如何服务自己的目标顾客,在市场中怎样将自己与竞争对手有效地区别开来。企业(品牌)的价值主张,是指它承诺递送给顾客以满足其需要的所有利益或价值的集合。价值主张使品牌具有明显的差异性,

---

[1] 郭国庆,2014.市场营销学[M].北京:中国人民大学出版社:12.

并清晰地回答了顾客的问题："为什么我们应该购买你的品牌而不是竞争对手的？"企业必须设计强有力的价值主张，使自己在目标市场上具有最强的优势。营销管理导向是希望能够设计与目标顾客建立有价值的关系的战略。但是，应该以什么哲学指导营销战略呢？应该如何平衡顾客、组织和社会的利益？通常这三种利益相互冲突。在设计和执行市场营销战略时，有六种可供选择的观念：生产观念、产品观念、推销观念、市场营销观念、客户观念和社会营销观念。

1.4.1 生产观念

生产观念（production concept）认为，消费者会青睐价格低廉的产品。所以，营销管理应该集中于提高生产和分销效率。例如，个人计算机制造商联想和家用电器厂商海尔通过降低人力资源成本、提高生产效率和有效分销，曾在竞争激烈、价格敏感的中国市场上占据垄断地位。尽管生产观念在有些情境下有效，但它容易导致"营销近视症"。采用这一导向的企业面临较大风险，过于狭隘地聚焦于自己的运营而迷失真正的目标，从而满足顾客的需要和建立客户关系。

1.4.2 产品观念

产品观念（product concept）认为，消费者会偏好那些具有高质量、高性能水平和富有创新特点的产品。在奉行这种观念的企业中，市场营销战略往往集中于持续的产品改善。产品质量的提高是大多数市场营销战略的重要组成部分，但是，如果仅仅聚焦于企业的产品，则可能患上"营销近视症"。

1.4.3 推销观念

推销观念（selling concept）认为，如果不采用大规模的促销努力，消费者不会购买足够多的产品，他们通常表现出一种购买惰性或抗衡心理。推销观念一般适用于非渴求产品，即在正常情况下，消费者不会主动想到要购买的产品，如保险或血液。产品过剩时，也会采用此观念。这些行业必须善于追踪潜在顾客并向他们宣传产品利益。然而，这种激进的推销具有较高的风险。它关注的是达成销售交易，而不是建立长期的、有价值的客户关系，其目的往往是销售企业所制造的产品，而不是市场所需要的产品。它假设被规劝而购买产品的顾客会喜欢产品，或者即使他们不喜欢，也会忘记失望，再次购买。

1.4.4 市场营销观念

市场营销观念（marketing concept）认为，实现组织目标的关键在于比竞争对手更好地了解目标顾客的需要和欲望，并使顾客感到满意。在市场营销观念指导下，顾客导向和创造价值是通往销售和利润的必由之路。与以产品为中心的"制造销售"逻辑不同，市场营销观念是以顾客为中心的"感知—反应"逻辑，其任务不是为企业的产品发现合适的顾客，而是为企业的顾客发现恰当的产品。

推销观念和市场营销观念有一定的差异（表 1-4）。推销观念采用由内而外的视角。它以工厂为起点，关注企业现有的产品，进行大量的推销和促销。它主要致力于吸引顾客，追求短期的销售，而很少关心谁买以及为什么买。市场营销观念采用由外而内的视角。它以正确界定的市场为起点，关注顾客的需要，整合所有影响顾客的市场营销活动；通过在顾客价值和满意的基础上与合适的顾客建立持久的关系来产生利润。市场营销观念通常要求企业不仅应对顾客明确表示的愿望和显而易见的需要做出反应，还应深入地研究当前顾客，以了解他们的愿望，收集新产品和服务的创意，改进产品。当市场上存在很清晰的需要，或顾客知道自己想要什么的时候，这种顾客导向的市场营销方式很有效。但是，在很多情况下，顾客并不清楚自己到底想要什么，甚至可以要什么。例如，福特汽车创始人亨利·福特（Henry Ford）说过："如果我问人们想要什么，他们会说跑得更快的马。"1920 年前，有多少消费者想得到现在非常流行的，诸如平板电脑、智能手机、数码相机、24 小时网上购物以及车载卫星导航系统等产品？市场需求情境要求顾客导向的市场营销甚至比顾客自己更好地理解顾客的需要，并创造产品和服务满足现存和潜在需要。

表 1-4　推销观念和市场营销观念的差异

观念	起点	焦点	手段	目标
推销观念	工厂	现存产品	推销和促销	通过提高销量获得利润
市场营销观念	市场	顾客需求	整合营销	通过创造顾客满意获得利润

1.4.5　客户观念

客户观念（customer concept）认为，客户需求及客户满意度逐渐成为市场营销战略成功的关键所在。各个行业的企业都试图通过卓有成效的方式，及时准确地了解和满足客户需求，进而实现企业目标。研究表明，不同子市场的客户存在着不同的需求，甚至同属一个子市场的客户的个别需求也会经常变化。为了适应不断变化的市场需求，企业的市场营销战略必须调整为以客户为中心。客户观念是指企业注重收集每一个客户以往的交易信息、客户或潜在客户信息、心理活动信息、媒体习惯信息以及分销偏好信息等，据此确认不同客户的价值需求，分别为每一个客户提供各不相同的产品或服务、传播不同的信息，通过提高客户忠诚度，增加每一个客户的购买量，从而推进企业利润增长。需要注意的是，客户观念并不适用于所有企业。客户观念需要的一对一营销，是以工厂定制化、运营智能化、沟通网络化为前提条件的，因此，推行客户观念的企业，要求在信息收集、数据库建设、网络软件和硬件购置等信息化、在线化等方面投入大量资源，而这并不是每一个企业都能够做到的。客户观念适用于那些善于收集单个客户信息的企业，这类企业能够借助运用客户数据库实现交叉销售，或企业的产品需要周期性的重购或升级。[①]

市场营销观念与客户观念不同。市场营销观念强调的是满足每一个子市场的需求，而客户观念则强调满足每一个客户的特殊需求（表 1-5）。

表 1-5　推销观念、市场营销观念与客户观念的区别

观念	起点	焦点	手段	目标
推销观念	工厂	产品	推销和促销	通过增加销售量，实现利润增长
市场营销观念	目标市场	客户需求	整合营销	通过客户满意，实现利润增长
客户观念	单个客户	客户需求和客户价值	一对一营销整合和价值链	通过提升客户占有率、客户忠诚度和客户终身价值，实现利润增长

1.4.6　社会营销观念

社会营销观念（societal marketing concept）对单纯的市场营销观念忽略在消费者短期欲望与其长期福利之间可能存在的冲突提出质疑。满足目标市场当前需要和欲望的企业，从长期看是否能够依然对顾客有利呢？1971 年，杰拉德·扎尔特曼（Gerald Zaltman）和菲利普·科特勒（Philip Kotler）最早提出了社会营销的概念。该概念是对市场营销观念的修改和补充，它产生于 20 世纪 70 年代西方资本主义国家出现能源短缺、通货膨胀、失业增加、环境污染严重、消费者保护运动盛行的新形势下。社会营销观念认为，市场营销战略应该以维持或改善消费者和社会福利的方式向顾客递送价值，要求可持续的市场营销，即承担社会和环境责任的市场营销，强调在满足顾客和企业当前需求的同时保护或增强满足后代需求的能力。

社会市场营销观念要求营销管理者在制定营销决策时，要统筹兼顾、平衡好三方面的利益：企业利润、消费者需求和社会利益（图 1-3）。从广义上说，许多领先的企业和市场营销学家倡导"分享的价值"这一概念，认为是社会需求不仅仅是经济需求界定了市场。"分享的价值"强调的是创造社会价值的同时创造经济价值。例如，越来越多的企业重新思考企业经营业绩与社会价值之间的相互关联，努力创造分享的经济和社会价值。企业关心的不仅仅是短期经济收益，还有顾客的福利、对自己至关重要的自然资源枯竭、重要供应商的行为，以及自己的生产和销售活动对所在社会经济福利的影响，即企业利润、消费者需求的满足和社会利益。

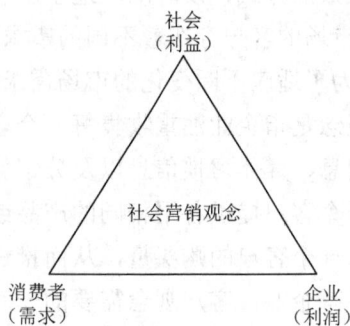

图 1-3　社会营销观念的基本要素

（图中文字：社会（利益）；社会营销观念；消费者（需求）；企业（利润））

---

① 郭国庆，2014. 市场营销学[M]. 北京：中国人民大学出版社：15.

1.5 营销效用价值

营销关系的核心在于价值付出和价值获取的交易过程。交易型关系是指双方把交易视为零和游戏，一方的利益获取往往意味着另一方的利益损失，交易条款等细节取决于双方的谈判结果。合作型关系强调的是密切的信息沟通、价值共创的过程以及相互投入和对长期利益的预期。交易型关系与合作型关系的比较如表 1-6 所示。

表 1-6 交易型关系与合作型关系的比较

项目	交易型关系	合作型关系
目标	达成交易（销售的终点和成功的标志）、顾客需求的满足（顾客购买价值）	创造价值（销售的起点和关系的标志）、顾客整合（与顾客共同创造价值）
对顾客的理解	匿名的、独立的买方和卖方	熟悉的顾客、买卖双方相互依赖
营销人员的任务和绩效目标	基于产品和价格的评价、关注获取新顾客	基于问题解决能力的评价、关注提升现有顾客的价值
交易的核心	关注产品、把销售视作征服活动、面向大众的沟通	关注服务、把销售视作一种协定、与顾客的个人对话

资料来源：王永贵，2022. 市场营销[M]. 2 版. 北京：中国人民大学出版社：6-7.

在描述交换（交易）时，人们往往使用如下三个相似却又不同的概念：需要、欲望和需求。其中，需要是营销管理的基石，是指顾客感知到的实际需求与理想或欲望之间的差异，强调的是人不能缺少的东西。欲望是需要的派生，是指对特定产品的渴求，这种产品通过一种独特的方式来满足需求，这种方式会受到社会和文化因素的影响。相较于需求，欲望更具个体差异性，需求是指有支付能力的欲望。一般来说，欲望是无节制的，而需求是有限的。对于渴望获得特定产品或服务的顾客来说，如昂贵的汽车，如果没有支付能力，只能看作欲望，不能看作需求。总之，需要可能引发欲望，欲望产生需求。面对市场，营销管理最重要的任务就是立足需要，创造欲望，满足需求。数字经济时代，企业除了关注顾客的实际需求外，还应充分利用大数据等技术手段，挖掘用户的潜在需求，发现新的利益增长点。

在市场中，效用创造价值。效用是指顾客从使用产品或服务中获得的所有利益，主要包括以下几种类型。①形式效用，即营销人员把原材料加工成成品所提供的价值。②地点效用，即营销人员使顾客能够在需要的地方获得产品所提供的价值，如在 APP 上下单购买。③所有权效用，即通过交换使顾客拥有产品所提供的价值。但在共享经济中，供给方可以将自己的闲置资源与需求方分享，通过使用权而非所有权进行价值交换。④时间效用，它意味着顾客想要拥有某种产品的时候就可以获得这种产品。以网购电商平台等为例，顾客可以随时随地访问浏览、购买商品，不受时间限制。⑤信息效用，即让潜在购买者知道某种产品的确存在。除非顾客知道某种产品的存在并知道在哪里可以找到，否则该产品没有任何价值。说明一下，象征效用是信息效用的一种特殊形式，如声誉或社会地位赋予产品或品牌的情感价值或心理价值，通常与声望或由设计师所设计的服装、首饰等高端产品相联系。

在营销交换中，涉及顾客的付出和得到之间的比较，称作顾客的让渡价值。在顾客购买决策中，顾客不仅会考虑企业为其创造效用的大小，而且会考虑相关的购买成本。总的顾客价值包括产品价值、服务价值、人员价值和形象价值等，总的顾客成本包括货币成本、时间成本、体力成本和精力成本等。顾客价值的基本特征可总结如下：①顾客价值意味着主体（即顾客）和客体（如产品、服务、商店等）之间的相互作用；②顾客价值涉及顾客对客体的收益和成本之间的权衡；③顾客价值不是客体固有的，而是源于顾客对客体的体验，也即价值由顾客感知并决定；④顾客价值具有主观性和个体性，由顾客根据个体特征（如需求、知识、技能、使用经验等）主观决定；⑤顾客价值具有情境差异性，取决于消费情境及其变化；⑥顾客价值是多维的，由多种价值类型组成；⑦顾客价值是顾客通过资源整合（共同）创造的。

另外，市场交易双方（买方、卖方）的焦点，会随着交易型、关系型和价值型的市场营销活动的重点而发生转移（图1-4）。

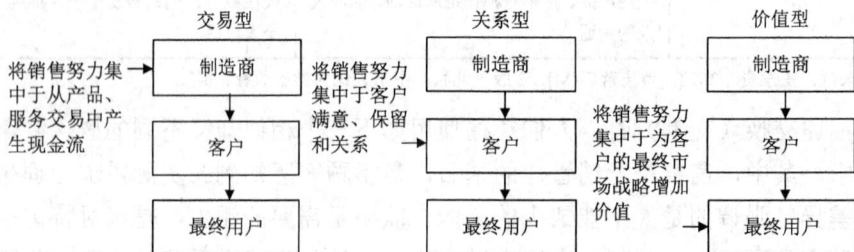

图1-4　交易双方的焦点转移模型

资料来源：格雷厄姆·胡利，奈杰尔·皮尔西，布里吉特·尼库洛，2014. 营销战略与竞争定位[M].
5版. 楼尊，译. 北京：中国人民大学出版社：360.

顾客关系管理可能是现代市场营销中最重要的概念。建立持续的顾客关系的关键是创造卓越的顾客价值和满意。满意的顾客更有可能是忠诚的，并且可以给企业带来更多的业务。顾客通常从提供最高顾客感知价值的企业那里购买产品，其实，顾客并不能准确和客观地判断价值，他们只能按照所感知的价值行事。如果产品效能（效用）符合期望，顾客就会感到满意（顾客满意）；如果效能低于顾客的期望，顾客就会感到不满意；如果效能超出期望，顾客就会感到非常满意或者惊喜。尽管以顾客为中心的企业力求实现更好的顾客满意，但它并没有试图让顾客满意最大化。企业总是通过降低价格和提高服务来增加顾客满意，这将导致利润降低。因此，市场营销的目的是创造可获利的顾客价值。这就需要进行平衡，即市场营销需要创造更多的顾客价值和满意，但是又不能倾其所有。[①] 另外，消费品在流通过程中，是由环环相扣的各节点价

---

① 加里·阿姆斯特朗，菲利普·科特勒，王永贵，2017. 市场营销学[M]. 王永贵，郑孝莹，等译. 12版. 北京：中国人民大学出版社：16-18.

值链连接而成的价值链系统（图 1-5），该系统一定程度上通过产品流、资金流、信息流的价值共生发挥着消费品营销的效用价值。

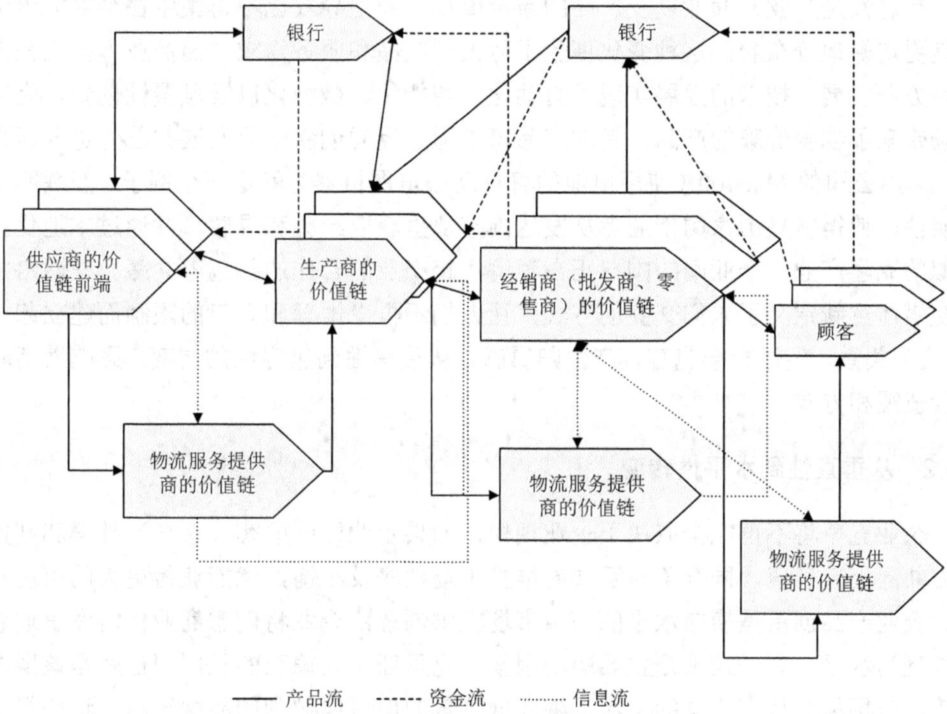

图 1-5 消费品流通中的价值链系统模型

资料来源：托马斯·富诗德，伯恩哈德·斯沃伯得，张红霞，2020. 消费者行为学：关注个体与组织的购买行为[M]. 孙晓池，译. 5 版. 北京：北京大学出版社：9.

1.6 营销趋势[①]

在市场环境中，营销呈现从独享性、垂直性、个体性到包容性、水平性、社会性的现象，即向客户群的权力转移。市场营销应该顺应企业模式向包容性、水平性和社会性的转变。市场的包容性越来越强，社交媒体打破了地理和人群的界限，使人们互联互通，使企业合作创新。用户的选择越来越水平化，他们对待品牌市场营销的态度愈发谨慎，更多地依赖"F 因素"（朋友、家人、粉丝、关注者），其选购过程比过去更加社群化，更关注社交圈子以及线上和线下提供的意见、评价和建议，从传统的 4P 营销组合转向新型的数字化 4C 组合。

---

① 菲利普·科特勒，何麻温·卡塔加雅，伊万·塞蒂亚万，2021. 营销革命 4.0：从传统到数字[M]. 王赛，译. 北京：机械工业出版社：2-43.

1.6.1　从独享性到包容性转变

包容性是产业、商业以及产品的新价值观，即主导权已不再集中在少数人手中，而是更均衡地分布着，这种变化催生了巨大的产品和服务需求，而商业本身也在向包容性方向发展。技术的发展实现了自动化、智能化、微型化以及颠覆性创新，为新兴市场带来了物美价廉的产品。新的产品可以通过反向创新获得发展并首先进入新兴市场，通用公司的 Mac400（使用电池的可移动心电图机器）就是一个例子。互联网带来透明性，使得新兴国家的创业者从发达国家那里获取经验和灵感，并通过本地化打造类似的克隆产业。产业间的围墙正在消解，跨产业的合作选择包容共赢。在网络中，社交媒体重新定义了人们交互的方式，让人们不再受地理和人口的限制而建立起社群（社交）关系，促进社会包容，产生归属感。从独享性到包容性的转变，影响着新时代的价值观和方式。

1.6.2　从垂直性到水平性转变

企业竞争将不再完全取决于企业规模，如果企业能同顾客（客户）社群和利益相关方共同创造价值，同竞争对手共同维护市场秩序及平衡，就能获得更大的市场竞争力。企业产品创新是横向水平的，由市场提供创意，企业将创意商业化。竞争理念由垂直变为水平，先进技术是主要驱动因素。克里斯·安德森的长尾理论就是该现象的凝练。市场偏好从高流量的主流品牌向低流量的但可以盈利的品牌转移，这些得益于互联网的技术支撑。行业、产业间的边界逐渐模糊，企业要定位潜在的竞争对手，应从顾客的目标出发，并考虑到用户达成目标可以选择的替代产品。企业可以通过线上营销的方式，实现用更低的价格提供与主流产品质量相仿的产品的目标。另外，顾客信赖度的评价及方式也从垂直变为水平，品牌与客户间的关系已变得更为水平化。

1.6.3　从个体性到社会性转变

顾客主要会根据个人喜好和社会从众心理来选购商品，两种因素的权重因人而异，也因行业和商品类型而异。世界、市场以及商业有着很高的连通性，使得社会从众心理的权重逐渐增加。顾客越来越重视他人的意见、分享意见并整合彼此的意见。顾客共同描绘了企业和品牌的形象，且这种形象往往与企业和品牌的构想大相径庭。互联网，尤其是社交媒体，提供了这种转变所需的平台和工具。这种趋势还将继续，正在向实现真正互联互通迈进，而帮助网络落后群体的方案是智能手机而非计算机。2023 年 2 月，《QuestMobile 2022 中国移动互联网年度大报告》显示，2022 年全网用户净增 2214 万，移动互联网用户总规模突破 12 亿，移动用户的黏性进一步增强。有了如此的联通性，市场行为将焕然一新。在这种在线网络场景下，用户更愿意听取社会意见，事实上，多数的个人选购决定将必然是社会性的。用户彼此交流品牌以及企业产品服务的体验，从营销传播的角度看，用户不再是被动的目标，而是传播产品信息的活跃媒体。企业过去对营销传播有着主导权，可以把用户（顾客）意见进行有针对性的分流处理。但是，有了社群生产的产品服务体验内容，企业就失去了对话的一定主导权，限制内容则会削弱可信度。企业必须时刻准备迎接出现问题时社会上的各种抵制的声音。依靠虚假宣传且产品质量低劣的企业和品牌必然没有市场，在一个透明的数字化世界中，想要掩盖污点、分流用户反馈是不太可能的。

变化的市场为营销带来了一系列的悖论。第一个悖论，线上与线下交互的悖论，两者共存互补，共同服务于改善用户体验的目标。第二个悖论，即用户信息的丰富和注意力的分散之间的矛盾，连接性带给客户丰富的产品信息，但也使他们更加依赖他人的意见，这些意见常常比个人喜好更重要。第三个悖论，即连接性带来了使品牌赢得良好口碑和正面拥护的巨大机遇，但也伴随负面的评价，而负面评价往往可以激发正面的拥护，这使得它的存在不一定是坏事。另外，年轻人、女性和网民作为数字化网络时代最有影响力的群体合力尚未被充分挖掘。年轻人是新产品和技术的最早的试用者，又是弄潮儿，还是变革者，但其追求的潮流趋势是碎片化的。女性是信息的收集者和有大局观的购物者，是"管家""财政部长""采购主管""资产主管"的结合体。网民是社会的润滑剂，因为他们频繁地与他人交互、对话和交流，是有表现力的"传道士"以及互联网世界的内容贡献者。因此，年轻人、女性和网民共同构成了数字化网络新时代市场营销的关键客户群体，值得研究及创新实践。因此，要重新定义数字经济的市场营销活动中的关键价值观与概念，采用企业和用户线上线下交互的营销手法，结合形式和实体建立品牌，用人人交互补充网对网交互，增加用户参与度，协同实现多方共赢的市场目标。

思考与作业

1. 如何利用营销演进的变化特征，精准理解顾客需求？
2. 如何理解市场营销的价值效用与价值共创？
3. 在商业模式向包容性、水平性、社会性转变的过程中，选择具体行业（产业）并分析这种变化趋势。

◆◆◆ 第 2 章　影响因素分析：理解价值

企业所处的环境（影响因素）在不断地变化，企业与环境之间的关系也在不断变化。企业必须正确认识和把握与环境的关系，制定相应的营销策略。在企业营销实践中，要随时监测营销环境的最新动向。环境变了，营销战略战术要随机应变。与营销环境类似的是营商环境。营商环境是指企业开办、运营、注销各环节的境况和条件的总和，包括影响企业经营活动的社会要素、经济要素、政治要素和法律要素等方面。营销环境是指在营销活动之外，能够影响营销建立并保持与目标顾客良好关系的能力的各种因素和力量。营销环境由宏观环境（macroenvironment）和微观环境（microenvironment）组成，始终存在着不可控因素。企业要通过营销信息系统和调研收集相关影响因素，采取积极行动有效利用营销因素，把握趋势，寻求机遇，以面对市场中新出现的挑战和机会。

2.1　营销宏观环境[①]

市场营销的宏观环境是指通过直接影响微观环境继而对企业市场营销活动产生影响，对企业营销活动造成市场机会和环境威胁的主要社会力量，主要由人口、经济、自然、技术、政治、法律、社会、文化、网络等九大环境影响因素构成（图 2-1），一切营销组织都处于这些宏观力量的控制之下。它们构成了企业不可控制的变数，企业开展营销活动不可避免地要受其影响和制约。

企业								
以下因素与企业互动共生								
人口环境	经济环境	自然环境	技术环境	政治环境	法律环境	社会环境	文化环境	网络环境

图 2-1　营销宏观环境影响因素构成

2.1.1　人口环境

人口环境与市场营销的关系十分密切，因为人是市场的主体，在收入水平相对稳定的条件下，市场是由有购买欲望同时又有支付能力的人构成的，人口的多少直接影

---

① 王文永，高秀春，2016. 市场营销原理与实务[M]. 北京：中央广播电视大学出版社：36-45.

响市场的潜在容量，决定了市场规模。人口环境又包括人口规模及增长、人口的地理分布、年龄结构、性别结构、学历结构、职业结构、民族结构、家庭状况等具体因素。

2.1.2 经济环境

构成市场的因素除人口外，还必须有购买力，而购买力直接或间接地受消费者收入水平、储蓄、消费信贷、消费者支出模式等经济因素影响。一般情况下，消费者并非将其全部收入都用于当前消费。因此，购买力只是其收入的一部分。研究消费者收入要考虑以下几个方面，即个人收入、个人可支配收入、个人可任意支配收入。其中，个人可任意支配收入是指可支配收入中减去维持基本生活消费所必须支出的剩余部分，如食物、房租、水电、燃料等。个人可任意支配收入是影响消费者需求变化最活跃的因素，因为这部分收入用于满足消费者基本生活需要之外的开支，一般用于消费高档耐用品、旅游、储蓄和投资等非生活必需品。它是企业开展营销活动所要重点研究的收入。在以上三种收入中，后两种对消费者的影响最大，因此与企业的关系最密切。消费者的购买力还要受储蓄和消费信贷（指消费者凭信用先取得商品所有权，然后按期归还贷款，以购买商品）的直接影响，因此，还要考虑储蓄和消费信贷情况，包括储蓄（银行存款、国债、股票和不动产等）。在其他条件不变的情况下，储蓄倾向增加，社会购买力和消费支出会随之减少；反之，储蓄倾向减少，社会购买力和消费支出会随之增加。消费信贷允许人们购买超过自己现实购买力（收入和储蓄）的商品，这样就可以创造更多的需求、更多的就业机会，从而刺激该地区经济的增长。我国为了促进经济的发展，在不断推出消费者赊销、分期付款、信用卡消费等商业信贷。同时，消费者支出模式（指消费者各种消费支出的比例关系）也在悄然变化。消费者支出模式主要取决于消费者的收入水平，它与国家的经济发展水平、收入水平及产业结构有密切的关系。德国经济学家和统计学家恩斯特·恩格尔在 1857 年研究劳工家庭支出构成时指出，家庭收入越少，用于食品的支出在家庭收入中所占的比重就越大；当家庭收入增加时，用于食品支出所占的比重就会下降，而用于服装、住宅、交通、保健、文娱、教育及储蓄的支出比重会上升。食品支出与家庭消费支出总额之比，称作恩格尔系数。恩格尔系数的计算公式为

$$恩格尔系数 = 食品支出总额 / 家庭消费支出总额 \times 100\%$$

恩格尔系数揭示了居民收入和食品支出之间的相关关系，用食品支出占消费总支出的比例来说明经济发展、收入增加对生活消费的影响程度。恩格尔系数越小，表明生活越富裕；恩格尔系数越大，表明生活水平越低。国际上，恩格尔系数常常是用来衡量一个国家、一个地区、一个城市、一个家庭生活水平高低的重要指标。根据联合国粮农组织提出的标准，恩格尔系数在 59% 以上为贫困，50%～59% 为温饱，40%～50% 为小康，30%～40% 为富裕，低于 30% 为最富裕。恩格尔系数对了解市场的消费水平、需求结构、预测需求变化趋势很有帮助，还可以从经济的不同发展阶段判断消费水平。

2.1.3　自然环境

自然环境是指能够影响社会生产过程的自然因素，如矿产资源、森林资源、土地资源、水力资源和环境生态等。企业在市场营销研究中所涉及的自然环境是指企业本身的资源环境。自然环境的发展变化会给企业造成一些环境威胁，同时也会给企业带来一些市场机会。所以，企业到某地投资或从事营销必须了解该地的自然资源状况。自然环境因素主要表现在三方面：某些自然资源逐渐短缺、环境污染日益严重，以及政府不断干预等。

2.1.4　技术环境

科学技术的进步对企业的市场营销活动更是产生了直接而显著的影响。科学技术对企业的市场营销具有"双刃剑"作用。一种技术的应用可以为企业创造一个明星产品，产生巨大的经济效益，也可能迫使企业的一种成功的传统产品不得不退出市场。科学技术在现代生产中起着领头和主导作用。例如，新技术是一种"创造性的毁灭力量"，新技术的出现会给某些企业造成新的市场营销机会，产生新的行业，同时也会给某些行业造成威胁，使旧行业受到冲击甚至被淘汰。同时，企业产品生命周期在缩短，消费模式及企业经营模式都在因技术革新而发生变化。

2.1.5　政治环境

政治环境是指企业市场营销活动的外部政治形势和状况以及国家方针政策的变化对市场营销活动带来的或可能带来的影响，如国家的方针政策、政治体制、经济政策、国际关系、贸易壁垒等。同时，企业要认真研究政治形势、经济政策以及社会生态发展政策等，根据需要制定和调整营销战略。

2.1.6　法律环境

法律环境是指国家或地方政府颁布的各项法规、法令和条例等。企业必须做到懂法，守法经营，保护自己的合法权益。法律环境因素对企业营销活动的影响体现在以下方面。第一，对企业施行管理的立法。法律为企业规定了商贸活动的行为准则，如《中华人民共和国公司法》《中华人民共和国环境保护法》《中华人民共和国商标法》《中华人民共和国广告法》《中华人民共和国反不正当竞争法》等都影响和制约着企业的行为。企业在开展市场营销活动过程中必须遵守法规，依法行事，要熟知有关的法律条文，调整企业的营销策略，使企业的市场营销活动在法律允许的范围内顺利开展。第二，对社会及消费者的保护立法。这方面的法律主要是从保护全社会的整体利益或长远利益，防止对环境的污染和破坏，以及使消费者不会受到损害的立场出发而对企业行为进行规范。书面规则不可能涵盖所有可能的市场弊端，且现行法律往往是通过不同组织来实施的，除了书面的法律法规，企业营销等行为还受社会规范和职业道德规范的限制。

2.1.7 社会环境

社会环境是指影响企业经营发展的社会要素的总体反映。企业营销人员除了必须懂得法律外，还要了解有关公众利益团体的动向。对企业的营销管理决策有影响力的群众团体主要有保护消费者利益的群众团体、保护环境的群众团体等。许多工业和行业协会会给出企业经营伦理方面的建议，强调企业伦理和社会责任。开明的企业鼓励它们的管理者关注监管制度要求范围之外的事情，就是"做正确的事"。因为营销的每一个环节基本都涉及道德和社会责任问题。负责的企业会坚持长期主义原则考虑社会环境的影响，积极创新方式承担起企业的社会责任，促进消费者利益的更好实现。

2.1.8 文化环境

文化环境由社会基本价值观、认知、偏好和行为的制度或其他因素组成。文化因素强烈影响着人们的思考和消费方式，因此，营销人员要对文化环境十分关注。人们在一个特定的社会中成长，形成自己的信念和价值观，并吸取世界的观点来定义自己与他人的关系。下面的文化特征会影响营销决策的制定。第一，文化价值观的持久性。在一个特定的社会，人们秉承着某种信仰和价值观，人们的核心信仰和价值观有高度的持久性。第二，二级文化价值观的转变性。虽然核心价值观是持久的，但文化的波动确实会发生，如流行音乐团体、电影人物和其他知名人士对青少年发型和服装的影响（二级文化价值），营销人员需要预测文化转变以发现新的机会和威胁。社会的主流文化和价值观由人们自己形成和表达，也由组织、社会、自然和宇宙形成和表达。人们对自我的观点、对他人的观点、对组织（企业、政府等）的观点、对社会的观点、对自然的观点以及对宇宙的观点等都会影响消费以及企业的营销战略。[①]

2.1.9 网络环境

网络环境是指企业处在新一代信息技术支撑下的网络技术、产品研发、生产、运营及服务的环境，此时的网络是一种新基建、新基础设施，具有社会公共性的特征。同时，网络环境又赋予企业与顾客（用户、客户、消费者）之间的在线化、实时化、网络化的互动与交流，构建了以顾客为主的价值共生的社群。网络时代下，渠道、传播、消费习惯、顾客链接等方面都发生了革命性的变化，给网络营销的繁荣带来了一系列新的社会和伦理问题（客户信息泄露）等。2021 年，互联网头部公司等企业引爆了各界对元宇宙的构想，进入了主动开拓元宇宙的时代。元宇宙尚无统一定义，可以认为其是一种在线虚拟数字生活空间。一方面，新冠疫情的全球蔓延使人们逐渐适应

---

① 加里·阿姆斯特朗，菲利普·科特勒，王永贵，2017. 市场营销学[M]. 王永贵，郑孝莹，等译. 12 版. 北京：中国人民大学出版社：87-92.

了在线办公、在线学习等方式，为将来的在线虚拟数字生活奠定了社会基础；另一方面，人工智能（artificial intelligence，AI）、增强现实（augmented reality，AR）、虚拟现实（virtual reality，VR）、第五代移动通信技术（the 5th generation mobile communication technology，5G）、边缘计算、物联网（internet of things，IoT）、区块链等新兴技术的快速发展为构建更加完善的在线虚拟数字空间奠定了技术基础。元宇宙在网络环境中构建人们工作、学习、社交、娱乐、消费沉浸式的虚拟空间，发展为全新的数字经济与文化体系，这是网络与虚拟的融合，也是虚拟与现实的融合。[①] 元宇宙的网络虚拟环境将影响营销与消费行为。网络环境影响着消费者行为模式，网络搜索改变了用户的消费行为（产生注意、兴趣、搜索、行动、分享传播口碑等）且互动生成营销内容，于是催生了网络营销方式[②]。

2.2　营销微观环境[③]

微观环境是指那些与企业关系密切，影响企业服务顾客的能力的因素，包括企业、供应商、中间商、竞争者、公众及顾客等六大影响因素（图 2-2）。营销管理的工作就是通过创造顾客价值和用户满意来创建顾客关系。但是，营销部门只靠自己是无法实现该任务的。成功的营销要求营销部门与企业的其他部门、供应商、中间商、顾客、竞争者和各类公众建立起关系，共同组成企业的价值传递系统。

营销					
企业	供应商	中间商	竞争者	公众	顾客

图 2-2　营销微观环境参与因素构成

2.2.1　企业

在确定营销计划时，营销部门要兼顾企业的其他部门，如管理高层、财务部门、研发部门、采购部门、生产部门和财务部门。所有这些相互联系的群体组成了企业的内部环境。管理高层确定企业的宗旨和目标，制定企业的总体战略和政策。营销部门必须在管理高层确定的战略计划范围之内做决策，必须与企业其他部门密切配合。营销部门牵头，所有部门共同承担理解顾客需求、创造顾客价值的责任。

2.2.2　供应商

供应商在企业整个顾客价值传递系统中起着重要的纽带作用。它们提供企业所需

① 段勇，张柳新，王茜莺，2022. 探索虚实融合的教育元宇宙[J]. 人工智能（2）：106-115.
② 王宏伟，2021. 网络营销[M]. 3 版. 北京：北京大学出版社：5.
③ 菲利普·科特勒，加里·阿姆斯特朗，2019. 市场营销原理：全球版[M]. 郭国庆，译. 15 版. 北京：清华大学出版社：69-73.

的资源，促进产品生产和服务供给。供应商出问题可能会严重影响整个营销活动。营销部门必须关注供应商的能力和成本。供给短缺或延误、突发疫情等公共卫生传播事件以及其他事件会在短期内影响销售，从长期来说还会破坏用户满意度。供给的成本升高会迫使产品售价提高，从而影响企业的销售量，降低产品的核心竞争力。如今，大多数营销人员把供应商视为创造和传递顾客价值的合作伙伴。例如，瑞典家具零售巨头宜家不仅从其供应商那里购买商品，而且让他们深度融入向客户传递时尚舒适生活模式的全过程。2022 财年（2021 年 9 月—2022 年 8 月），全球消费者蜂拥至宜家，选购那些时尚、简洁、实惠的家具产品，总计花费超过 386 亿美元。然而，宜家在发展中面临的最大障碍不是开设新店，也不是吸引消费者，而是寻找足够多的适当的供应商来帮忙设计和制作能够吸引消费者的产品。宜家主要依赖全球的供应商来保证自己的货源充足。它必须系统性地建立一个稳定的供应商合作伙伴网络，从而保证自己的十多个系列品类繁多的商品库存的稳定可靠。宜家的设计师们首先从一个基本的顾客价值方案入手，然后去寻找合适的供应商，与之合作，将价值方案引入市场。因此，宜家不仅向供应商购买产品，还让供应商参与质保、设计和定价的过程，从而创造出能够吸引消费者重复购买的好产品。

2.2.3　中间商

中间商即营销中间商（marketing intermediary），帮助企业销售以及分配产品给最终用户。中间商包括经销商、货物储运公司、营销服务机构以及金融中介。经销商是指那些帮助企业寻找用户并向其销售产品的分销渠道机构，包括批发商和零售商，它们购买商品然后再转卖出去。制造商选择经销商并与之合作并非易事，它们不能再像以往那样从大量小型的、独立的经销商中任意挑选，如今它们面对的是大型且不断发展的零售商组织，如沃尔玛、家得宝、好市多和百思买。这些企业（平台）组织往往具有足够的力量操纵合作条款，甚至能将较小型的制造商推拒到大市场之外。货物储运公司帮助制造商储存产品并把产品从产地运到目的地。营销服务机构包括营销调研机构、广告代理商、媒介公司和营销咨询公司，它们帮助制造商确定目标市场并进行产品促销。金融中介包括银行、信贷公司、保险公司，以及其他进行融资或者规避商品交易风险的商业机构。如同供应商，中间商也是公司整个价值传递系统中的重要组成部分。在建立用户满意的过程中，制造商不仅要优化自身的表现，还必须有效地同中间商合作，以优化整个系统的表现。因此，现今的营销已经认识到与中间商通力合作而不仅仅是把它们当作销售渠道的重要性。例如，当可口可乐公司与快餐连锁机构（如麦当劳、温迪或赛百味）签订独家饮料供应商合同时，可口可乐公司不仅提供了软饮料，还承诺了强大的营销支持计划，给每个零售合作伙伴分配"跨职能"团队，致力于了解企业经营的细微之处。可口可乐公司所掌握的饮料消费者调研资料令人惊讶，它将这些营销洞察与合作伙伴进行分享。可口可乐公司分析了全美国每一个地区的人口特征，并帮助合作伙伴判断在它们所在区域中哪些可乐品牌更受欢迎。可口可乐公司甚至研究价目牌的设计，以更好地了解什么样的布局、字体、字号、颜色和视觉效果能诱使消费者购买更多的食物和饮料。基于这些市场洞察，可口可乐食品服务集团开发出营销程序和推销工具，帮助其合作伙伴提高它们的饮料销售量和利润；可口可乐食品服务网站为零售商提供大量的资讯、业务解决方案、销售技巧和环保技术。"我们知道你们热衷于取悦客户，提高他们在每个层面的真实体验。"可口可乐公司对其伙伴说，"作为你们的合作伙伴，我们要竭尽所能提供帮助。"这种强烈的合作愿望和努力使得可口可乐公司成为美国贩卖机软饮料市场绝对的领导者。

2.2.4 竞争者

用营销学的观点来看，一个企业要想成功，就必须为顾客提供比其他竞争对手更高的价值和满意度。因此，营销要做的不仅仅是简单地满足目标顾客的需要，还必须对产品进行定位，使本企业的产品或服务在顾客心目中与竞争对手区别开来，以获得竞争优势。没有哪一种营销战略是适用于所有企业的，每个企业都应当考虑到自己的规模，以及同竞争对手相比在行业中的地位。在行业中占统治地位的大企业可以采用一些小企业无法采用的战略。但仅靠规模是不够的，某些战略可以使大企业取胜，但有些战略也可以使它们惨败。小企业也可以采用一些大企业无法采用的高回报率的战略。

2.2.5 公众

公司的营销环境包括各类公众。公众是指对企业（组织）实现其目标的能力具有实际的或者潜在的利益关系或影响的任何群体，主要包括金融公众、媒体公众、政府公众、民间公众、地方公众、一般公众和内部公众等。金融公众影响公司获取资金的能力，银行、投资公司和股东是主要的金融公众；媒体公众能够发表新闻、特写和社论，包括报纸、杂志、电视、微博、微信公众号、社交社群、抖音短视频和其他网络媒体；政府公众必须考虑到政府的规定，经常向企业的律师咨询有关产品安全性、广告合法性等方面的政府规定；民间公众的营销决策可能会受到消费者组织、环境组织、弱势群体或其他群体的质疑，企业公共关系部门要有助于与消费者和民间团体保持接触；地方公众包括附近的居民和社区组织，大企业通常设立专门部门处理地方公众相关事务；企业需要知道一般公众对其产品和活动的态度，企业在一般公众中的形象直接影响到他们是否购买企业的产品；内部公众包括工人、管理人员、志愿者和董事会成员，大企业通过新闻公告和其他方式向内部公众传递信息并给予激励，如果职工对自己所在的企业感觉良好，他们的积极态度也会影响到外部公众。企业可以像为其顾客市场确定营销计划那样，为主要的公众确定工作计划。如果企业想要从某一类公众那里得到特定的回应，如商誉、良好的口碑、优质的人力资源或是资金捐赠，就必须为这些公众提供一些有足够吸引力的东西，以便实现其目标。

2.2.6　顾客

顾客是公司微观环境中最重要的因素。整个价值传递系统的最终目标，就是服务目标顾客并与他们建立牢固的客户（顾客）关系。企业可以定位以下顾客市场中的几种或全部：消费者市场、产业市场、零售商市场、政府市场、国际市场。消费者市场由个人和家庭组成，他们购买产品和服务是为了个人消费；产业市场购买产品和服务是为了进一步加工或者在生产过程中使用；零售商市场购买产品和服务是为了再出售以获取利润；政府市场由政府机构组成，它们购买产品和服务是为了提供公共服务，或将这些产品和服务转移到需要的相关领域（部门）；国际市场由其他国家的购买者构成，包括消费者、制造商、经销商和政府。每一种市场类型都有自己的特征，营销时需仔细研究，并采取行之有效的策略。

顾客具有动态性。顾客需求的变化是由多种因素引起的，顾客需求通常在不同的层次以不同的速度变化。

① 离散的生活事件，例如，毕业、就业、结婚、生孩子或退休等会使顾客发生变化，这些事件对他们购买决策的许多方面产生直接影响。即使是顾客生活中较小的事件，如看电视或外出就餐的次数变多，也可能会影响他们的品牌偏好。

② 人们在成长过程中会缓慢地经历一个典型的生命周期，这会影响到他们对许多产品和服务的优先级的判断。例如，年轻和单身顾客往往关注那些承诺能使他们对潜在伴侣更有吸引力的产品和服务，如名牌香水、专业设计的服装等。

③ 顾客对最关键的属性的看法往往会发生系统性的变化，这取决于他们对产品或服务的经验和知识，这些经验和知识构成了顾客学习效应（指顾客通过使用某产品而熟知该产品的过程）。学习效应使得顾客因所增加的知识和体验而改变对产品不同属性的相对重要性的认知。另外，品牌经验同样影响着顾客未来的选择。例如，习惯使用华为手机的顾客可能更重视更新，不太会考虑三星智能手机的新版本、新功能。

④ 学习和经验引起的变化在顾客个人层面和产品市场层面都起作用。产品生命周期（product life cycle）刻画了顾客购买依据和营销行为随着产品品类逐渐成熟而发生的典型变化。例如，在推出新产品后，大部分新产品是通过试用购买销售出去的，通常会提供免费样品。当产品已经起步且发展速度加快时，顾客开始再次购买并通过口碑来影响他人。企业这时可能不再提供免费样品，而是更多地关注维系顾客关系并推出顾客忠诚计划，制定更具竞争力的定价方案。这种观念是许多手机应用程序和视频游戏产品的营销战略基础。例如，一些游戏产品生产商允许顾客在有限的时间内免费使用产品，当该游戏产品在其生活中占据了重要位置后，顾客就会愿意付费，以实现继续玩游戏并在游戏中获得特殊地位的目的。

⑤ 顾客是在不断变化的环境中制定决策的。他们时刻受到多重的环境因素影响，即使是相似的或相对稳定环境因素的影响，在某个时间点具有相似偏好的消费者群体也可能随着时间的推移而分化。

顾客动态性的上述来源以累积的方式同时发挥作用，从而决定了顾客的需求和欲望是如何随着时间而变化的（表2-1）。一些顾客动态性的来源对消费者有直接的影响，另一些来源可能需要经历数十年的时间才会对消费者产生影响。此外，有些来源具有相反的影响。因此，它们对任何单个顾客的直接影响都是难以确定的。

表2-1　顾客动态性的来源

	描述	变化率	示例
个体层面	离散的生活条件	即时	第一次当父母的人经常改变对汽车、度假和参观的偏好
	随着年龄增长出现的典型生命周期或成熟度	缓慢	随着年龄的增长，人们越来越倾向于规避风险，更加安于现状，因此更多地关注舒适度和健康
	产品学习效应	中等	顾客可能在使用产品一段时间后，才会意识到自己想要什么样的专门的或高科技的功能
产品市场层面	产品生命周期	中等	在早期，消费者可能更喜欢具有新功能的产品；在后期，消费者可能对价格更加敏感
环境层面	经济、政府、创业或文化的变化	由慢到快	随着"健康食品"文化氛围的出现，作为对饮食担忧（如食物热量、钠、碳水化合物、麸质和脂肪）的回应，消费者对饮食的偏好随之改变

资料来源：罗伯特·帕尔马蒂尔，什里哈里·斯里达尔，2020. 营销战略：第一原理和数据分析[M]. 康俊，杨智，译. 北京：中国人民大学出版社：83.

2.3　企业与环境

环境通常指外部环境，即影响因素。企业处在复杂的外部环境中，外部环境对企业生存和发展有着重要的影响。但早期的组织理论研究将企业看成是一个封闭的系统，忽视对企业与外界环境关系的研究。随着企业生态学、企业生命周期论等理论的发展，企业组织和外部环境之间的关系得到了深入的探讨，学者们提出了一系列理论来讨论、解释企业与外部环境之间的关系。[①]

2.3.1　开放系统理论

开放系统理论（open system theory）认为，组织要满足自身的各种需要，要生存和发展下去，就必须与其所处的环境进行物质、能量和信息等各方面的交换，否则就会死亡。因此，企业组织必须像生物体一样对环境开放，建立一种与周围环境融洽的关系。

2.3.2　权变理论

权变理论（contingency theory）认为，组织除了要对环境开放外，还必须考虑如

---

① 郭国庆，陈凯，2022. 市场营销学[M]. 7版. 北京：中国人民大学出版社：62-64.

何适应环境的问题, 主要观点包括: 组织是开放系统, 需要精心管理以满足和平衡内部需要并适应环境; 没有最佳的组织形式, 组织的适当形式取决于任务或所处环境的类型; 在同一组织中, 完成不同的任务需要不同的管理方法, 不同的环境需要不同的组织类型。

2.3.3 种群生态学

种群生态学 (population ecology) 主要是将达尔文的自然选择学说移植到了组织分析中, 认为组织像自然界中的生物那样, 其生存依赖于它们获得充足资源的能力。由于面临其他组织的竞争及资源的稀缺性, 只有最适应环境的组织才能够生存。环境通过优胜劣汰选择最强者, 环境成为决定组织成败的关键因素。由于组织必须争夺有限的资源以维持自身的生存和发展, 因此, 组织之间的关系以竞争为主。

2.3.4 组织生态学

组织生态学 (organizational ecology) 认为, 整个生态系统的演变包括组织与环境的关系集合的演变。组织的环境也是由大量组织构成的, 因此, 组织与环境是互动的。不仅环境会选择组织, 组织也会主动构造自己的未来, 尤其当组织联合起来时, 环境会变得可协商, 而不是独立的、影响组织的外在力量。组织生态学最著名的观点就是, 进化是相互适应者生存 (the survival of the fitting), 而不是最适者生存 (the survival of the fittest)。组织生态学强调的是合作, 即相互联系的群体之间通过相互适应实现整个群体生存, 而种群生态学和权变理论都将组织与环境对立起来, 假定组织和环境是分离的。

2.3.5 资源依附理论

资源依附理论 (resource-based theory) 强调组织对环境的适应性, 它认为既有组织能够努力提高其生存机会。资源依附理论主要着重于单个组织, 从组织优势来考察环境, 认为组织能够改变环境, 同时对其做出反应。资源依附理论的一个主要贡献就在于从缓冲、分化和兼并中, 认识并描述了被组织用来改变和适应环境的各种战略。该理论与组织生态学观点相似。

2.3.6 合作竞争理论

合作竞争理论 (co-opetition theory) 强调合作与竞争的同时性。内勒巴夫 (Nalebuff) 和布兰登布格尔 (Brandenburger) 在《合作竞争》一书中提出了新名词合作竞争 (co-opetition), 指出企业之间既不是单纯的竞争, 也不是单纯的合作, 而是合作与竞争共存。合作竞争理论把与企业相关的伙伴分成四类, 即顾客、供应商、互补者和竞争者, 企业与它们之间形成了二维的价值网, 一个企业对另一个企业来说, 可能会同时扮演不同的角色。

2.3.7　商业生态系统理论

商业生态系统理论（business ecosystem theory）用商业生态系统来描述组织所处的环境，它认为任何一个企业都应与其所处环境，即商业生态系统共同进化，而不只是竞争或合作，或单个企业的进化。企业要成功，仅仅完善自身还不够，还要塑造整个商业生态系统的发展，因为其所处生态系统的前景制约着企业的发展。共同进化这一观点超越了对企业之间只是合作竞争这一关系的认识。

2.4　营销环境分析

2.4.1　企业外部环境分析

1. 企业面临的威胁和机会

任何企业都会面临若干宏观（外部）环境威胁，然而并不是所有的环境威胁的程度都一样。企业的最高管理层可以用环境威胁矩阵加以分析和评价（图 2-3）。环境威胁矩阵横向代表出现威胁的可能性，纵向代表潜在的严重性。例如，在环境威胁矩阵上有三个环境威胁，即区域（1）、（2）、（3），其中威胁（2）和威胁（3）的潜在严重性大，出现的可能性也大。所以，这两个环境威胁都是主要威胁，企业对这两个主要威胁都应十分重视；威胁（1）的潜在严重性大，但出现威胁的可能性小，所以这个威胁不是主要威胁。

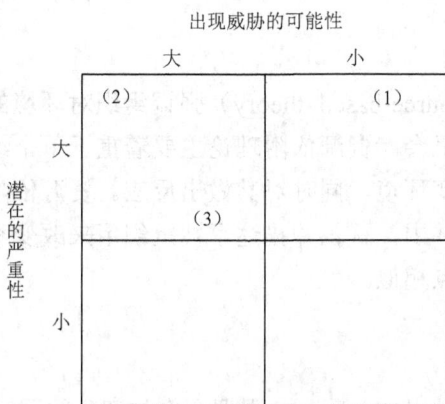

图 2-3　环境威胁矩阵

同时，营销环境也会孕育市场机会，但不是所有的市场机会都有同样的吸引力。企业可以用市场机会矩阵方法进行分析和评估（图 2-4）。市场机会矩阵横向代表成功的可能性，纵向代表潜在的吸引力。例如，在市场机会矩阵上有两个市场机会，即区域（4）和区域（5）。其中最好的市场机会是区域（5），其潜在吸引力和成功的可能性都大；区域（4）市场机会的潜在吸引力虽然大，但其成功的可能性小。

成功的可能性

大　　　　　小

（5）

（4）

大

潜在的吸引力

小

图 2-4　市场机会矩阵

营销环境给企业带来的威胁和机会是并存的，威胁中有机会，机会中也有威胁。企业还可以运用环境威胁与市场机会矩阵综合分析，更清楚地认识企业在环境中的位置，即理想企业（高机会和低威胁的企业）、冒险企业（高机会和高威胁的企业）、成熟企业（低机会和低威胁的企业）以及困难企业（低机会和高威胁的企业），如图 2-5 所示。第Ⅰ象限为理想企业。这类企业机会水平高，威胁水平低，说明企业有非常好的发展前景，这样的企业很少。例如，面对全球环境保护声音的提高，绿色企业就是理想企业，在这方面前期需要很大投入，以减少绿色壁垒等限制，争取进入市场，抢占先机。第Ⅱ象限为冒险企业。这类企业机会水平和威胁水平都高。在环境中机会与挑战并存，成功和风险同在，因此，这类企业应抓住机会并充分利用，同时制定避免风险的对策。现实中那些大中型企业，一般生产多个品种的产品，市场营销环境变化不一定给每一种产品带来同等的威胁或同等的机会，但对具体产品的市场威胁和机会分析，可采用同种方法。第Ⅲ象限为成熟企业。这类企业机会水平和威胁水平都低，

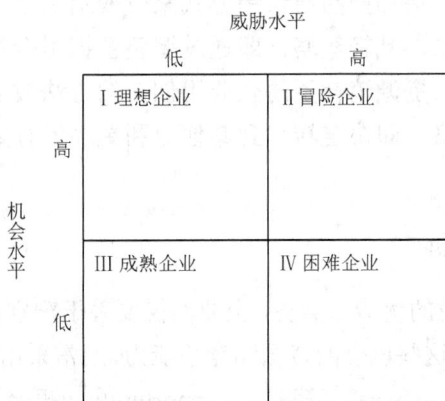

威胁水平

低　　　　　高

Ⅰ 理想企业　　Ⅱ 冒险企业

高

机会水平

Ⅲ 成熟企业　　Ⅳ 困难企业

低

图 2-5　环境威胁与市场机会矩阵模型

说明企业发展的机会已经很少，自身发展潜力也很低，企业应该研究环境营造的新机会，进一步开拓，否则将影响企业的生存。这样的企业有一部分是传统的大企业，如处于服装、工艺品等劳动密集型行业的企业。第Ⅳ象限为困难企业。这类企业面临较大的环境威胁，而营销机会很少。这种企业如果不能减少环境威胁，将陷入经营困难的境地。例如，污染严重的企业，很有可能成为困难企业。

2. 企业对机会的反应

企业应努力进入对自己来说是理想的行业，及时退出困难行业。对于是否进入冒险行业以及是否退出成熟行业，则应视企业的具体情况而定。对于企业所面临的市场机会，要慎重地评价其质量。美国著名营销学者西奥多·莱维特曾告诫企业家，要小心仔细地评价市场机会。他指出，这里可能是一种需要，但是没有市场；或者这里可能是一个市场，但是没有顾客；或者这里可能有一些顾客，但目前不是一个市场。市场机会中的企业主要有以下应对策略。第一，发展策略（抢先策略），一旦企业认为机会较好，即可抓住机会开发新产品和服务，抢先进入市场，在竞争中处于领先地位。一般来说，这种策略投资较大，并且有一定的风险。第二，利用策略（紧跟策略），企业分析后认为经营风险大，但对企业的吸引力也大，此时在市场上已有企业进入的情况下采取紧跟方式，既可避免风险，又可较早地进入市场。第三，维持策略（观望策略），这是一种较为保守的做法，企业对机会采取观望态度，一旦时机成熟就加以利用。采取这一策略往往使企业有较大的回旋余地，比较适合中小企业。

3. 企业对威胁的反应

企业对所面临的威胁反应不一，采取的对策也不尽相同。企业对所面临的主要威胁有三种可能选择的对策。第一，反抗策略，即试图限制或扭转不利因素的发展。例如，通过各种方式促使政府通过某种法令或达成某种协议，或制定某项政策来改变环境的威胁，或通过促销、提高产品质量等方式来改变消费者对企业产品的态度，以达到反抗威胁的目的。第二，减轻策略，即通过调整营销组合等来改善环境，以减轻环境威胁的严重性。例如，资源消耗型的企业用创新的方法改变工艺或寻求替代品以节约耗材。第三，转移策略，即决定转移到其他盈利更多的行业或市场，或实行多元化战略。

2.4.2 企业内部环境分析

该分析主要针对企业的优势与劣势，企业不仅要善于辨别和抓住有吸引力的营销机会，还要拥有利用和开发这些机会的资源和竞争能力，通常采用 SWOT 分析法（图 2-6），它是英文 strength（优势）、weak（劣势）、opportunity（机会）、threaten（威胁）的缩写。由于企业的内外情况相互联系，可以将企业外部环境提供的机会和威胁与企业内部条件的优势与劣势结合起来进行分析，从而作为制定营销战略的依据。

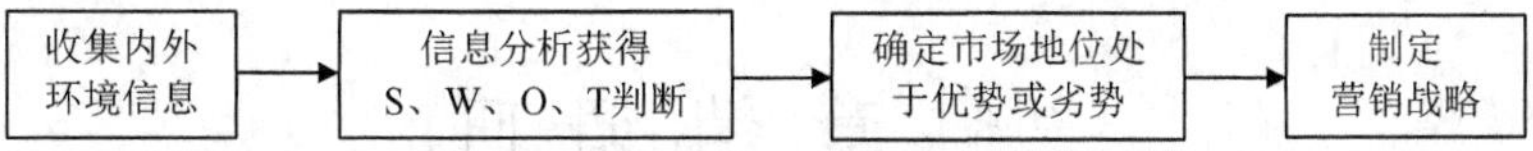

| 收集内外环境信息 | → | 信息分析获得S、W、O、T判断 | → | 确定市场地位处于优势或劣势 | → | 制定营销战略 |

图2-6 SWOT分析法

2.4.3 企业营销对策

企业制定营销战略的目的是充分利用优势，克服劣势，抓住机会，规避威胁。因此，企业可以利用SWOT分析法为其确定营销战略。SWOT分析法的结果分为四种情况，如表2-2所示。

表2-2 SWOT分析与战略选择

外部环境	内部条件	
	优势（S）	劣势（W）
机会（O）	SO战略	WO战略
威胁（T）	ST战略	WT战略

1. 扩张战略（SO战略）

如果企业的机会多，威胁少，则应采取扩张战略。此时企业应利用自身优势或长处抓住市场机会，积极扩张。企业资源不足时可与其他企业合作，或者通过兼并的方式获取现成的资源，加速扩大规模。

2. 防卫战略（WO战略）

如果企业的外部机会多，但在市场竞争中处于劣势，则应采取防卫策略。企业要努力克服自身弱点，争取化劣势为优势，或者与其他企业合作从而取得优势。

3. 退出战略（WT战略）

如果企业的劣势多于优势，威胁多于机会，则应采取退出策略。企业应将资源转移到其他业务上，如退出碳排放不达标的产业领域。

4. 分散战略（ST战略）

如果企业有优势，但也处于不利的环境中，则可采取分散战略来分散风险。企业可以采用相关多元化经营战略。例如，海尔集团最早的产品只是单一的电冰箱系列，在稳固了电冰箱产业的地位以后，海尔集团将自己的产品范围延伸到了制冷家电，这可以视为横向的扩张。随后，海尔集团又进一步延伸到了白色家电和全部家电，这实际上是一种纵向的扩张。最后，在稳固家电行业地位的前提下，海尔集团进行了一种"脱离"产业集群式的扩展，采用非相关多元化战略而拓展到知识产业。[①]

---

① 任会福，李娜，彭莉，2015. 市场营销实务[M]. 2版. 北京：人民邮电出版社：32-36.

2.5 营销调研

企业要做好营销，需要制定决策。例如，什么是企业的核心竞争力？企业如何利用其核心竞争力为顾客创造价值？谁是企业产品的消费者？企业怎样与消费者合作？社交网络媒体对营销的作用是什么？企业需要更有效的信息来制定更好的营销决策，从而比竞争对手更有效率、更有效果地为目标市场中的顾客创造价值、传递价值和沟通价值。所以，做好营销决策就需要获得更多、更准的信息，而营销调研可以向决策制定者提供所需要的支持信息。

营销调研是指设计、收集、分析和报告信息，从而解决某一具体的营销问题的过程，它也是一个提供信息以解决营销问题（如确定价格、选择最有效的广告媒介等）的过程。这个过程的重点就是营销调研所提供的信息是用来制定决策的。应当注意，在这个定义中，所获得的信息用于解决具体的营销问题。美国市场营销协会认为，营销调研是通过信息使消费者、顾客、公众与营销人员之间进行沟通的桥梁。营销人员使用信息来识别市场机会与界定营销问题，完善和评估营销活动，监控营销绩效，促进人们对于营销理论的理解。

2.5.1 营销调研作用

营销调研可以为产品获得成功带来可能，但并不是所有的营销调研结果都是有用的，因为大多数营销调研活动试图理解和预测消费者行为。只有当营销管理者在不同的决策方案中进行选择却没有信息支持时，才需要实施营销调研。营销调研具有如下作用。

1. 识别市场机会与界定营销问题

有的营销调研用来找出消费者的问题是什么，评价解决消费者问题的多种方案。

2. 完善和评估潜在的营销活动

该活动可以是营销战略、营销方案或营销战术，会涉及选择目标市场以及设计能够满足目标市场欲望与需求的营销组合。营销调研可以适用于不同的领域，包括确定目标市场，进行产品开发调研、定价调研、促销调研和分销调研等。

3. 监控营销绩效

控制是管理的一个基本职能。营销调研通常使用许多指标来评估绩效，包括销售数量、销售渠道、销售价格等方面的表现，监控竞争对手的销售额，还可以监控自己与竞争对手的市场份额。通过营销调研监控其他指标，重点关注积极顾客、忠诚顾客、危险顾客和关键顾客等因素。

2.5.2　营销调研步骤[①]

营销调研主要有 11 个步骤（图 2-7）。

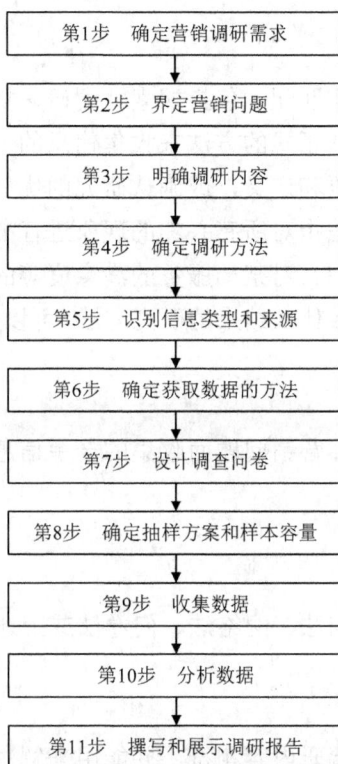

第1步　确定营销调研需求
第2步　界定营销问题
第3步　明确调研内容
第4步　确定调研方法
第5步　识别信息类型和来源
第6步　确定获取数据的方法
第7步　设计调查问卷
第8步　确定抽样方案和样本容量
第9步　收集数据
第10步　分析数据
第11步　撰写和展示调研报告

图 2-7　营销调研的步骤

1. 确定营销调研需求

不是所有的决策都需要营销调研，因为营销调研需要时间和费用，所以决策者必须在手头已经拥有的信息与获得新信息的成本之间进行权衡，以判断实施营销调研是否值得。

2. 界定营销问题

这是最重要的一步，因为如果不能清楚地知道企业所面临的营销问题，所有相关工作都无意义。可以将营销问题看成是不同决策方案的阐述，在营销管理过程中，管理者通常会面临选择的情境。例如，新产品的确定、广告文案的选择、产品或服务价格的制定和经销商选择等，这些通常都会有几个备选方案，需要管理者进行决策。

---

① 阿尔文·伯恩斯，罗纳德·布什，2015. 营销调研[M]. 于洪彦，金钰，译. 7 版. 北京：中国人民大学出版社：5-46.

3. 明确调研内容

获得的信息和内容可以为不同决策方案所用。

4. 确定调研方法

调研方法应与调研内容相匹配，包括探索性调研、描述性调研和因果性调研。探索性调研是采用探究式的、非正式的方法来收集信息的一种方式。这种方式通常在对研究问题了解不多，获知术语和定义，或确认研究的优先顺序的情况下，或在项目实施的早期使用。描述性调研是指对所感兴趣的现象进行描述的研究方法，如关于广告认知水平、购买新产品的倾向、对某一服务的满意度等的调研都用此方法。因果性调研是指试图揭示什么因素导致什么结果的研究方法，可以采用被称为实验的方法进行。

5. 识别信息类型和来源

信息包括为解决某一具体营销问题而收集的一手信息或现成的二手信息，但二手信息会不准确。

6. 确定获取数据的方法

获取数据的方法包括访问法、网络法、问卷法或上述方法的组合。

7. 设计调查问卷

调查问卷的答案必须与调研内容相符，并能用来解决问题，必须清楚没有偏差。好的问卷能够降低问题的拒绝率，可以从受访者那里得到期望的信息。

8. 确定抽样方案和样本容量

大多数情况下，营销调研都是通过从总体中抽取一部分单位作为样本来认识总体的。总体由全部单位构成，调研人员通常基于样本的数据资料来对总体进行推断；样本是总体的一个子集，其所用的抽样方案类型决定了样本对于总体而言是否具有代表性；从总体中抽取多少个单位构成用于研究的样本，即样本容量决定了抽样结果的准确性。样本容量是指从总体中选择单位或基本单位来构成样本的过程，调研目的和抽样框（即总体的单位清单）决定哪一种抽样方案可以使用。

9. 收集数据

收集数据时主要通过效度的控制系统来减少误差的可能性。效度是指从所有的被调查者中随机抽取 10%（行业标准）重新进行调查，以确认这些人是否真的参与了本次调研。

10. 分析数据

将所收集的数据进行转换，输入用于数据分析或预测判断的软件系统，如 SPSS 分析软件等。

11. 撰写和展示调研报告

书面报告撰写要认真，展示数据的图形和表格要恰当、准确。另外，还要准备口头汇报材料。

2.5.3　营销调研计划书

在营销调研前，一般需要撰写营销调研计划书，主要包括以下内容。

① 营销问题。这部分包括从确定不同的决策方案到界定所要实施调研的领域及范围等。

② 调研内容。如果调研内容还没有确定，就要在这里描述所要探讨的主题类型。

③ 调研方法。这部分详细列出诸如样本量、回报率、数据收集方法和其他服务等内容，也要估计用于减少非抽样误差的测量。

④ 调研报告。通常指的是提交的文字报告，也可包括口头展示、讨论以及与实施项目相关的会议。

⑤ 成本预算。如果调研费用提前支付，就应当标明准确的支付时间与费用。

⑥ 进度表。用于说明项目完成的时间节点或区间。

⑦ 附则。涉及产权保护和职业操守等。

思考与作业

1. 对企业影响最大的微观环境因素是什么？原因是什么？
2. 面临不同的环境威胁，如何把握市场营销机会？举具体事例说明。
3. 选择某个熟悉的企业用 SWOT 分析并提出营销对策。

第 3 章 产品与品牌策略：创造价值

产品是企业核心竞争力的有效载体。企业为市场提供的产品或服务，其创新程度与极致优化的能力，关系到企业成长及永续发展的速度甚至是存亡。产品是一个核心要素，而新产品的推出又跟产品开发、创新分不开，围绕产品生命周期进行产品开发、创新及策略制定，有助于产品决策及市场推广。企业新产品开发的实质是推出不同内涵与外延的新产品，对大多数企业来说，是改进现有产品而非创造全新产品。市场营销学中使用的新产品概念不是从纯技术角度理解的，产品只要在功能或形态上得到改进，与原产品产生差异，并为客户带来新的利益，即可为新产品。产品的品牌和新产品共同为企业发展及客户创造价值。

3.1 产品概念

狭义的产品是指被生产出的物品。广义的产品是指可以满足人们需求的载体，即向市场提供的能满足消费者或用户某种需求的任何有形物品和无形服务，包括有形的物品、无形的服务、组织、观念或它们的组合。产品本身并不是目的，而是一种手段，是客户价值的一种载体。

1995 年，菲利普·科特勒在其《营销管理：分析、计划、执行与控制》一书中，将产品概念的内涵由"三层次结构说"扩展为"五层次结构说"，被认为是"客户满意学说"在产品上的具体体现。菲利普·科特勒认为五个层次的表述方式能够更深刻、更准确地表述产品整体概念的含义。产品整体概念的五个层次如图 3-1 所示。核心产品是指向客户提供的产品的基本效用或利益，也就是传统意义上的产品。从根本上说，每一种产品实质上都是为解决问题而提供的服务。形式产品是指核心产品借以实现的形式，由五个特征构成，即品质、式样、特征、商标及包装。即使是纯粹的服务，也具有相类似的形式上的特点。期望产品是指购买者在购买产品时期望得到的与产品密切相关的一整套属性和条件。延伸产品是指客户购买形式产品和期望产品时附带获得的各种利益的总和，包括产品说明书、保证、安装、维修、送货、技术培训等。潜在产品是指现有产品（包括所有附加产品在内）可能发展成为未来最终产品的潜在状态的产品。

产品概念从本质上说就是产品卖给消费者的是什么利益点，即满足消费者的是什么需求点。任何产品都有其市场存在的理由，这些理由是因为消费者对该产品的利益

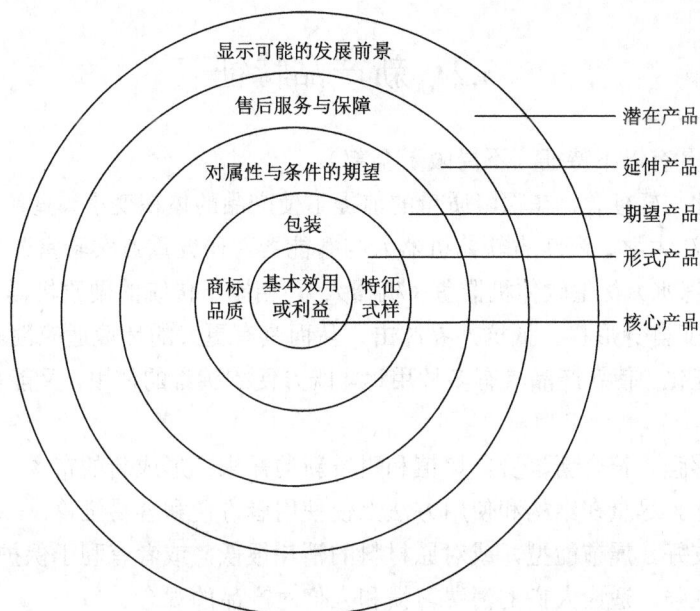

图 3-1　产品整体概念的五个层次

资料来源：梁文玲，2019. 市场营销学[M]. 3 版. 北京：中国人民大学出版社：188.

存在着一定的需求。另外，有观点认为，一个完整的产品概念由四部分组成：消费者洞察，从消费者的角度提出其内心所关注的有关问题；利益承诺，说明产品能为消费者提供哪些好处；支持点，解释产品的哪些特点是怎样解决消费者洞察中所提出的问题的；要义概括，将上述三点的精髓精准表述。也有观点认为，一个完整的产品概念包括三个层次，即顾客核心价值、实际产品和附加产品，如图 3-2 所示。

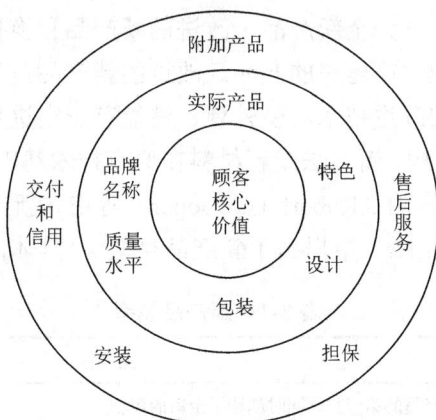

图 3-2　产品概念的三个层次

资料来源：菲利普·科特勒，加里·阿姆斯特朗，洪瑞云，等，2022. 市场营销原理：亚洲版[M]. 赵占波，姚凯，译. 4 版. 北京：机械工业出版社：172.

3.2　新产品特征

新产品应具有以下特征（不局限于全部）。

① 微型化与轻便化。在保障质量的前提下使产品的体积变小、重量变轻，便于移动。例如，浙江大学、浙江省软体机器人与智能器件研究重点实验室开发的高性能水下（包括海底深水）仿生软体机器鱼（机器人），相比于传统的硬质机器人，软体机器人能够任意改变自身形状、抵抗外界冲击，从而具有更好的环境适应性。

② 多功能化。使新产品具有多种用途，既方便购买者的使用，又能提高购买者的购买兴趣。

③ 时代感强。符合新消费，培植和引发新的需求，形成新的市场。

④ 简易化。尽量在结构和使用方法上使使用者方便和容易维修。

⑤ 环境友好。属节能型，或对原材料的消耗很低，或者有利于保护环境。

⑥ 适应性强。适应人们的消费习惯和人们对产品的观念。

⑦ 优点突出及个性化强。相对于市场原有的产品来说具有独特的长处，如性能好、质量高、使用方便、携带容易或价格低廉等。

⑧ 体现智能化。即功能工程化与智能化。

3.3　新产品分类

3.3.1　按创新程度分类

新产品按创新程度可分为全新产品、改进的新产品和换代的新产品。全新产品是指利用全新的技术和原理生产出来的产品。改进的新产品是指在原有产品的技术和原理的基础上，采用相应的改进技术，使外观、性能有一定进步的新产品。换代的新产品是指采用新技术、新结构、新方法或新材料在原有技术基础上有较大突破的新产品。

另外，罗伯特·G. 库珀（Robert G. Cooper）等在《新产品组合管理》（*Portfolio Management for New Products*）中提出了新产品类型[①]，具体内涵如表 3-1 所示。

表 3-1　新产品类型

类型名称	主要特征
全新产品	同类产品的第一款，同时创造了全新的市场
新产品线	这些产品对市场而言不是新的，但对企业而言是新的
已有产品品种补充	企业已经拥有的产品系统中的一部分，但对市场而言可能是一种新产品

---

① 周昌芹，李建清，林琢人，2016. 创新与创业指导教程[M]. 南京：河海大学出版社：227.

续表

类型名称	主要特征
老产品改进	本质是老产品的替代，比老产品在性能和内在价值上都有改进与提升
重新定位的产品	适合老产品在新领域使用，重新定位一个新市场或应用在不同领域
降低成本的产品	勉强称作新产品，设计出来代替原来的产品，性能和效用没有改变，只是降低了生产成本

3.3.2　按所在地的特征分类

新产品按所在地的特征可分为地区或企业新产品、国内新产品、国际新产品。地区或企业新产品是指在国内其他地区或企业已经生产，但在该地区或该企业初次生产和销售的产品。国内新产品是指在国外已经试制成功，但在国内尚属首次生产和销售的产品。国际新产品是指在世界范围内首次研制成功并投入生产和销售的产品。

3.3.3　按开发方式分类

新产品按开发方式可分为技术引进新产品、独立开发新产品、混合开发的产品。技术引进新产品是指直接引进市场上已有的成熟技术制造的产品，这样可以避开自身开发能力较弱的难点。独立开发新产品是指从用户所需要的产品功能出发，探索能够满足功能需求的原理和结构，结合新技术、新材料的研究独立开发制造的产品。混合开发的产品是指在新产品的开发过程中，既有直接引进的部分，又有独立开发的部分，将两者有机结合在一起而制造出的新产品。

3.4　产品开发原则与策略

新产品开发是指从研究选择适应市场需要的产品开始到产品设计、工艺制造设计，再到投入正常生产的一系列决策过程。从广义上讲，新产品开发既包括新产品的研制，也包括老产品的改进与换代。新产品开发是企业研究与开发的重点内容，也是企业生存和发展的战略核心之一。

新产品开发需要集聚竞争优势资源，打造能体现企业核心竞争力的核心产品。加里·哈默尔（Gary Hamel）和普拉哈拉德（Prahalad）合著的《公司的核心竞争力》一书认为，核心产品和客户所需要的最终产品不同，它是企业最基本的核心零部件，而核心竞争力实际上是隐含在核心产品中的知识和技能。

突破性产品的开发通常由小型团队创造，而强有力的领导者会取消产品所有不必要的特征。产品开发需要一个仁慈的"独裁者"，他可能会倾听，但也会在必要时把自己的意愿强加给他人。追求产品完美不是理性的，只是在寻求商业实现上的匹配。要生产出伟大的产品，需要的不只是一点点的疯狂。开发新产品或新服务有很多方法，通常包括发现一种需求、完善现有产品、不同行业的组合、把握趋势潮流、掌握充分信息、设想问题以及先命名后开发等。[①]

产品开发模式是体现企业经营模式最好的方式，产品开发模式重点不是如何开发出来产品，而是为什么要以某种方式开发何种产品，产品服务于哪些客户，应用于什么样的场景，解决了哪些问题。即要将客户体验放在第一位，让客户参与企业的产品开发（宝洁的众包模式、海尔的 HOPE 互动平台、华为的花粉社区等，都是建立在让客户参与产品开发与设计的基础上）以及倾听客户的声音。产品开发模式已从"目标计划型"转向"需求迭代型"。快速迭代追求的是快速反应、高效应对、迅速调整，迭代开发的目的就是寻求更好的产品解决方案。[②] 产品（起初市场供应品）的概念（创意）开发聚焦于技术可行性和吸引力，而产品商业模式设计（business-model design）还要考虑产品的商业生命力，即它的价值创造能力。如果商业模式得到验证，这个概念（创意）就可以进入开发阶段。如果商业模式分析表明，该产品不可能为企业及其客户创造市场价值，那么就必须对产品概念（创意）进行修改和重新评估。商业模式验证旨在评估产品在三个关键方面创造市场价值的能力：吸引力、技术可行性和商业生命力。[③]

3.4.1　产品开发原则

成功企业有一个共同之处，就是目标明确并注重客户（用户）的价值主张。[④] 因此，企业在选择新产品开发方向时应考虑产品性质和用途、价格和销售量、消费者需求变化速度及方向、企业产品创新满足市场需求的能力、技术力量储备及产品开发团队建设等。

1. 促进产品中心功能突出

新产品开发要围绕实现中心功能开展，在分析用户确切需求后，就可以分析产品所提供的实际功能和客观需求之间的差距，找出哪些功能尚属空白、哪些功能尚未很好提供等信息。在对企业的研究与开发力量及生产运作条件进行分析后，编制出旨在克服上述某种不足的产品开发计划，工作内容也要沿着功能这条主线展开。

2. 促进产品总成本降低

产品具有竞争优势的一个重要前提是产品的总成本低。企业应将降低产品总成本的努力贯穿于新产品开发的整个过程中，并协调统一好制造成本和使用成本的关系。

---

① 裴吉·A. 兰姆英，查尔斯·R. 库尔，2009. 创业学[M]. 胡英坤，孙宁，译. 4 版. 大连：东北财经大学出版社：91-92.
② 吴越舟，2021. 未来商业趋势的 5 大转变[EB/OL]. (2021-04-28)[2023-07-17]. http://www.360doc.com/content/21/0428/20/42586190_974625647.shtml.
③ 菲利普·科特勒，凯文·莱恩·凯勒，亚历山大·切尔内夫，2022. 营销管理[M]. 陆雄文，等译. 16 版. 北京：中信出版社：533-534.
④ 兰迪·科米萨，詹通·赖格尔斯曼，2019. 直面创业问题：创业者快速学习的行动指南[M]. 周昕，王莉，译. 杭州：浙江大学出版社：20-21.

例如，在进行产品设计时，在满足用户对功能需求的前提下，产品的结构应尽量简单化，以便于制造和检修，从而降低产品的制造成本和使用成本；在进行生产运作系统设计时，也应在产品设计已决定了的产品制造成本的大致范围内，通过采用和企业实际条件相符的先进适用技术和最优工艺方案，最大限度地降低产品的制造成本。

3. 促进产品良性循环

新产品开发的良性循环是指产品能正常地更新换代。企业要制定完善新产品开发工作规划，力争做到在生产运营第一代产品的同时就积极开发第二代，研究第三代，构思设想第四代，以确保有连续不断的新产品投放市场，使企业在整个生产经营过程中保持旺盛的生命力，不断谋求新发展。同时，要在不断的市场、研发反馈和循环中测试所开发的产品。[①]

4. 促进形成产品层次体系

企业要先选择主打产品的基型，再打造一系列的辅助产品。一方面，主打产品可以给企业持续带来利润；另一方面，辅助产品的发展可以为企业带来后续的发展空间。以创新为手段，进行产品系列化管理（横向发展，即产品结构典型化和零部件通用化；纵向扩展，即设计变形系列产品），可以有效地让产品更具吸引力，让企业更具竞争力。[②]

3.4.2　产品开发策略

企业在构思、设计及开发产品时，不能只局限于产品的功能，也应注重产品的多维的外延性属性；注重消费者"痛点"的解决，确定好新产品在目标市场上的定位。产品创新应从产品的结构、功能、可操作性、可持续性及与环境的匹配性等层面进行分析、设计、试制、试验等，要克服产品创新和设计的盲目性。新产品的开发是企业产品策略的重要组成部分。新产品开发的主要策略有以下几种。

1. 领先策略

领先策略就是在激烈的产品竞争中采用新原理、新技术、新结构优先开发全新产品。这类产品的开发多从属于发明创造，采用这种策略，投资大，研究工作量大，新产品实验时间长。后现代企业之父、斯坦福大学工商管理学博士汤姆·彼得斯（Tom Peters）说："市场变得像时装、流行色一样不可捉摸，产品更新必须跟上这个'毫微秒'时代。"

---

① 朱燕空，罗美娟，祁明德，2018. 创业如何教：基于体验的五步教学法[M]. 北京：机械工业出版社：208-210.
② 赵伟，2013. 创业可以走直线[M]. 南京：江苏文艺出版社：24-27.

2. 超越策略

超越策略的着眼点不在于眼前利益，而在于长远利益。这种暂时放弃一部分眼前利益，最终以更新、更优的产品去获取更大利润的经营策略，要求企业有长远的利润观念，培育潜在市场，培养超越自我的气魄和能力。当然，需要有强大的技术做后盾。

3. 紧跟策略

采用这类策略的企业往往针对市场上已有的产品进行仿造或进行局部的改进和创新，但基本原理和结构是与已有产品相似的，跟随既定技术的先驱者，以求用较少的投资得到成熟的定型技术，然后利用其特有的市场或价格方面的优势，在竞争中参与早期开发者的商业竞争。

4. 补缺策略

每一个企业都不可能完全满足市场的任何需求，所以在市场上总存在着未被满足的需求，这就为企业留下了一定的发展空间。这就要求企业详细地分析市场上现有产品及消费者的需求，从中发现尚未被占领的市场。

3.5　产品生命周期与选择

产品生命周期（product life cycle，PLC）理论是美国哈佛大学教授雷蒙德·弗农（Raymond Vernon）1966 年在其《产品周期中的国际投资与国际贸易》一文中首次提出的。随后威廉·J. 阿伯内西（William J. Abernathy）和詹姆斯·M. 厄特巴克（James M. Utterback）等以产品的主导设计为主线将产品的发展划分成流动、过渡和确定三个阶段，进一步发展了产品生命周期理论。产品生命周期也称商品生命周期，是指产品从投入市场到更新换代和退出市场所经历的全过程，是产品或商品在市场运动中的经济"寿命"，是在市场流通过程中，由于消费者的需求变化以及影响市场的其他因素所造成的商品由盛转衰的周期。产品生命周期主要是由消费者的消费方式、消费水平、消费结构和消费心理的变化所决定的。

3.5.1　产品生命周期特征

产品生命周期一般分为开发期、导入（引进）期、成长期、成熟（饱和）期、衰退（衰落、退出）期等阶段，其特征如下。

1. 开发期

开发期是指从开发产品的设想到产品制造成功的时期。此期间该产品销售额为零，公司投资不断增加。

2. 导入（引进）期

新产品投入市场，便进入投入期。此时，客户对产品还不了解，只有少数追求新奇的客户可能购买，销售量很低。为了扩展销路，需要大量的促销费用，对产品进行宣传。在这一阶段，由于技术方面的原因，产品不能大批量生产，因而成本高，销售额增长缓慢，企业不但得不到利润，反而可能亏损，产品也有待进一步完善。但此时没有或只有极少的竞争者。

3. 成长期

产品经过一段时间已有相当的知名度，销售快速增长，市场逐步扩大，利润显著增加。产品大批量生产，生产成本相对降低，企业的销售额迅速上升，利润也迅速增长。竞争者看到有利可图，纷纷进入市场参与竞争，使同类产品供给量增加，价格随之下降，企业利润增长速度逐步减慢，最后达到生命周期利润的最高点。

4. 成熟（饱和）期

市场成长趋势减缓或饱和，产品已被大多数潜在购买者所接受，潜在的客户已经锐减，利润在达到顶点后逐渐下滑。市场竞争加剧，企业为保持产品地位需投入大量的营销费用。市场中，寡头企业或产品出现。

5. 衰退（衰落、退出）期

这期间，产品销售量显著下降，利润也大幅度滑落。优胜劣汰，市场竞争者也越来越多。随着新技术的运用与新消费升级，新产品或新的代用品出现，使客户的消费习惯发生改变，转向其他产品，从而使原来产品的销售额和利润额迅速下降。老产品将逐步退出相应领域，新产品替代老产品的速度加快。

然而，市场营销学定义的产品生命周期为开发期、导入期、成长期、成熟期、衰退期，这已经不能概括产品生命周期的全过程，可以被称为产品市场生命周期；从产品市场孕育的角度来看，还包含需求收集、概念确定、产品设计、产品上市和产品市场生命周期管理。也有学者将产品生命周期概括为导入（进入）期、成长期、成熟（饱和）期、衰退（衰落）期、退出期五个阶段。

很多优秀企业认为上述产品生命周期并不能完全地概括产品生命周期。在基于产品管理概念的基础上把产品生命周期概括为产品战略、产品市场、产品需求、产品规划、产品开发、产品上市、产品退市七个部分。因为产品生命周期存在如下"缺陷"：产品生命周期各阶段的起止点划分标准不易确认；并非所有的产品生命周期曲线都是标准的 S 形，还有很多特殊的产品生命周期曲线，如特殊的产品生命周期包括风格型产品生命周期、时尚型产品生命周期、热潮型产品生命周期、扇贝形产品生命周期四种；无法确定产品生命周期曲线到底适合单一产品项目层次还是一个产品集合层次；

该曲线只考虑销售和时间的关系，未涉及成本及价格等其他影响销售的变数；易造成营销误判，认为产品已到衰退期而过早地将仍有市场价值的好产品剔除出产品线；产品衰退并不表示无法再生，如通过合适的改进策略，企业可能再创产品新的生命周期。

3.5.2　新产品选择

1. 产业生命周期视角选择

产业生命周期理论是在产品生命周期理论基础上发展而来的。1982 年，戈特（Gort）和克莱珀（Klepper）通过对 46 个产品最多长达 73 年的时间序列数据进行分析，按产业中的厂商数目进行划分，建立了产业经济学意义上第一个产业生命周期模型。

产业生命周期是每个产业都要经历的一个由成长到衰退的演进过程，是指从产业出现到完全退出社会经济活动所经历的时间，一般分为导入（初创）期阶段（幼稚阶段）、成长期阶段、成熟期阶段和衰退期阶段四个阶段。由于产业的生命周期构成了企业外部环境的重要因素，因此，产业生命周期理论自诞生之日起就受到经济学和管理学研究者的极大兴趣。例如，"竞争战略之父"迈克尔·波特（Michael Porter）在《竞争战略》中论述了新兴产业、成熟产业和衰退产业中企业的竞争战略，约翰·隆德里根（John Londregan）则构建了产业生命周期不同阶段企业竞争的理论模型。研究表明，从战略的角度研究产业生命周期主要集中在产业生命周期的阶段性变化对企业战略决策的影响，以及生命周期不同阶段如导入（初创）期、成长期、成熟期、衰退期可供选择的战略（图 3-3）。

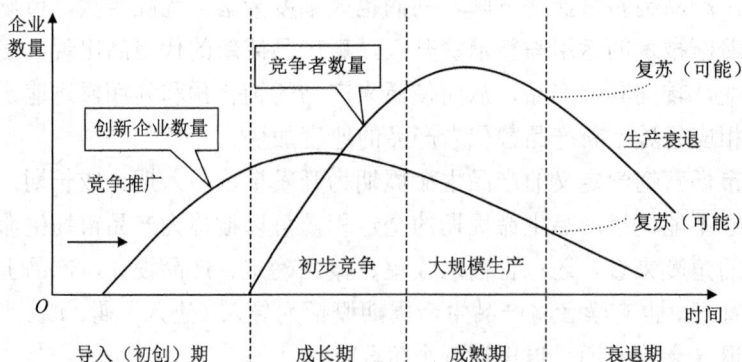

图 3-3　产业生命周期模型

在产品的选择过程中，首先应该考虑产业领域，产业发展状况是企业必须考量的重要外部环境之一。图 3-3 的产业生命周期模型为企业提供了选择的逻辑。一是要选处在导入（初创）期和成长期的产业。在这些产业，创新企业的数量和竞争者的数量相对比较少，机会比较多。二是尽量不选处在成熟期和衰退期的产业。成熟期的产业，竞争异常激烈，产业利润率降低，基本形成寡头垄断；衰退期的产业，市场在萎缩，产能过剩，机会很少。但如果为成熟期的产业的寡头企业提供产业链延伸配套产品，也许还有机会。

2. 产品生命周期视角选择

产品生命周期也即产品在市场上的营销生命，这个周期在不同的技术水平的国家里，发生的时间和过程是不一样的，其间存在较大的差距和"时差"，而正是这一"时差"表现为不同国家在技术上的差距，它反映了同一产品在不同国家市场上的竞争地位的差异，从而决定了国际贸易和国际投资的变化。当然，资源禀赋不同的企业之间也存在较大的差距和"时差"，这个差距和"时差"导致不同企业把握市场竞争能力的迥异。

（1）产品生命周期阶段市场特征

产品生命周期阶段市场特征如表 3-2 所示。

表 3-2　产品生命周期阶段市场特征

项目	导入期	成长期	成熟期		衰退期
			前期	后期	
销售量	低	快速增大	继续增长	有降低趋势	下降
利润	微小或负	大	高峰	逐渐下降	低或负
购买者	爱好新奇者	较多	大众	大众	后随者
竞争	甚微	兴起	增加	甚多	减少

① 导入期。由于产品刚起步，功能流程还不完善，对用户使用场景及需求的理解不深入，完全属于试错阶段。产品会经常改动，可能下个版本升级时，就推翻了当前版本的概念。这时产品运营也处于冷启动阶段，用户增长缓慢，活跃度不高。同时，市场上可能会慢慢出现一些竞争产品。

② 成长期。产品已经可以为用户提供比较顺畅的服务，活跃度大幅提高，且处于不断增长的趋势；产品处于一个快速上升期，产品的核心价值已经形成，产品形态也趋于稳定。市场上可能出现竞争产品。

③ 成熟期。产品基本定型。用户新增速度开始变得缓和，用户活跃度比较稳定。很多企业拓展价值链的延伸产品，增强产品壁垒，稳定产业产品生态。成熟期维持的时间越长越好，因为一般来说，成熟期之后就慢慢进入衰退期了，产品很难再有大的发展机会。这时，同类竞争的产品展开价格竞争，市场环境趋于恶化，有些企业开始注重产品差异化，寻找突破点。

④ 衰退期。由于产品没有突破性的发展，受限于过往的产品、技术或服务的瓶颈，产品开始慢慢走下坡路，用户活跃度慢慢下降。这时，过往的竞争产品或者异军突起的新秀产品可能慢慢取代这块市场。

（2）选择产品时需考虑的因素

在围绕产品生命周期进行产品选择时，需考虑以下因素。

① 选择开发和导入期的产品，风险较大。因为产品定位还不明确，需要市场验证其可行性；一般这个阶段的产品功能比较"幼稚"，满足用户需求和痛点不精准，客户在试探采用。

② 成长期的产品，值得重点关注。产品已经基本得到用户认可了，大量新客户涌入。这个阶段对产品来说，最主要的目标是，优化已有产品，将核心体验做得更好。例如，对技术驱动的产品来说，需要提高效率、稳定性、兼容性等；对运营驱动的产品来说，需要完善数据库、提高服务质量；对体验驱动的产品来说，需要将产品的形态、交互、视觉做到极致等。总之，应围绕客户满意度，完善整个产品的服务链，增强服务体验。

③ 成熟期的产品，需要谨慎选择。对于成熟产品的营销或渠道创业，市场机会可能更好。产品在市场上已经有了较大影响，企业可重点关注提高运营效率，重点优化已有产品，同时拓展新业务或功能，寻求突破点。

④ 衰退期的产品，一般无须关注，除非出现重要产品迭代要素的变革。产品进入淘汰阶段，客户持续流失，重复购买和活跃度不断下降。在产品处在成熟期或衰退期时，要创造出枯木逢春的效果，必须先从市场角度找到还没有被满足的需求、还没有被解决的问题，以及还没有被提供的体验，然后找到新的技术、材料、工艺、产品定义和设计，创造一个全新的产品类别。①

3. 跟随者逻辑视角选择

雷蒙德·弗农把产品生命周期分为三个阶段，即新产品阶段、成熟产品阶段和标准化产品阶段。

在新产品阶段，创新国利用其拥有的垄断技术优势，开发新产品。由于该产品尚未完全成形，技术上未加完善，加之竞争者少，市场竞争不激烈，替代产品少，产品附加值高，国内市场就能满足其摄取高额利润的要求等，产品极少出口到其他国家，绝大部分产品在国内销售。

在成熟产品阶段，由于创新国家技术垄断和市场寡头地位的打破，竞争者增加，市场竞争激烈，替代产品增多，产品的附加值不断走低，企业越来越重视产品成本的下降，较低的成本开始处于越来越有利的地位，且创新国家和一般发达国家市场开始出现饱和，为降低成本、提高经济效益、抑制国内外竞争者，企业纷纷到发展中国家投资建厂，逐步放弃国内生产。

在标准化产品阶段，产品的生产技术、生产规模及产品本身已经完全成熟，这时对生产者技能的要求不高，原来新产品企业的垄断技术优势已经消失，成本、价格因素已经成为决定性的因素，这时先进入的企业有明显的比较优势。

---

① 程天纵，2019. 赋能：新创企业的成长课[M]. 北京：机械工业出版社：26-27.

在采用跟随者逻辑视角选择产品时，需要考虑以下要点。

① 如果企业在成熟产品阶段和标准产品阶段选择产品，是要考虑前提条件的。因为，作为跟随者的企业，在不具备"规模经济"和"范围经济"的优势时，只能在行业（产业）平均利润以下生存。这跟企业回报预期和风险偏好有关，回报要求不高、抗风险的能力弱，可以围绕上述产品开拓市场。

② 如果企业在新产品阶段选择产品，是要谨慎权衡的。因为，不管是技术转让还是原创获得新产品，都是有较大风险的，初创企业或规模小的企业要权衡自身资源的匹配程度。

4. 原创者逻辑视角的选择

这是基于原始创新的新产品创造，需要承担巨大研发成本和市场推广难的风险，但一旦成功，就会获得超额的市场收益。对企业原创产品选择的建议如下。

① 对经验和技术资源不足的企业来说，选择该类产品要非常谨慎。因为市场的不确定性太大，可能会承受不可逆转的市场打击。

② 对于技术和产品开发优势明显，且可能获得风险投资的精干管理团队来说，可以选择原创产品开拓新市场。因为技术优势、人力资源等资源的支撑度高，成功性较大。

企业在选择产品时，要从产品生命周期的"动态"视角来关注，且要注重每个阶段的产品迭代机会，同时，需要考虑产业生命周期的影响。另外，也可以将跟随者逻辑视角和原创者逻辑视角作为产品选择的依据，但这几种产品选择的路径不是完全平行的，而是可以相互参照判断。

3.6　品　　牌[①]

品牌既有其独特含义，又和产品及其品质、商标、符号（形象、品位）等密切相关。有观点认为品牌就是质量，也有把品牌看作商标。把握品牌的独特含义及品牌与其他竞争要素的关系和区别，是进行有效品牌定位、品牌建设和品牌推广的关键。

3.6.1　品牌概念

美国市场营销协会对品牌的定义是：品牌是一种名称、术语、标记、符号或设计，或是它们的组合运用，其目的是借以辨认某个或某群销售者的产品或服务，并使之同竞争对手区别开来。随着品牌的发展，品牌已不仅仅是对产品生产者的辨认，还包括对产品品质、形象、品位的辨认。同时，"品牌价值""品牌资产"等概念也在不断拓展品牌的内涵与功能。

品牌可以理解为企业提供的一系列产品特点、利益和服务的允诺，是产品价值或

① 钱旭潮，王龙，2021. 市场营销管理：需求的创造与传递[M]. 5 版. 北京：机械工业出版社：193-205.

服务价值的综合表现，通常以特定形象符号作为标记。但这一理解更多地强调了品牌与其他竞争要素的联系，即品牌只是这些竞争要素的综合或代言，这就使品牌失去了其自身独特的含义和价值。这种理解很容易将品牌建设导向产品品质提升、增加产品特点和服务精细化等相关领域，而恰恰忽视了品牌自身含义的提炼、塑造和推广。另外，一个品牌可用于多个产品，甚至多类产品，这时又如何综合这些产品的特点、利益和服务的允诺呢？可见，这种综合也只能是抽象的，而不是具体的。

品牌的独特含义在于品牌是买方认可的一种独特价值和形象，以及由此表现出来的特定社会心理学含义。这种含义通常是抽象的、难以表述和验证的。当然，这绝不意味着品牌和产品特点、利益及服务允诺等无关；恰恰相反，这种独特的价值和形象需要相应的产品属性特点、利益和服务允诺等来支撑和保障。简单来说，品牌源于产品，高于产品。

3.6.2　品牌与产品

品牌体现产品特色，但品牌又不仅仅是产品特色，它是最具差异性和最具吸引力的产品特色。一般意义上的产品特色是指产品的理性特点，如空调节电、汽车省油等，品牌必须体现产品的这种理性特点，使消费者感受到。但产品的理性特点是可模仿的，不可能为某个企业所独占。消费者关注的理性特点是随时代变迁的，随着技术的进步或生活水平的提高，一种原本最受顾客关注的理性特点可能会变得无关紧要或者降格为基本要求，产品的所有理性特点都会退化并逐渐失去市场意义。品牌对产品特色的体现一定是概括的、抽象的，是脱离理性的，是感性的。唯有买方认可的有独特价值和形象的品牌（尤其高端或奢侈品牌），以及由此表现出来的独特社会心理学含义，才具备完全的独占性和独特的意义。在这个意义上，品牌是产品最具差异性、最具吸引力和终极的产品特色。

综上，不同于产品主要满足顾客的功能诉求，品牌主要满足顾客的情感诉求，建立产品之间的心理区隔，在顾客心智中占领一席之地。品牌与产品的差异如表 3-3 所示。

表 3-3　品牌与产品的差异

比较项目	品牌	产品
基础	心理的、主观的	生理的、客观的
形态	抽象的、无形的、综合的	具体的、有形的、单一的
要素	标记、个性、形象、品位	原料、工艺、技术、质量
功能	特定的社会心理学含义	特定的应用功能和效用
排他性	独一无二	容易被模仿
时效	经久不衰	有一定的生命周期
扩展性	可适当延伸、兼并和扩展	只从属于某一种类型
	其资产可不断积累和增加	其效应难以积累

资料来源：钱旭潮，王龙，2021. 市场营销管理：需求的创造与传递[M]. 5 版. 北京：机械工业出版社：194.

3.6.3　品牌的价值与作用

不管是营利性组织还是非营利性组织或个人，品牌都是成功的关键要素，也是社会和消费者的消费对象。品牌之所以在今天的社会生活中扮演如此重要的角色，与其产生的原因或解决的问题，以及由此衍生的价值和作用密不可分。考察品牌的历史和现实得知，品牌产生的市场原因主要来自识别、承诺和情感需求等。

1. 品牌的价值

品牌的价值体现在三个方面，如表 3-4 所示。

表 3-4　品牌的价值

价值类别	来源	感受
识别价值	法律过程	生理的、客观的
代言价值	生产过程	
符号价值	市场过程	心理的、主观的

（1）识别价值

识别价值体现在品牌代表了产品的生产商是谁，来源于企业的商标活动，获得了商标的独占性，一定意义上还代表了产品生产的合法性。顾客对识别价值的感受主要是生理的、客观的。

（2）代言价值

代言价值主要体现为品牌承载了产品的品质及其他功能特点，来源于产品的生产活动。顾客对代言价值的感受也是生理的、客观的。

（3）符号价值

符号价值是品牌价值的本质，是品牌自身的，符号体现了品牌的社会心理学含义及其社会身份特征。正是有了这样一种社会心理学含义，品牌才有了其独特的价值，完成了对产品从实际功能到兼具某种象征意义的生成、蜕变和升华。品牌的符号价值来源于市场过程，顾客的感受是心理的、主观的。

从构成品牌资产的视角看，符号价值的财务价值最高，一般所谓的品牌价值，主要来源于符号价值，代言价值次之，识别价值基本上不构成财务价值。当然，这三者又是相互联系、相互作用的，符号价值必须建立在代言价值和识别价值的基础之上。

2. 品牌的作用

品牌的识别、代言和符号三个方面的价值对企业建立竞争优势的作用体现在以下方面。

（1）稳定目标市场

当品牌在识别、代言的基础上构筑了一定的社会心理学含义并逐渐深入人心后，品牌就具有了生活价值观、社会角色、文化品位等个性象征，具有了独特性，是不可模仿和替代的。此时，不管产品在物理上是否还存在意义的差异，品牌本身都构成了竞争产品之间最重大的区别。由此，品牌和顾客个性之间会建立起某种微妙而稳定的联系，这种联系会有效地阻止顾客转向其他品牌，构成强有力的转换障碍，并由此建立品牌忠诚（顾客对品牌的排他性重复购买），目标市场的稳定性得到有效强化。

（2）产生品牌溢价

特定的社会心理学含义使产品不再仅仅具有工具性的实用价值，还有了象征性的心理价值，满足了人们的精神需求。价值升华使产品有了在市场获得高于平均价格（溢价）的基础，品牌带来的差异化使企业获得了定价的相对自由。

高度的品牌忠诚和转换障碍简化了顾客的决策过程，并增加了重复购买。这两者既降低了顾客的决策成本，又降低了企业的营销成本，同时稳定了市场。溢价、稳定的市场和销售成本下降最终带给企业稳定的投资回报。品牌能帮助消费者识别产品、辨别产品质量、提供法律保护，帮助营销人员细分市场，优质品牌可获得品牌溢价。品牌的起源、价值和作用相互联系，如表 3-5 所示。

表 3-5　品牌的起源、价值和作用

起源	价值	链接	作用
识别	识别价值	品牌忠诚 转换障碍	市场稳定 品牌溢价
信任	代言价值		
情感（精神）需求	符号价值		

3.6.4　品牌的策略

品牌创建与运行的过程就是品牌决策的过程。为了迎接众多竞争品牌的挑战，企业营销需要制定品牌战略，分层次、分步骤地进行品牌决策（图 3-4）。

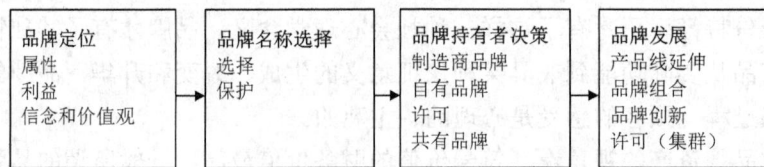

```
┌──────────┐   ┌──────────┐   ┌──────────┐   ┌──────────┐
│ 品牌定位  │   │ 品牌名称选择│   │ 品牌持有者决策│  │ 品牌发展  │
│ 属性      │→ │ 选择      │→ │ 制造商品牌 │→ │ 产品线延伸 │
│ 利益      │   │ 保护      │   │ 自有品牌  │   │ 品牌组合  │
│ 信念和价值观│  │          │   │ 许可      │   │ 品牌创新  │
│          │   │          │   │ 共有品牌  │   │ 许可（集群）│
└──────────┘   └──────────┘   └──────────┘   └──────────┘
```

图 3-4　品牌发展策略

资料来源：菲利普·科特勒，加里·阿姆斯特朗，洪瑞云，等，2022. 市场营销原理：亚洲版[M]. 赵占波，姚凯，译. 4 版. 北京：机械工业出版社：183.

1. 品牌定位

品牌定位是通过对品牌的整体设计与传播，有效建立该品牌与竞争品牌的区别，使其在目标顾客心目中占据独具价值地位的过程或行动。在这个过程中，企业除了要使品牌与竞争品牌形成差异以外，更重要的是让顾客相信并接受这种差异所带来的价值。因此，品牌定位的过程实际上是企业选择、塑造并传递品牌差异，并使目标顾客形成独特品牌形象的过程。从静态的角度理解，定位就是品牌，就是独特的社会心理价值（独特的形象或独特的价值）；从动态的角度理解，定位就是建立这一独特社会心理价值的过程。所谓差异就是不同的品牌有不同的社会心理学价值。企业应当为自己的产品建立品牌，实现品牌化发展。品牌定位是企业在市场细分与目标市场选择的基础上进行的，是根据目标市场的需求及行为特征实施品牌定位战略的。因此，从竞争战略的层面上来看，市场细分、目标市场选择与品牌定位既相互联系又有本质差别。市场细分、目标市场选择的本质在于尽可能选择和竞争者不同的细分市场作为目标市场，试图在一定程度上回避或削弱竞争，减少对抗。品牌定位则是与竞争者展开直接的正面竞争，争夺的是同一细分市场，是比谁的定位更好地把握了目标顾客的需求和行为。常见的特色定位主要有利益定位、类别定位、顾客定位、品质/价格定位、技术领先定位、冠军定位、高级俱乐部定位等。此外，还可以分为短期定位和长期定位。品牌定位的目标是使顾客对该品牌形成偏好与忠诚，强调的是企业对顾客偏好的争夺，是一种偏好层次上的竞争。偏好一旦形成就难以更改，因此，顾客一旦对某品牌形成了良好认知，竞争对手就很难改变。尽管竞争者可以复制生产过程和产品设计，但很难模仿某一品牌经过多年体验使用和营销活动后在顾客心目中所形成的心理认知。因此，与质量竞争、价格竞争相比，作为情感偏好竞争的品牌定位就更具有可持续性和不可替代性。

2. 品牌名称选择

一个品牌的社会心理价值不是一蹴而就的，总要从产品及相关事物的一些具体属性开始培育，在市场营销过程中逐步形成，即定位是从产品特色的开发、选择和培育开始的。特色是从那些顾客重视、支持和偏好的独特属性即能够成为竞争优势的差异点中寻求并进行培育的。差异点的来源如表 3-6 所示。品牌的选择标准具有独特性、重要性、传达性和持久性。差异点来源中的低成本，是指低成本策略，即以最低的价格出售无特色的标准化产品给行业内最典型的顾客。顾客得到的实惠是产品的低价格，失去的是产品的特色，也称为无差异策略。从广义上说，低成本进而低价格也是一种特色，只是这种特色主要表现在经济利益而非产品的特殊功能或个性形象上。低成本策略的最大优势和理论基础是规模经济所带来的成本节约，现实基础是消费者在某些情况下会因价格昂贵而在某种程度上放弃对个性化的要求，转而接受无差异的大众化产品。低成本策略的风险主要来自消费者一旦条件许可，即可自由支配收入增加，就可能愿意支付更高的价格以获得更符合其个性的产品。规模带来的其实远不仅仅是低成本，可能是便利性和社会认同效应，这在互联网条件下表现得尤为明显，社交应用、平台网购无不如此。

表 3-6 差异点的来源

项目	产品	服务	渠道	人员	企业形象
差异点	功能	订货方便	覆盖面	专业化	理念
	性能/质量	交付	专业化	形象	公共关系
	款式	安装	保障	品德	标识
	可维护性	培训、咨询	送货	态度	信誉
	材料、工艺等	维修保养等	库存等	耐心等	风格等
低成本	无差异				

资料来源：钱旭潮，王龙，2021. 市场营销管理：需求的创造与传递[M]. 5 版. 北京：机械工业出版社：204.

3. 品牌持有者决策

品牌持有者决策涉及品牌归属决策。品牌归属决策指的是品牌所有权归谁所有，由谁负责品牌建设、推广。主要有三种选择。

（1）制造商品牌

制造商品牌是一种最主要的品牌归属，是指品牌的所有权归产品制造商所有。大多数著名品牌的所有者是制造商，如华为、娃哈哈等。

（2）渠道品牌

渠道品牌即品牌所有权为中间商所有。中间商通过签订生产合同，委托制造商为其生产产品。渠道品牌的迅速发展有两方面的原因：一是通过为中间商贴牌生产以渠道品牌进入市场更为有利；二是连锁业（中间商）的发展和完善，形成了庞大和完善的销售体系，受到市场普遍认可。

（3）虚拟化经营品牌

实现品牌与生产分离，使制造商更专注于生产，品牌持有者从生产中解脱出来，转而专注技术、服务与品牌推广。

4. 品牌发展

品牌发展主要由品牌组合决策支撑。企业通常不会只生产一种产品，而是生产由多种产品构成的产品组合。产品组合对应的品牌组合策略通常有四种情况：独立品牌策略、统一品牌策略、分类品牌策略和复合品牌策略。独立品牌策略是指企业为不同的产品建立不同的品牌，可以提升细分市场营销服务的针对性，但可能增加品牌推广的费用。统一品牌策略也称单一品牌策略，是指企业的所有产品使用同一品牌。优点在于不需要再为建立品牌的认知与偏好支付昂贵的推广费用，新产品引进与推广的成本较低，特别是该品牌拥有良好声誉时，对新产品营销的帮助更大；缺点是产品之间会产生相互正面或负面的影响。分类品牌策略是指企业按产品类别建立一个品牌，跨行业的多元化的企业通常采用该策略。复合品牌策略也称母子品牌策略，是指企业采用两个品牌相结合的方式进行品牌推广，这种情况多见于产品相对复杂、外形差异大或消费者个性化需求较强的场合。此时，一种产品需要多个品牌来针对不同的细分市场，占领更多的零售货架空间，但企业同时运作多个品牌又会稀释资源，导致任何一个品牌都难以取得较高市场份额。所以，这些品牌需要一个统一的支撑以形成市场合力。复合品牌策略也常被理解为一种主副品牌或母子品牌格局，即主品牌传递传统、历史和内涵，副品牌突出具体产品的特色与目标群体。同时，企业要根据发展阶段进行品牌创新，通过集群、许可提升品牌附加价值，通过构架、创造、共鸣、关联、延伸、优化实现品牌增值价值，激发潜在商业价值，将品牌的潜力转为企业成功的关键要素。企业品牌创新具有一定的推进路线，如图 3-5 所示。

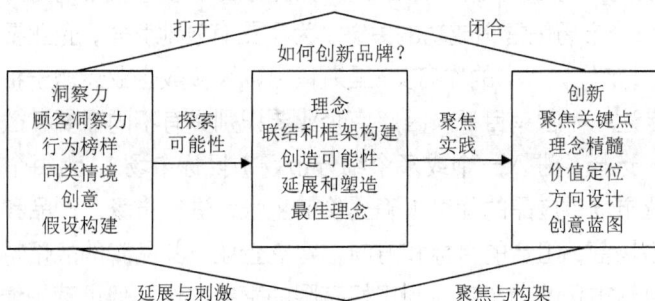

图 3-5 品牌创新推进路线

资料来源：卡迪科亚·康佩拉，2018. 品牌挑战：行业品牌建设责任[M]. 徐梅鑫，译. 北京：经济管理出版社：70.

思考与作业

1. 产品对营销有什么影响？
2. 如何进行产品开发及创新？
3. 如何塑造产品品牌？

第4章 市场细分与定位：驱动价值

企业无法与广泛、多样化市场中的所有客户同时建立联系，需要确定可以有效服务的细分市场。识别这些细分市场需要对消费者行为有敏锐的了解，并对每个细分市场的独特性和不同之处进行细致的战略思考。识别并以独具特色的方式满足正确的细分市场是营销成功的关键。为了更有效地竞争，企业要积极落实目标市场营销战略。《定位》一书的作者艾·里斯指出，大多数企业迷恋于扩张，其实，它们的未来在于专注一个营销目标。因此，企业要识别具有不同需要和欲望的购买者群体（细分市场），选择并进入一个或多个细分市场（目标市场），为每个目标细分市场确立并传达企业市场供应品的优势（确立价值主张，进行市场、产品和竞争性定位）[①]，进一步明确市场营销组合的目标和方向，建立企业及其品牌的战略特色，形成比较优势，专注于目标市场的消费者，利用好有限的营销资源，促进营销绩效提升。[②]

4.1 市场细分概述

市场细分的概念是由温德尔·R.史密斯（Wendell R. Smith）于1956年最早提出的。市场细分是指将市场划分为较小的顾客群，这些顾客群具有不同的需求、特点或行为，并需要不同的市场营销战略或组合。为此，企业应该确定不同的细分方式，并了解所有顾客群体的大致情况。顾客价值驱动的营销战略模型如图4-1所示。其中，目标市场选择是指评价每一个细分市场的吸引力，并从中选择一个或几个细分市场进入。企业需要明确自己的价值主张，即如何为目标顾客创造价值。差异化是指使企业为市场提供的产品与众不同，从而为顾客创造独特的卓越价值。定位是指使为市场提供的产品在目标顾客的心目中有一个清晰、独特的理想位置。[③]

市场细分是基于这样一种认识而产生的，即一个企业（组织）不可能为所有的人做所有的事。一种市场营销战略不可能有效地适用于所有购买者（顾客、用户），除非企业高度专业化且仅仅向一个购买者出售，否则将每个潜在购买者都视为与众不同的也是不可取的，因此，市场细分是在将所有顾客视为相同时的无效益性与将每位顾客

① 菲利普·科特勒，凯文·莱恩·凯勒，亚历山大·切尔内夫，2022. 营销管理[M]. 陆雄文，等译. 16版. 北京：中信出版社：158.

② 吴健安，钟育赣，2022. 市场营销学[M]. 7版. 北京：清华大学出版社：210.

③ 菲利普·科特勒，加里·阿姆斯特朗，2020. 市场营销：原理与实践[M]. 楼尊，译. 17版. 北京：中国人民大学出版社：182-183.

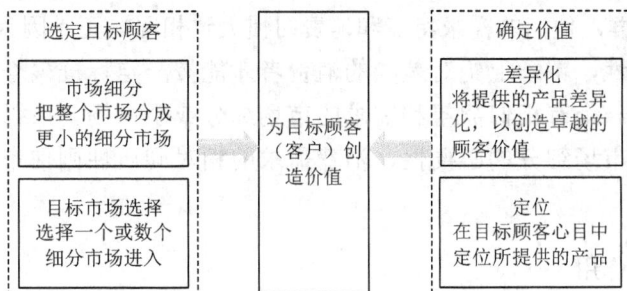

图 4-1 顾客价值驱动的营销战略模型

资料来源：菲利普·科特勒，加里·阿姆斯特朗，2020. 市场营销：原理与实践[M]. 楼尊，译.
17 版. 北京：中国人民大学出版社：183.

视为不同时的无效率性之间的折中。但是，新一代信息技术的进步、柔性生产以及物流服务配送体系的创新应用，使得在某些领域可以细分到一个细微的细分市场。随着规模生产的效益及对个性化的购买者特殊需求的有效设计，大规模定制（mass customization）满足了那些具有特殊需求的购买者的个性化需求，且生产成本相对较低，与之对应的营销方式是定制营销。有效细分市场的要求是为了达到这样一个目的：识别并描述那些在需求、偏好以及对组织营销活动的反应都不同的购买群体。有效的市场细分对每个细分市场都应该回答以下六个与购买者相关的基本问题：他们是谁？他们想买什么？他们想怎样买？他们想要什么时候买？他们想在哪儿买？他们为什么想要买？通常，对这些问题的回答应以定性或定量研究的形式表述。[①]

4.1.1 市场细分理论依据

根据消费者的消费需求和购买习惯的差异，可以将整体市场划分为由许多消费需求大致类同的消费者群体所组成的子市场群，而这一活动的结果即一个个被分割的子市场可称为细分市场，每个细分市场内的消费者具有相对类同的消费需求，其理论依据是消费需求的绝对差异性和相对同质性。

1. 消费需求客观存在绝对差异性

由于人们所处的地理条件、社会环境以及自身的个性心理不同，市场上的顾客千差万别，他们追求不同的利益，拥有不同的需求特点和购买习惯，以至于对商品的品种、数量、价格、式样、规格、色彩乃至购买时间和地点的要求都会有所不同。而且，这些差异是绝对的，就像世界上没有完全相同的两片树叶一样，市场上也绝没有完全相同的顾客。

2. 消费需求客观存在相对同质性

在同一地理条件、社会环境和文化背景下的人们会形成具有相对类同的人生观、

---

① 罗杰·A. 凯琳，罗伯特·A. 彼得森，2011. 战略营销：教程与案例[M]. 范秀成，译. 11 版. 北京：中国人民大学出版社：55-57.

价值观的亚文化群，他们的需求特点和消费习惯大致相同。正是因为消费需求在某些方面的相对同质性，市场上绝对差异的消费者才能按一定标准聚合成不同的群体。每一个群体都是一个有相似欲望和需求的市场细分或子市场。所以，消费需求的绝对差异性造成了市场细分的必要性，消费需求的相对同质性则使市场细分有了实现的可能性。

4.1.2 市场细分作用

市场细分与营销战略的发展有关，主要有以下作用。

1. 促进产品开发的机会识别

对于目前的和潜在的购买者，细分市场的分析可揭示出一组或多组购买群体的特殊需求和未被有效满足的需求。这些细分市场暗示对于一些产品开发将存在可能的机会。

2. 促进营销计划的有效设计

市场细分有助于企业设计能够有效满足同类消费者群体需求的营销计划。除了有助于产品开发，市场细分还有利于在定价、广告促销以及分销等营销组合方面的创新改进。

3. 促进营销资源的有效配置

市场细分为营销资源定位提供了指导作用。并不是所有细分市场都适合企业，也不是所有细分市场都能带来一定的收益。与市场机会评估类似，企业需要充分考量相对于不同细分市场的需求和竞争形势的优势和能力。

4.1.3 市场细分原则

市场细分必须选择有针对性的方法与原则，对某种产品有效的市场细分变量不一定适合另一种产品。市场细分的方法主要包括单一因素法、综合因素法和系列因素法。单一因素法是指根据市场营销调研结果，选择影响消费者或用户需求最主要的因素作为细分变量，从而达到市场细分的目的。综合因素法是指对影响消费需求的两种或两种以上的因素进行综合细分。系列因素法是指当细分市场所涉及的因素有多项时，可以由粗到细、由浅入深，按一定的顺序逐步进行细分，细分过程也是比较、选择目标市场的过程。下一阶段的细分，是在上一阶段选定的细分市场中进行的。有效的细分市场除了要有合适的方法作保证，还要遵循相应的原则。[①]

---

① 吴健安，钟育赣，2022. 市场营销学[M]. 7版. 北京：清华大学出版社：204.

1. 选择关键的细分标尺

进行市场细分时，应选择影响需求较大的关键因素作为标尺。例如，食盐市场的细分，若以性别、肤色或年龄等细分市场可能没有意义，而把使用率作为关键因素，可以区分为少量使用者、中量使用者和大量使用者，推出不同分量的包装满足市场需要。

2. 关注因素间的相关性与重叠性

在市场细分中，应关注多因素细分市场中各因素间的相关性与重叠性。例如，产品使用率与顾客规模有关，相互之间就有一定的重叠，采用这些因素细分，就有可能得出一些无效的或意义不大的细分市场。

3. 需要较高的同质性

如果同一个细分市场内部仍然需求个性大于共性，或不同细分市场之间需求共性大于个性，这样的市场细分就是不成功的。因为细分市场的结果应该是不同的细分市场有明显的区别或差异，同一细分市场内需求应有较高的同质性。

4. 考量适度的市场规模

市场细分是必要的，但也不是越细越好。市场细分不是为了细分而细分，而是为了发现市场机会，通过需求分类能够更好地服务于顾客。一般来说，过细的细分市场是没有必要的，除非准备实施定制营销；过粗的细分市场也不合适，因为企业无法全部满足这样大容量的细分市场，会给竞争者留下"窗口"。市场细分的深度及细分市场的规模，要与企业的财力、能力等资源相匹配。

随着市场竞争条件的变化和发展，尤其是在产品愈加同质和超竞争的情况下，传统垂直营销（即纵向营销，以细分、定位、品类为代表，帮助企业找到越来越小的子市场群体，为其开发产品及营销服务）的细分理论作为能产生竞争优势，因而转化成商业机遇和新产品的机制，日渐暴露出其不足之处。争议最大的是如何把握细分的"度"。过度的市场细分会导致市场的碎片化，导致细分市场缩小为缝隙市场，而这必然会降低新产品和新品牌的成功率。因此，菲利普·科特勒提出了水平营销（即横向营销，以跨界、融合、混搭为特征，为其开发全新的产品，拓展更广泛的顾客）的战略思维，建议企业用创新性思维打破传统的细分方式，将本来无关的概念同现有的商品相结合进行"水平"市场细分，从而赢得市场机会。但是，水平营销并不是垂直营销的替代，而是与之相辅相成的，他们之间存在异同（表 4-1）。

表 4-1 垂直营销与水平营销对比

对比项目	垂直营销	水平营销
基础	一系列市场需求、客户群体、情境或产品的功用在确定企业希望成为一家什么样的公司之后再进行创新	被淘汰的市场需求、客户群体、情境或产品用途在必要的情况下,重新定义企业使命,但是需要在当前基础上进行创新
运作方式	垂直方向的、遵循营销过程	水平方向的,在营销过程之外
初期市场效果	市场发展壮大,将潜在顾客转化成为现有顾客	创建新的市场、产品类别或亚类别,能够接触到现有产品无法触及的目标和情境
后期市场效果	低增长,但新颖的产品易于销售	高增长,风险更高
销售来源	抢夺竞争对手的市场份额,以及将潜在顾客转变为现有顾客	完全是新增的,不影响其他市场,或是抢占某一竞争类别产品的市场份额
适用情境	在一个市场或一个产品生命周期的早期阶段(成长阶段);适用于低风险策略、资源不足或通过细分市场来保护现有市场的情况	在一个市场或产品的生命成熟期;企业使用高风险策略或提供优质资源时从外围进攻市场(利用替代品)
营销职能	营销部门	不仅包括营销部门,还包括创意机构、企业家、中小型企业、工程师和研发部门

资料来源:菲利普·科特勒,费南多·德里亚斯迪贝斯,2019. 水平营销:突破性创意的探寻法[M]. 科特勒咨询集团(中国),译. 北京:机械工业出版社:90.

4.2 消费者市场细分

市场细分的中心问题是确定细分市场的基础,即划分市场的依据。市场细分的依据被称为细分变量。运用不同的细分依据,会得到不同的结果。只有选择恰当的细分基础,才能清楚地了解市场特性。创新性地选择细分基础和细分方法,有助于对原有的市场结构形成新的发现,进而为企业提供新的市场机会。消费者市场细分的依据很多,造成消费需求特征多样化的所有因素,几乎都可被视为市场细分的依据或标准,主要包括消费者的基本特征、消费者的心理特征以及消费者的行为特征三大类。

4.2.1 消费者的基本特征

1. 地理因素

不同区域消费者的需求、偏好和反应不同,在地理上可以将市场细分为不同的地理细分市场。以地理因素为依据来划分市场,是一种传统的市场细分。地理因素包括洲际、国别、区域、行政省市、城乡气候条件和其他地理环境等一系列的具体变量。由于受地理环境、气候条件、社会风俗和文化传统的影响,同一地区的消费者往往具有相似的消费需求,而不同地区的消费者在需求内容和特点上有明显差异。

2. 人口因素

人口因素相关的消费者特征包括年龄、性别、收入、教育水平、职业、家庭规模、宗数和种族等直接反映消费者自身特点的许多因素。因为消费者的需求、偏好和商品使用率等常常与人口统计变量密切相关，而且人口统计因素中所包含的这些变量来源于消费者自身，且较易测得，所以人口因素一直是消费者市场细分的重要因素，被广泛地运用于区分消费群体。在各种人口统计特征中，亚文化群的划分在市场细分中非常重要。亚文化是主文化的一部分。存在于社会整体中的亚文化群，拥有各具特色的意识形态和行为特征，其成员具有相对稳定性，而且亚文化特征在影响个人的意识或基本行为中起关键作用。每个人都是某个或某几个亚文化群中的成员，成员的行为模式既具有特色，又兼有主文化的特点。用于市场细分的重要亚文化因素包括种族因素、民族因素、宗教因素和地理因素。

3. 社会阶层

具有不同社会地位的人们，其需求和消费模式是不一样的。同商品或品牌对于不同社会阶层的人来说，其意义可能相去甚远。企业需要针对不同的阶层，开展不同的营销规划和战略。社会阶层的划分多以教育、职业、收入和居住形态等因素（或单项、综合）为基础。常见的划分方法有科尔曼和雷茵沃特社会等级分类法，他们利用诸如收入、职业、教育、居住形态等客观变量对社会人群进行分类。

4.2.2　消费者的心理特征

上面所讨论的消费者的基本特征，尽管能够在某些市场上有效区分某类产品的潜在使用者和非使用者，但是它们在本质上都是描述性的，虽然说明了谁是消费者，但是不能揭示消费者采取某种行动的根本原因。因此，探究消费者心理动机和态度的因素越来越受到重视。心理特征试图在消费者特征和营销行为之间建立起因果联系。消费者对某种产品的态度和对某种品牌的感知偏好，都可以作为有效的市场细分变量。

1. 个性方式

消费过程就是消费者自觉和不自觉地展示自己个性的过程。为此，营销人员越来越注意给他们的产品赋予品牌个性，从而树立品牌形象，以符合相对应的目标消费者的个性，求得其目标市场的认同。品牌个性使消费者对品牌特性、表现、功用和相关服务产生预期，并因此成为消费者与该品牌建立长期关系的基础。

2. 生活方式

企业可按照消费者不同的生活方式来细分市场，并按照生活方式不同的消费者群体来设计不同的产品和安排市场营销组合。相比于仅仅用基本特征细分市场，心理细分能够为市场营销战略的制定提供更有用的依据。心理特征可以更进一步地揭示消费者的行为动机，从而成为市场细分的重要依据。但这种方法的主要缺点在于，它通常要求以高成本的实地调研和复杂数据分析作为支撑。

4.2.3　消费者的行为特征

以市场中消费者的行为因素为基础进行市场细分是较为直接有效的方法。行为因素是指和消费者购买行为习惯相关的一些变量，包括所追求的利益、购买时机和频率、使用情况和消费者对品牌的忠诚度等。

1. 利益追求

按消费者对产品所追求的不同利益，将其归入各群体，是一种富有成效的市场细分方式，被广泛地用于各种市场，如银行、快速消费品和耐用消费品。消费者对产品和品牌的选择出于不同的动机，追求不同的利益，利益追求细分法根据消费者追求的利益，即产品之所以吸引消费者的根本原因来细分市场。因此，该方法可能是在与营销决策直接相关的基础上确定细分市场最恰当的手段。

2. 购买行为

购买行为细分主要依据诸如购买时机（在整个产品生命周期的早期或晚期）和购买模式（确认具有品牌忠诚的顾客）等消费者重要的行为特征划分市场。根据购买者产生需要、购买或使用产品的时机，可将他们区分为各具特色的群体。例如，当新产品上市时，营销人员都会格外关注勇于尝试新事物的人（那些在产品依然处于新上市阶段就购买的消费者），以他们作为最初的目标市场，可以显著地提高产品或服务的市场接受程度。另外，品牌忠诚度（指消费者对某种品牌的偏好和经常使用程度）是另一种被广泛接受的市场细分标准。与热衷于最先购买新产品不同，品牌忠诚反映的是重复购买。

3. 消费行为

消费者对某种产品的使用数量或使用频率也是值得区分的变量。使用者的情况可分为非使用者、曾经使用者、潜在使用者、首次使用者和经常使用者几种，不同的情况需要区别对待。例如，对潜在使用者和经常使用者，企业需要采用不同的营销方法：一般来说，市场份额高的企业，特别注重将潜在的使用者变为实际使用者，以扩大其市场份额；而较小的企业则设法吸引经常使用者，以维持其市场份额。产品和服务的购买者并不一定就是这些产品和服务的消费者或使用者。对使用方式和消费量的考察（如大量使用者），能够使市场营销活动更具针对性。大量使用者的人数虽然占消费者总数的比例不大，但他们所消费的商品数量却在消费总量中占很大比重；少量使用者反之。研究表明，某种产品的大量使用者往往有某些共同的人口统计和心理方面的特征以及接受某种传播媒体的习惯。另外，还可以基于创新产品的使用时间对产品使用者进行分类，如图 4-2 所示。

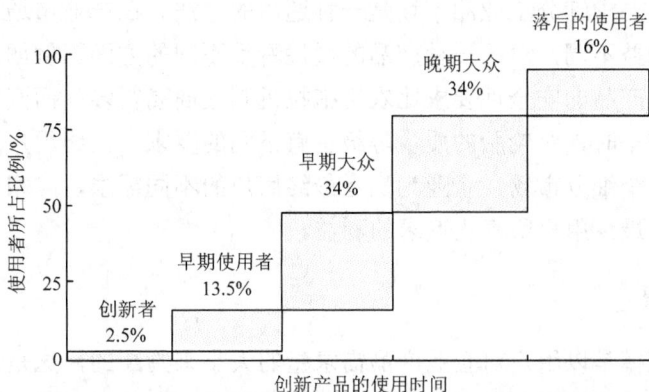

图 4-2 基于创新产品使用时间的产品使用者分类

资料来源：加里·阿姆斯特朗，菲利普·科特勒，王永贵，2017. 市场营销学[M].
王永贵，郑孝莹，等译. 12 版. 北京：中国人民大学出版社：148.

4. 关系导向

由于关系营销的发展，市场细分的相关特征引起了建立消费者关系时的关注。消费者追求完美的特征，在消费者希望与供应商建立的关系类型（长期关系、短期关系和交易关系），以及消费者想要达到的关系密切程度（密切或疏远）方面大相径庭。因而，可以将市场细分为下面几个与其他变量相联系的群体：关系寻求者、关系开拓者、忠诚购买者和疏远的交易者。关系寻求者想要与供应商或零售商建立一种密切的长期关系；关系开拓者仅仅想要与供应商建立一种短期但密切的关系，以便在交易中获得优势；忠诚购买者想要建立一种长期关系，却要保持一定距离的消费者；疏远的交易者不想与供应商建立密切关系，而且会为买到最好的产品而不停地更换供应商，他们认为建立长期关系没有价值。

行为特征作为消费者市场细分的基础，使用最频繁的是产品和品牌的消费量，因为这一类数据可以比较容易地从二手资料中获取。一个市场细分方案最终要能在营销管理中发挥作用，它应该不仅能够描述消费者之间的区别，还要能够对这种差别进行解释。从这一角度来看，根据消费者的心理和态度细分市场是更好的选择。

4.3 生产者市场细分

许多用于细分消费者市场的变量，同样适用于生产者（企业等组织用户）市场，如追求的利益、使用者情况、使用数量、品牌忠诚度和购买态度等。但对生产者产业市场的细分还有以下主要依据。

4.3.1　用户要求

按最终用户要求细分工业品市场是一种通用的方法。在产业市场上，不同的最终用户所追求的利益不同，对同一种产品的属性看重不同的方面。例如，购买轮胎时，飞机制造商对该产品的安全性要求比农用拖拉机制造商高得多；而汽车制造商在生产比赛用车和标准车时，对轮胎的质量等级也有不同的要求。最终用户的每一种要求就可以是企业的一个细分市场，企业为满足最终用户的不同需求，应相应地运用不同的营销组合，提供最终用户所真正追求的利益。

4.3.2　用户规模

产业用户规模是以用户对企业产品需求量的大小来判断的，这是细分产业市场的又一个重要变量。许多企业为大小不同的用户分别建立了专门的服务系统，以便更好地适应各种规模用户的特点。例如，办公家具制造商将其用户分成两类：银行这样的大客户由该企业的全国性客户经理与地区经理共同管理；其他较小的用户则由地区推销人员负责对接。

4.3.3　用户分布

产业用户的地理分布往往受一个国家资源分布、地形气候和经济布局的影响与制约。例如，我国钢铁业主要集中在东北钢铁工业区、上海钢铁工业区等；轻工业主要分布在东部和东南沿海地区，如长江三角洲、珠江三角洲等。这些不同的产业地区对不同的生产资料具有相对集中的需求。

4.3.4　购买方式

根据企业如何组织（企业、产业等用户）采购，可以发现客户之间的重要差异。例如，集中式采购要求供应商具备国内或国际客户管理能力，而分散式购买则要求供应商能在更广泛的区域内供货。是否以采购的组织形式作为细分市场的重要依据，主要取决于供应商自身的优势和劣势。

此外，处于购买决策过程不同阶段的企业往往寻求不同的利益组合。企业可以根据这一特征将客户划分为首次潜在购买者、新手、有经验的购买者，他们有着不同的渠道偏好。其中，首次潜在购买者喜欢与企业的销售员打交道，以便获得足够的信息；而有经验的购买者可能希望通过电子渠道对求购物品有更多的了解。

4.3.5　采购政策

用户的不同采购方式为目标市场选择提供了信息，据此可以将企业客户细分为：想要租赁产品的企业和想要购买产品的企业；有积极采购行为政策的企业和受价格因素支配的企业；想要单一供应源的企业和想要双重供应源的企业；必须招标采购的公共事业部门或类似组织，以及偏爱通过谈判确定价格的组织；比其他企业更积极地努力缩减供应商的企业和其他企业。事实上，许多大企业采购方式的确定是以谋求供应商与客户之间能够建立起伙伴关系为目标的，在产业组织市场中通常以供应商与客户的关系特点作为细分基础。[①]

4.4　目标市场评估

目标市场是企业通过分析、比较和选择，最后决定作为自己服务对象的潜在顾客。目标市场可以是一个细分市场，或若干细分市场，也可以是总体市场。

4.4.1　目标市场要求

1. 可测量性

细分市场的程度、规模及购买力水平要能定量分析，这样才可能使企业通过对特定需求的满足来达到对该细分市场的控制。

2. 可区分性

以某种标准进行细分后的各个子市场范围要清晰，细分后市场中的特定需求要确实存在，要与其他子市场有明显的差异。对于不同的营销计划，一个细分市场与另一个细分市场的反应是不同的。

3. 可进入性

以某种标准进行细分后的各个子市场是企业的营销辐射能力能够达到的，消费者能接触到企业的产品和营销努力。可进入性的另一含义就是该市场不存在实力很强的竞争对手，从而使企业进入这一市场相对比较容易。

4. 可盈利性

以某种标准进行细分后的各个子市场拥有足够的潜在需求值得开发。子市场应该是值得企业为之设计专门的营销规划方案的尽可能大的同质消费者群体。细分市场应该有足够的潜在销售量，从而弥补组织为此追加的成本，并且实现其利润目标。

5. 可稳定性

选定为目标市场的细分市场，其性质、特征在一定时期内能保持相对稳定，才利

---

① 晁钢令，楼尊，2019. 市场营销学[M]. 5 版. 上海：上海财经大学出版社：124-130.

于企业制定长期发展的市场营销战略。需求、偏好等变化过快的细分市场，企业难以把握其脉络，会增大企业经营风险。

4.4.2 目标市场评估内容

一个细分市场是否适合作为目标市场，除满足上述要求外，还要结合以下方面开展评估。

1. 细分市场的规模和增长率

目标市场评估主要是评估特定的细分市场是否具有适当规模和增长率。适当规模是一个相对的界定，大企业可能更中意销量很大的细分市场，对较小的细分市场不感兴趣；中小企业的实力相对要弱，也会有意避开那些太大的细分市场。增长率是一个重要因素，因为企业都希望自己目标市场的销量和利润能一直保持良好的上升势头。当然，竞争者通常也会很快进入成长迅速的市场，从而导致利润率下降。

2. 细分市场的结构吸引力

一个细分市场即使具有适当规模和增长率，也有可能缺乏盈利潜力。如果许多势均力敌的竞争者同时进入，或者细分市场有很多实力相当的企业在竞争，尤其在市场趋于饱和或萎缩时，其吸引力就会下降。潜在的进入者包括在其他细分市场的同行，也包括有能力但目前尚未进入的那些企业。一个细分市场进入障碍太低，吸引力也容易下降。替代品在某种意义上限制了潜在的收益，其价格越有竞争力，特定细分市场增加盈利的可能性就越小，因而吸引力越小。下游购买者和上游供应商的影响主要表现在其讨价还价能力。购买者压价能力强，或供应商有能力提价或降低供应质量、服务等，特定细分市场的吸引力都会下降。

3. 企业目标和资源的匹配度

企业要结合自己的目标、战略和资源、能力等，选择合适的目标市场。某些细分市场虽然有一定的吸引力，但是如果不适合长期发展，而且与企业的目标、资源禀赋匹配度不高，就必须及时舍弃。

4.5 目标市场进入模式

对市场细分的结果进行评估后，要考量如何进入相关细分市场。一般有五种基本的目标市场进入模式，如图 4-3 所示。

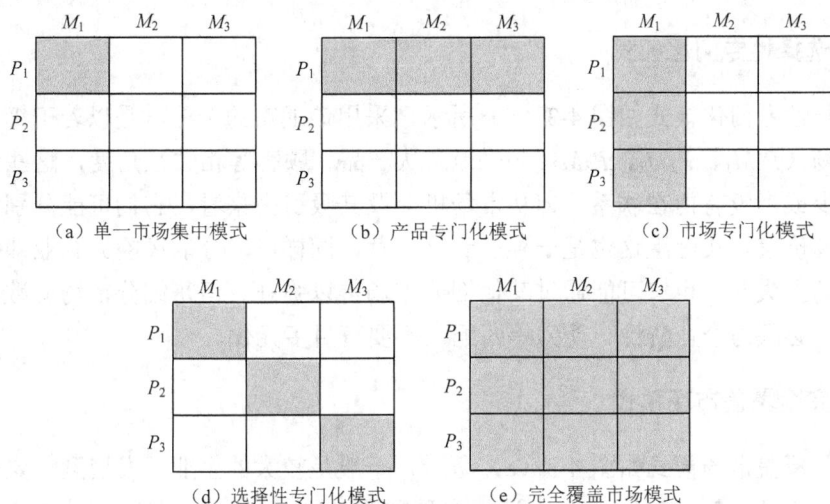

（a）单一市场集中模式　　　（b）产品专门化模式　　　（c）市场专门化模式

（d）选择性专门化模式　　　（e）完全覆盖市场模式

图 4-3　五种基本的目标市场进入模式

资料来源：吴健安，钟育赣，2022. 市场营销学[M]. 7 版. 北京：清华大学出版社：207.

4.5.1　单一市场集中模式

单一市场集中模式如图 4-3（a）所示，企业选择一个细分市场，实施密集型市场营销，即只提供一种产品（P_1），满足一类顾客（M_1）。有的企业充分具备成功经营该细分市场的条件；有的企业资源、能力有限，只能努力经营一个细分市场；还有的企业发现这个细分市场没有竞争者，或者市场机会更好等。规模较小的企业经常选择这一战略；当然，大企业也可以这么做，多是由于初次进入某个领域，以一个细分市场开始探索市场，为下一步奠定基础。

4.5.2　产品专门化模式

产品专门化模式如图 4-3（b）所示，企业生产单一产品（P_1），同时面向多种顾客（M_1、M_2、……）。例如，某计算机厂商既向家庭和消费者销售计算机，也向科研机构、学校，以及政府部门、企业等提供计算机，但并不生产这些顾客需要的其他产品。这样可以分散一些风险，发挥企业生产、技术方面的潜能，也有利于在某个产品领域打造品牌。但是这个领域一旦出现新技术、替代品，该业务就可能会下降，企业会承受很大的风险。

4.5.3　市场专门化模式

市场专门化模式如图 4-3（c）所示，面对一种顾客（M_1），提供他们所需的多种产品（P_1、P_2、……），这样可以分散一些风险，并在这类顾客中建立较高声誉。例如，某大型牛奶生产企业为中老年顾客提供低脂、低糖、谷粒型等产品，品种繁多，但是一旦顾客的购买力下降，或减少这方面的购买、消费和开支，企业经营就会受到影响。

4.5.4 选择性专门化模式

选择性专门化模式如图 4-3（d）所示，采用该战略的企业，是以若干细分市场为目标市场（P_1M_1、P_2M_2、P_3M_3、……）。从产品、顾客等相关性角度，这些细分市场之间很少或者没有内在联系，但从市场机会及其吸引力来看，它们可能分别呈现出很高的市场价值。实际上这也是一种多元化经营，同样可以分散风险。企业即使在某个细分市场上失利，也有可能通过其他细分市场得以弥补。但是细分市场的数量、总体规模等，必须与企业资源、能力等匹配，不要盲目多元化。

4.5.5 完全覆盖市场模式

完全覆盖市场模式如图 4-3（e）所示，一般是较大的企业，发展到一定阶段开始提供多种产品（P_1、P_2、……），满足多种顾客（M_1、M_2、……），以占据总体市场。例如，可口可乐公司在饮料市场采用过这种市场模式。

4.6 目标市场战略选择

目标市场战略与竞争战略的基本思路相适应，企业在目标市场建立、形成竞争优势等方面有以下几个目标市场战略供选择。

4.6.1 目标市场战略类型

1. 无差异市场战略

无差异市场战略（图 4-4）是指目标市场各个细分市场的需求共性大于个性，企业可以考虑忽略它们之间的差异，以一种市场营销组合面向总体市场，争取吸引尽可能多的潜在顾客。采用这种战略，企业关注的是如何推出满足顾客普遍需求的产品，而不是他们可能想要的不同产品，实施大批量分销和大规模促销，努力在市场上树立"普适"的品牌形象。无差异市场战略的核心是针对需求中的共同点，舍去差异，这样可减少不必要的产品线、品种等，扩大批量和实现规模经济。产品单一，可以节省调研开支，降低生产、储存和运输成本，营销传播和促销可更为集中。不少企业认为，这是一种与标准化生产和大批量生产相适应的市场战略。但是，一种产品、一种市场营销组合长期对所有顾客都有效是非常少见的。这种战略一般针对事实上存在的最大细分市场，一旦全行业都这么做，就容易竞争过度，导致市场越大，利润降低速度越快。较小的细分市场被忽视，企业会失去相应的市场机会。

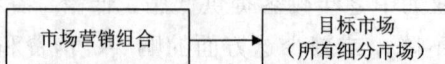

图 4-4 无差异市场战略模型

2. 差异化市场战略

差异化市场战略（图 4-5）是指不同的细分市场之间需求个性大于共性，有实力和资源的企业一般可以依据各细分市场的特点，分别为它们设计不同的市场营销组合。采用差异化市场战略的企业，以多产品、多渠道和多种促销战略，进入几乎每个不同的细分市场。由于对每个细分市场都给予了相应的关注，这种做法能在总量上增加销量。但是多品种和小批量经营会使得企业资源分散，产品改进成本、生产成本、管理成本、储存成本及促销成本等上升。所以，应结合反细分战略，适当减少某些产品线、市场营销组合的市场推进。在市场营销实践中，有的企业过分强调市场细分，因而陷入了过度细分的困境。细分市场太多，会导致产品种类的增加、批量变小和成本上升，从而失去价格优势。于是，反细分战略应运而生。该战略有两个实现路径，即通过缩减产品线以减少细分市场，将一些较小的细分市场，依其共性重新整合为较大的细分市场。反细分不是说反对市场细分，而是要把被细分得过于狭小、碎片的市场重新整合，以便通过较低的成本、价格满足市场。这种战略的出发点，是基于许多顾客价值观、认可态度等方面的变化。

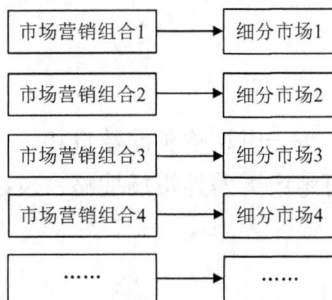

图 4-5　差异化市场战略模型

3. 密集型市场战略

密集型市场战略（图 4-6）是指企业全力集中于一个或少数细分市场，以实现高占有率，而不是在大市场上拥有低占有率。由于服务对象、内容等单一、集中，企业可对目标市场有较深的了解，利于深度渗透、深耕目标市场。细分市场选择恰当，还可

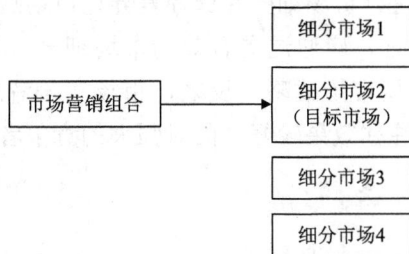

图 4-6　密集型市场战略模型

获得较高的投资回报。这种模式的目标市场狭窄，潜在风险较大。一旦发生市场价格猛跌、强力竞争者出现等突发情况，就容易陷入困境。所以，许多企业会把目标市场分散在多个细分市场，采用各种专门化模式渗透市场，以防范这一风险。

4.6.2 目标市场战略影响因素

在市场营销的实践中，最终决定采用哪种目标市场战略，要综合考虑以下影响因素。

1. 资源禀赋的匹配性

企业人力、财力及信息技术、产品技术等资源禀赋不足，不宜把总体市场作为目标市场，所以中小企业多选择密集型市场战略。实力雄厚的大企业则可根据需要采用差异化市场战略或实施无差异市场战略。

2. 产品的同质性

同质性产品如农产品（主粮）等，其本身的差异小，通常可以考虑无差异市场战略。产品设计变化较多的工艺品、食品、汽车和家用电器等，适合差异化市场战略或密集型市场战略。

3. 市场的同质性

产品购买者的爱好相似，每一时期购买的数量相近，对市场营销刺激等的反应也大致相同。在这种情况下，可考虑无差异市场战略；反之，应该选择差异化市场战略或实施密集型市场战略。

4. 产品生命周期的阶段性

企业向市场推出新产品，通常先推介单一款式，因此可考虑无差异市场战略或密集型市场战略。进入产品成熟期，逐渐转向差异化市场战略或以密集型市场战略开拓新市场。

5. 竞争者的战略确定性

如果市场竞争者积极进行市场细分并选择差异化市场战略，企业再实施无差异市场战略一般难以奏效。此时，应通过更有效的市场细分，寻找新机会与突破口，采用差异化市场战略或密集型市场战略。反之，市场竞争者选择无差异市场战略，企业实施差异化市场战略，往往效果较好。面对强大的竞争者，企业也可采用密集型市场战略。[①]

---

① 吴健安，钟育赣，2022. 市场营销学[M]. 7 版. 北京：清华大学出版社：206-209.

4.7　市场定位策略

市场定位就是勾画企业产品在目标市场中的目标顾客心目中的形象，使企业所提供的产品具有一定特色，适应一定顾客的需要和偏好，并与竞争者的产品有所区别。定位这一理念最初由艾·里斯和杰克·特劳特（Jack Trout）在 1969 年提出，是对 20 世纪 50 年代初罗瑟·里夫斯（Rogser Reeves）提出的 USP（unigue selling proposition，独特销售主张）理论的发展和升华，强调以 USP 或定位与竞争产品形成差异化，定位将独特的销售主张升华为品牌的社会心理学含义。此后，定位理论逐渐成为现代目标市场营销的基石。市场定位的基点是竞争，就是使本企业与其他企业严格区分开来，将这种形象生动地传递给顾客，在顾客心目中留下特殊印象，使顾客明显感觉和认知这种差别，从而使该产品在市场上确定适当的位置。市场定位的实质是塑造产品的特色和个性。产品的特色或者个性可以通过多种方式来表现，即通过产品实体本身的各种特征，消费者对产品的心理感受，以及价格、质量、服务、促销方式等形式来表现。定位可以在企业或产品特色、利益、用途、使用者、竞争、档次、形状、消费者、情感、文化、附加服务等方面展开，也可以综合上述各方面来展开。

确定以什么样的定位去占领市场需要考虑的因素主要包括消费者、竞争者以及企业本身。企业需要厘清什么对消费者重要，分析竞争者的优缺点。从企业资源禀赋的角度出发，根据其独特的贡献来定位产品，会增加企业持续优势的可能性。一旦定位确定了，下一步就是定位陈述。定位陈述是对产品期望地位的一种易于记忆、印象深刻的书面概括。定位陈述的关键要素包括清晰度、一致性、可信度和竞争性，如图 4-7 所示。清晰度是指在阐述目标市场与差别优势时，必须用清晰明了的词句，如欧莱雅"你值得拥有"；一致性是指在描述市场定位时，要非常稳定，有必要保持恒定一致；可信度是指企业选择的差别优势必须让目标顾客觉得可信；竞争性是指差异性服务必须具备竞争优势，为顾客提供竞争对手无法提供的有价值的服务。

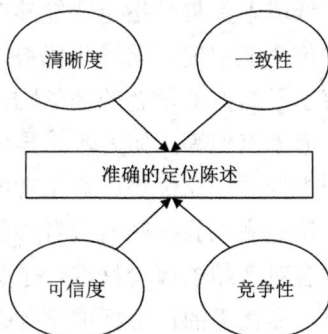

图 4-7　定位陈述的关键要素

资料来源：戴维·乔布尔，约翰·费伊，2013. 市场营销学[M]. 徐瑾，杜丽，李莹，等译.
3 版. 大连：东北财经大学出版社：132.

4.7.1 市场定位作用

1. 制定营销战略的依据

市场细分、目标市场选择、市场定位是企业市场战略的三个有机环节，环环相扣，缺一不可。市场定位为企业树立了消费者理解的市场形象，企业围绕这个形象设计产品，制定合理的价格，选择适当的分销渠道，制定针对性的促销战略等。因此，市场定位是制定正确营销组合战略的重要依据。

2. 吸引消费者的关键

通过市场定位，给产品鲜明的、有别于竞争对手的形象，再把行为信息准确地传递给消费者，就能够使产品在众多同类竞争品种中凸显出来，从而吸引消费者的关注。

3. 形成竞争优势的前提

企业市场的竞争非常激烈，特别是在完全竞争领域，单凭产品的质量、价格、服务等方面的优势已无法打动消费者、赢取竞争优势。如何在消费者心目中烙印上品牌特色，是赢得消费者、竞争制胜的有力前提。

4.7.2 市场定位步骤

市场定位的关键是企业要设法从自己的产品中找出比竞争者更具有竞争优势的特性。市场定位是通过识别竞争优势、选择正确的竞争优势、传播和准确表达定位来实现的。

1. 识别竞争优势

企业的潜在优势是市场定位的依据。一般来说，企业的优势主要表现在两个方面，即低成本优势和差异化优势。低成本优势是指企业能够以低于竞争者的价格满足顾客需求，它可以通过优化企业的价值链实现。差异化优势是指企业能够以独特的产品满足顾客需求，它源于企业的有别于其他竞争者的提供物，即产品相关内容，包括产品差别、服务差别、人员差别、形象差别等，如内容差异化的价值主张（图4-8）。企业主要通过以下因素的调研与分析挖掘潜在优势：竞争者的定位状况，了解竞争者为自己的商品或服务设计的形象，该商品或服务在消费者心目中实际所处的位置，并分析产品成本及经营情况；目标顾客对产品的评价标准，了解消费者对其所要购买的商品的最大偏好和愿望以及他们对产品优劣的评价标准是什么，从而根据消费者的需求和爱好有针对性地设计、开发产品，对实施结果与实际不符的，要及时调整和改进营销组合或者重新设计产品定位；识别可能的竞争优势，赢得和保持顾客的关键是比竞争者更好地理解顾客的需要和购买的过程，向他们提供更高的让渡价值。

	高	价格相同	低
高	优质优价	优质同价	优质低价
利益相同			同质低价
低			低质更低价

图 4-8　内容差异化的价值主张

资料来源：吴健安，钟育赣，2022. 市场营销学[M]. 7 版. 北京：清华大学出版社：214.

2. 选择正确的竞争优势

企业通过与竞争者在产品功能、成本、促销和服务等方面进行对比分析后，可以更好地了解自己的长处和短处，扬长避短，确定竞争优势，形成定位策略。企业可能拥有一种或多种潜在的竞争优势，但必须准确地选择其中几个竞争优势作为市场定位的基础。竞争优势的选择即是决定为企业的目标顾客推出多少营销组合差异以及推出什么差异。通常，企业需要避免四种定位错误：定位过低，使购买者对产品只有一个模糊的印象，没有真正感受到企业的产品有何特别之处；定位过高，传递给购买者的企业形象太窄；定位混乱，使得目标顾客对产品、品牌或公司的印象模糊不清，可能由于主题太多所致或是产品定位变换太频繁的原因；疑惑的定位，即企业向目标顾客进行企业产品特色、价格或功能等方面的宣传时，过分夸大或言过其实，结果使顾客产生不信任感。

3. 传播和准确表达定位

企业明确了自身的竞争优势后，应通过一系列宣传促销活动将其竞争优势准确地传递给潜在顾客，争取在顾客心目中留下深刻的印象，否则企业的市场定位战略就会无法达到预期结果。企业所有市场营销组合必须匹配到位，支持企业所选择的市场定位战略。[①]

4.7.3　市场定位方式

市场定位实际上是一种竞争性战略（这里阐述的市场定位方式是指竞争性的定位方式），是企业在市场上寻求和创造竞争优势的手段，因此要根据企业及产品的特点、竞争者及目标市场消费需求特征加以选择。市场定位显示了一种产品与同类似的产品或企业之间的竞争关系。根据迈克尔·波特（Michael Porter）的观点，一个行业中的竞争，不只是在原有竞争对手中进行，而是存在着五种基本竞争力量，即潜在竞争者进入的能力、替代品的替代能力、购买者的讨价还价能力、供应商的讨价还价能力以及行业中现有竞争者的竞争能力（图 4-9）。如果不能正确地识别竞争者，就会患上"竞争者近视症"。从企业发展实践来看，一个企业更可能被潜在竞争者打败。竞争分析决

---

① 熊高强，陈志雄，2017. 市场营销学[M]. 沈阳：东北大学出版社：239-240.

定着定位方式，影响着竞争态势。企业定位战略的确定取决于企业对目标市场的选择，以及如何创造出比竞争者更好地吸引目标市场消费者并满足其需要的产品。为此，营销过程中还可以采用以下定位方式。

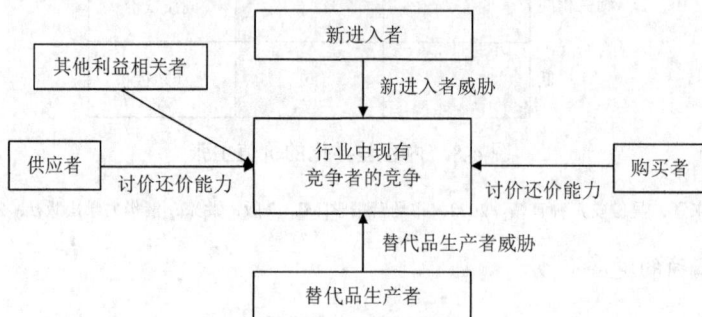

图 4-9　企业面对的基本竞争力量

资料来源：季辉，吴玺玫，2010. 市场营销[M]. 2 版. 北京：科学出版社：148.

1. 避强定位

避强定位是一种避开强有力的竞争对手的市场定位。这是企业开发新市场、推出新产品时常用的风险较小但成功率较高的定位战略。企业可以通过定位认知图（测量定位状况和设计定位的有效技术工具）来测量市场上每种产品或品牌的定位状况，从而确定自己的产品定位。在市场营销过程中，给一种产品准确定位的有效途径是为其制作认知图。这是利用顾客重视的特征（维度），将顾客对品牌及其竞争对手的看法进行可视化表达。制作认知图的主要步骤：即确定一系列竞争品牌；用定性研究（如小组讨论）确定顾客在选择同类产品时使用的重要特征；用定量研究确定顾客对每种产品所有特征所打的分数；将产品标在二维图上。图 4-10 是一张关于七家超市的认知图，

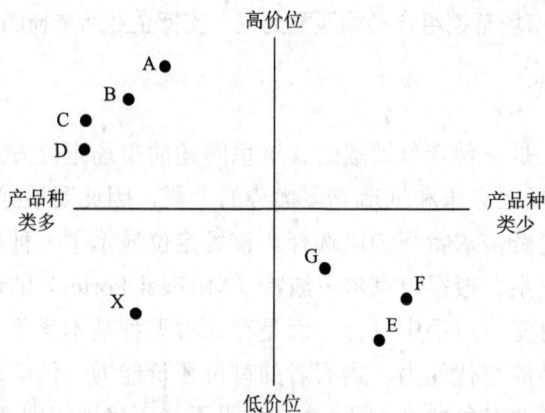

图 4-10　超市的认知图

资料来源：戴维·乔布尔，约翰·费伊，2013. 市场营销学[M]. 徐瑾，杜丽，李莹，等译. 3 版. 大连：东北财经大学出版社：134.

结果显示超市最终被分为两组：价格高且品种多的和价格低且品种少的。这揭示了两个细分市场，表明在消费者眼里，C 与 D 势均力敌，它们相对于 E、F 来说，占据显著地位。认知图在考虑营销战略转移时非常有用。例如，可以制造机会提供价位低、品种多的差异化服务（理论上设定的 X 区域）。

2. 对抗定位

对抗定位是指企业选择接近于现有竞争者或与现有竞争者重合的市场位置，争夺同样的客户，在产品、定价、渠道及促销等各方面差别不大的定位方法。该选择虽有风险，但也有明显的激励作用。例如，麦当劳与肯德基、中国移动与中国联通等，都采用了这种战略。

3. 重新定位

重新定位是指企业通过改变产品特色来改变目标顾客对其原有的印象，使目标顾客重新认识其产品的新形象。重新定位对于企业适应市场环境、调整市场营销战略有重要意义。当企业出现下列情况时应考虑重新定位：竞争者推出的产品与本企业的产品定位相近，侵占了本企业品牌的部分市场，使本企业品牌的市场占有率下降；消费者偏好发生变化，从喜欢该企业产品转向喜欢竞争者产品。[①]

4.7.4　竞争地位与营销战略

按照企业在行业中的竞争地位不同，可以把企业分为市场领导者、市场挑战者、市场追随者和市场利基者。竞争地位是企业制定市场营销战略的依据之一。

1. 市场领导者的竞争战略

市场领导者是指在相关的产品市场中占有最大市场份额，在价格变化、新产品开发、分销覆盖面和促销强度方面对本行业其他企业起着领导作用，并为同行业所公认的企业，如电冰箱行业的海尔集团、微波炉行业的格兰仕集团等。市场领导者虽是行业中占有最大市场份额的企业，但并不总是竞争力最强的企业。市场领导者如果没有经常性的组织制度革新，就容易患"大企业病"，企业的应变能力和管理效率就会降低。市场领导者根据其市场占有率和在行业中的经营优势，有以下营销战略可供选择：扩大市场总需求的战略（发展型战略）、保持现有市场份额的战略（防御型战略）和扩大市场份额战略（发展防御型战略）。市场领导者采用防御型战略的目的是保持现有的市场份额，包括阵地防御、侧翼防御、以攻为守防御、反击式防御、运动防御、收缩防御等方式。市场领导者采用发展防御型战略主要是通过进攻的方式达到防御的目的。

---

① 梁文玲，2019. 市场营销学[M]. 3 版. 北京：中国人民大学出版社：175-176.

在市场需求总规模还能有效扩大的情况下，市场领导者也应随市场情况变化调整自己的营销组合，努力在现有市场规模下扩大自己的市场份额，主要方式有产品创新、质量优化、品牌打造、渠道促销、价值传播等。

2. 市场挑战者的竞争战略

市场挑战者是指在行业中占据第二位及以后位次，有能力对市场领导者和其他竞争者采取攻击行动，致力于夺取市场领导者地位的企业。市场挑战者往往可以采取两种竞争战略：一是向市场领导者发起进攻，夺取更多的市场份额；二是固守已有的市场地位，使自己成为不容易受到其他竞争者攻击的对象。市场挑战者在本行业要寻求进一步的发展，应采取进攻战略，包括正面进攻、侧翼进攻、包围进攻、迂回进攻、游击进攻等。

3. 市场追随者的竞争战略

市场追随者是指那些在产品、技术、价格、渠道和促销等方面模仿或跟随市场领导者的企业。在很多情况下，市场追随者在新产品开发、市场研判和产业分析等方面搭着市场领导者的"便车"，从而降低上述支出的风险，避免向市场领导者挑战可能带来的损失。居第二位及以后位次的企业往往选择追随而不是挑战。当然，市场追随者也应当制定有利于自身发展而不引起竞争者报复的战略，主要包括紧密跟随、距离跟随和选择跟随。紧密跟随是指在尽可能多的细分市场和营销组合中模仿市场领导者；距离跟随是指在基本方面模仿市场领导者，但是在包装、广告和价格上又保持一定的差异化；选择跟随是指在某些方面紧跟市场领导者，在某些方面又自行其是，他们会有选择地改进市场领导者的产品、服务和营销战略，避免与市场领导者正面交锋，选择其他市场销售产品。

4. 市场利基者的竞争战略

市场利基者是指专门为规模较小的或大企业不感兴趣的细分市场提供产品和服务的企业。作为市场补缺者，市场利基者在竞争中最关键的是寻找到一个或多个安全的和有利可图的补缺基点即利基市场。利基市场是指规模小且大企业不感兴趣的细分市场，主要特点如下：有足够的市场需求量或购买量，从而可以获利；有成长潜力；大竞争者不愿经营或者忽视；企业只有此方面的特长，或者可以很好地掌握补缺基点所需要的技术，为顾客提供合格的产品或服务；本企业在顾客中建立了良好的声誉，能够抵御竞争者入侵。市场利基者发展的关键是实现专业化，主要途径有最终使用者的专业化（专门为最终使用用户提供服务或配套产品）、纵向专业化（专门在营销链的某个环节上提供产品或服务）、顾客类型专业化（集中力量专为某类顾客服务）、区域专业化（将营销范围集中在比较小的地理区域）、产品或产品线专业化（专注一种产品或是一条产品线，涉及的这些产品是被大企业看作市场需求不够、达不到经济批量生产要求而放弃的）、定制专业化（当市场领导者或是市场挑战者比较追求规模经济效益时，市场利基者会碰到不少希望接受定制业务的顾客，专门为这类客户提供服务）、服务专业化（专门为市场提供一项或有限的几项服务）[①]。

思考与作业

1. 举例说明市场细分的依据。
2. 分析市场细分与目标市场选择的关系。
3. 市场定位如何促进市场竞争的有效性？

[①] 季辉，吴玺玫，2010. 市场营销 [M]. 2版. 北京：科学出版社：152-157.

第 5 章 消费行为分析：锁定价值

营销管理的战略任务之一是锁定价值，即识别并搞清楚自己到底应该关注什么样的价值。营销学大师海尔姆德·舒特在其《市场学》一书中指出，未挖掘出来的最大潜在利润，在于顾客群体的更好选择和目标定位。消费者市场上的消费行为是市场营销研究的主要对象之一，消费者市场是分析和研究一切市场的基础。消费行为由于受到文化、社会、个人及心理等因素的影响，表现出一定的差异性。[①]消费者购买决策是一个系统过程，消费者每天都在进行购买决策，在此过程中产生的消费者行为是找到买什么、在哪里买、如何买、何时买、买多少以及为什么买等问题的答案，这些值得市场营销人员仔细研究，掌握消费行为的影响因素及决策逻辑[②]。

5.1 消费是动态过程

在消费者行为学发展初期，学者们主要关注的是购买者行为，这反映了当时（20世纪六七十年代）更强调消费者与生产者在购买现场的互相影响。现在，大多数营销人员已经认识到消费者行为是一个持续的过程，而不仅仅是消费者买到商品或服务那一刻所发生的事情。交易（exchange）是指两个或两个以上组织或个人付出和取得某种有价值的东西的过程，是营销中必不可少的部分。尽管交易理论仍是消费者行为学中的重要部分，但广义的观点强调消费的全过程，包括购买前、购买中和购买后影响消费者的所有问题。消费者就是在消费过程的三个阶段（图 5-1）中，产生需求或欲望、实施购买并处置产品的人。然而，在许多情况下，这一过程中会有不同的人扮演相应的角色。产品的购买者和使用者可能并不是同一个人。在有些情况下，并不真正购买或使用特定产品的人则可能扮演影响者的角色，他们提出支持或反对这个产品的建议。消费者可以是组织或团体（生产者、中间商、政府等公共消费）。一个或几个人可以为许多人使用的产品做出购买决策，如采购员订购公司的办公用品。在其他的组织情形下，购买决策可能是由一大群人做出的，其中包括所有在消费过程各个阶段有发言权的人。家庭是一种重要的组织类型，每个家庭成员对全家共享的产品和服务的购买决

---

① 王永贵，2019. 市场营销[M]. 北京：中国人民大学出版社：122-123.
② 孟韬，2021. 市场营销：课程思政与互联网创新[M]. 2 版. 北京：中国人民大学出版社：119.

策都起着关键作用。

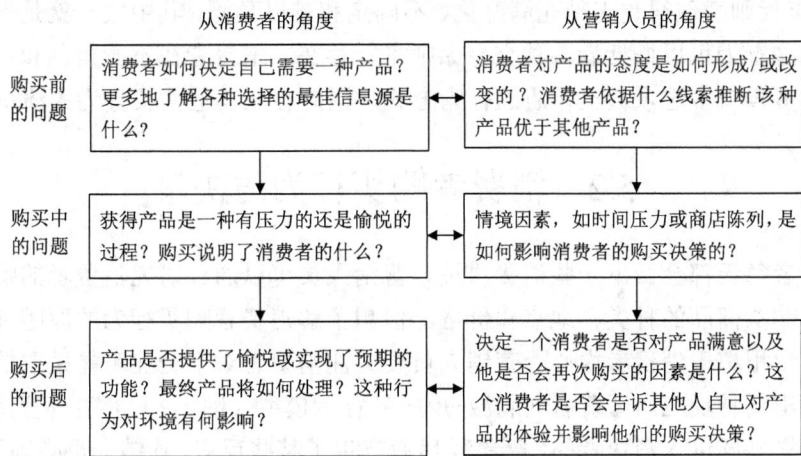

图 5-1　消费过程的三个阶段

资料来源：迈克尔·所罗门，2018. 消费者行为学[M]. 杨晓燕，等译. 12 版. 北京：中国人民大学出版社：6.

其实，消费者购买行为是一个动态的过程（图 5-2）。因为现代企业面对的变化是以前无法想象的，在全球经济增长速度放缓、变幻莫测的乌卡（VUCA[①]）时代里，走进数字经济、智能社会的步伐加快。与之共生的商业环境更加不确定、更加多变、更加复杂，企业的边界是模糊且融合的。随着新产业、新技术、新业态、新经济、新生产方式、新生产组织方式、新商业模式等不断涌现，消费者的购买行为也发生了巨大

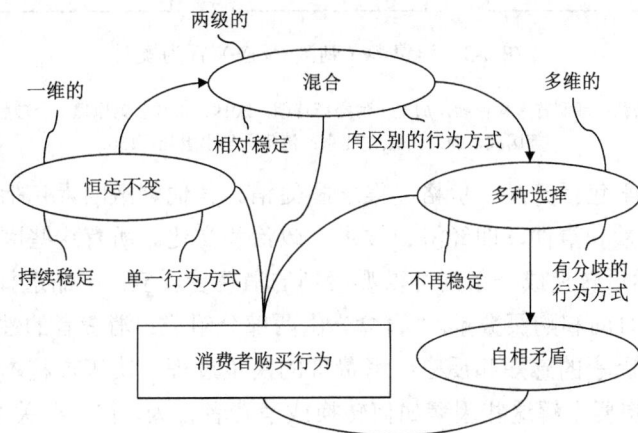

图 5-2　消费者购买行为动态过程模型

资料来源：托马斯·富诗德，伯恩哈德·斯沃伯得，张红霞，2020. 消费者行为学：关注个体与组织的购买行为[M]. 孙晓池，译. 5 版. 北京：北京大学出版社：4.

---

① VUCA 是 volatile、uncertain、complex、ambiguous 的缩写。V 代表波动、动荡；U 代表不确定性或对于问题和事件缺乏可预测性；C 代表复杂性，一个问题里面经常包含很多难以理解的原因；A 代表模糊性。

变化，如果说早先的消费者购买行为相对具有单一性、持续性、可预测性，到了 20
世纪 90 年代则表现得越来越充满变化、不确定和难以预测，其中之一就是混合消费的
出现，这些行为可以概括为多种交易原则平行存在，消费者在不同角色和归属感中转
换，呈现多样或多选项甚至矛盾的行为方式，同时存在其他购买行为的演变。

5.2　消费者购买行为与决策

消费者每天都会做出一些消费决策。营销人员可以通过研究消费者的购买情况，
了解他们购买商品的种类、地点和价格。但想了解消费者购买行为的原因并不容易，
因为这通常根植于消费者内心。营销人员要关注消费者对于企业可能采取的各种营销
手段会做出何种反应。消费者（刺激-反应）行为模型（图 5-3）表明，营销刺激和其
他刺激因素共同进入消费者的"盲盒"，然后产生了某些反应。营销人员必须弄清楚"盲
盒"里面的内容。

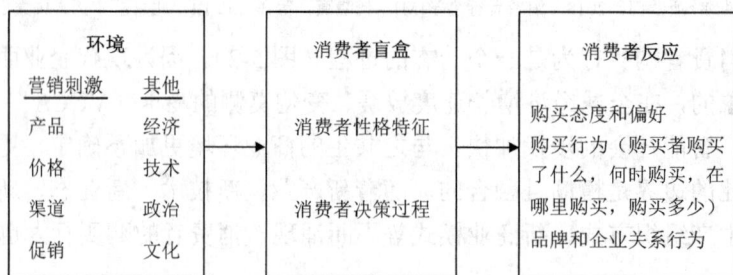

图 5-3　消费者（刺激-反应）行为模型

资料来源：菲利普·科特勒，加里·阿姆斯特朗，2019. 市场营销原理：全球版[M].
郭国庆，译. 15 版. 北京：清华大学出版社：136.

营销刺激因素包括产品、价格、渠道和促销。其他刺激因素包括消费者所处环境
中的主要外部变量和事件，即经济、技术、政治和文化。所有这些因素都会进入消费
者的"盲盒"，然后转换成一系列可以观察到的消费者反应：产品选择、品牌选择、经
销商选择、购买时间和购买数量。"盲盒"由两部分组成：消费者的性格特征，这会影
响消费者对刺激因素的感知和反应；消费者的决策过程，决策过程本身也会影响购买
行为。营销人员想要了解这些因素如何转换成消费者行为，首先要关注消费者的特征，
然后讨论消费者的决策过程。

5.2.1　消费者行为影响因素

消费者的购买行为受到文化、社会、个人和心理等因素的影响，如图 5-4 所示。
在大多数情况下，营销人员无法控制这些因素，但必须考虑这些因素。

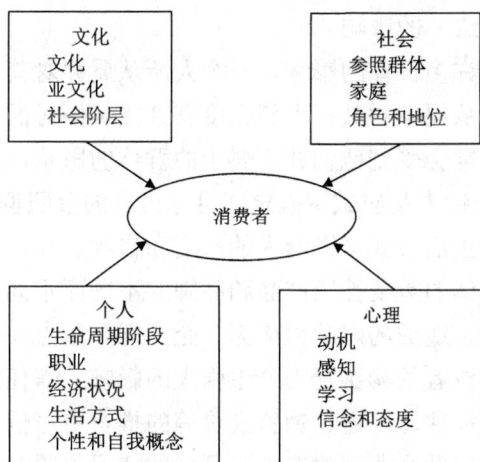

图 5-4　消费者行为影响因素

资料来源：菲利普·科特勒，加里·阿姆斯特朗，洪瑞云，等，2022. 市场营销原理：亚洲版[M]. 赵占波，姚凯，译. 4 版. 北京：机械工业出版社：100.

1. 文化因素

文化是使一个人产生需求和行为的最基本的动因。文化因素对消费者的购买行为产生广泛而深远的影响。营销人员需要了解文化、亚文化和社会阶层对消费者的购买行为所起的作用。一个人在成长过程中，从家庭和其他机构中学习，形成基本的价值观、需求和行为方式。每个群体或社会都有本土文化，因此文化对购买行为的影响也是因国家、地区而异的，如果不能正确合理地调整并适应这些差异，很可能会导致营销无效和发生令人尴尬的误判。企业要抓住文化转变的机会，以发现市场可能需要的新产品。

每种文化都包含较小的亚文化或基于共同的生活经历和情境而具有共同价值体系的人群。亚文化包括民族、宗教、种族群体和地理区域。例如，有一种热衷于角色扮演的亚文化，爱好者穿着哥特式洛丽塔、皮夹克猫王或他们最喜欢的动漫角色的服装。许多亚文化构成了重要的细分市场，企业要根据这些市场的需求设计产品及制订营销计划。

社会阶层相对比较稳定且有序，其成员具有相似的价值观、兴趣和行为。社会阶层不是由单一因素决定的，而是受职业、收入、教育、财富和其他变量的组合影响，其实这也是一种文化现象的总体反映。营销人员要对社会阶层的文化特征充满兴趣，因为特定社会阶层的人往往会表现出类似的购买行为。不同的社会阶层在服装、家居装饰、休闲活动和汽车消费等领域显示出独特的产品与品牌偏好。

2. 社会因素

消费者的行为受到群体（社交网络）、家庭、角色和地位等社会因素的影响。

（1）群体（社交网络）的影响

一个人的行为受到许多群体的影响。一个人所从属并对其有直接影响的群体被称为成员群体。一个人不从属但对其行为和态度有直接（面对面）或间接影响的群体被称为参照群体。人们通常会受到他们并不属于的群体的影响，如崇拜性群体（指一个人渴望加入的群体）。营销人员应试图确定其目标市场的参照群体。参照群体可以使一个人接触到新的行为和生活方式，影响人的态度和自我认知，可能会影响个人对产品和品牌的选择。参照群体的重要性因产品和品牌的不同而不同，当购买者所关心的那些人能看到产品的时候，造成的影响力最大。企业需要重点关注口碑和在线社交网络的影响。口碑可以对消费者的购买行为产生强大的影响。信任的朋友、同事和其他消费者的个人言论与建议往往比广告、销售人员等的推荐更可信。大多数口碑的影响自然发生。营销人员可以帮助企业创建有关其品牌的使用体验对话，不能置之不理。受群体影响更大的品牌营销人员必须设法吸引意见领袖（opinion leader，指那些身处参照群体，由于其特殊技能、知识、个性或其他特征而能对他人施加社会影响的人），一些专家称这些人是影响者或主要使用者，消费者会仔细倾听这些人的建议。营销人员应该为企业的产品确定意见领袖，并对产品进行直接营销，而蜂鸣营销（buzz marketing，通过招募甚至创建意见领袖，担当宣传企业产品的"品牌大使"）就是主要的推进方式。现在，许多企业在创建品牌大使计划，试图将有影响力的日常顾客转变为品牌传播者。在线社交网络（online social networks）是人们社交、交流信息和意见的在线社区，包括社交网站（如 Wechat、QQ、Facebook、Twitter）、博客、留言板等。营销人员正在利用这些社交网络和其他网络来推销自己的产品，与消费者建立更进一步的关系。他们希望通过互联网和社交网络与消费者互动，但是，在使用在线社交网络时必须谨慎，因为结果往往难以度量和控制。用户可能会控制互动内容，导致社交网络营销的尝试适得其反。另外，即便是社交网站，它们也会对自身进行营销。

（2）家庭的影响

家庭成员会极大地影响购买行为。家庭是社会中最重要的消费者购买组织，这一群体已经被关注和研究。营销人员关心的是家庭中丈夫、妻子、孩子在购买不同产品和服务时所扮演的角色。丈夫或妻子对购买的主导程度依据产品种类和购买过程中的阶段不同而不同。购买角色也随着消费者生活方式的演变而变化。通常，妻子是家庭在食品、日常用品和服装方面的主要购买者。然而，随着越来越多的女性在外工作以及丈夫愿意承担更多的家庭购买任务，购买角色和生活方式也已发生了变化。例如，女性在科技产品的购买者中逐渐占更高比例，因此消费电子公司需要针对女性消费者设计更加简单易用的产品，以强化产品的吸引力。孩子也会对家庭购买决策产生很大的影响。一项研究表明，孩子对家庭度假地点以及汽车和手机的购买决策有很大的影响。因为在亚洲文化中，许多家庭在与孩子相关的儿童福利、教育和发展方面的消费支出会比较高。例如，我国孩子的费用支出还包括艺术、语言、阅读、绘画、乐器等培训。

（3）角色和地位的影响

一个人在社会中会属于多个群体（家庭、俱乐部、工作单位等各类组织）。人们可以根据角色和地位定义每个人在每个群体中的位置，每个角色都表示着一种地位，反映出社会给予此人的尊重。这些都影响消费者的购买行为。

3. 个人因素

购买者决策受个人特征影响，如年龄和生命周期阶段、职业、经济状况、生活方式、个性和自我概念。

（1）生命周期阶段的影响

人生的不同阶段会购买不同的产品和服务，对食物、服装、家具和娱乐的品位都随年龄而变化。购买行为也受家庭生命周期阶段的影响，随着时间的流逝，家庭可能会经历类似阶段。营销人员需要以生命周期阶段来定义其目标顾客市场，并为每个阶段的顾客开发适合他们的产品和营销计划。

（2）职业的影响

一个人的职业会影响其所购买的商品和服务。例如，蓝领倾向于购买更结实耐用的服装，而高管更多地购买商务套装。营销人员需要找到那些对企业的产品和服务有较高兴趣的职业群体。

（3）经济状况的影响

一个人的经济状况影响着其对产品的选择。收入敏感型商品的营销人员需要观察个人收入、储蓄和利率的趋势。如果经济出现衰退的趋势，企业就要及时采取措施对商品进行重新设计、重新定位及重新定价。也可以将那些拥有很多资金和资源的人定位为目标客户，制定相应的营销策略，如奢侈品营销。

（4）生活方式的影响

来自相同亚文化、社会阶层和有着相同职业的人可能有完全不同的生活方式。生活方式是一个人的生活模式，可以通过其心理特征表现出来。在营销过程中，可以用 AIO 测度法（消费者生活方式研究方法之一），从三个维度来测量消费者的生活方式，即：活动（activity），如消费者的工作、休闲、购物、运动和社交等；兴趣（interest），指消费者对家庭、时尚服饰、食品和娱乐等的兴趣；看法（opinion），指消费者关于社会、政治、经济、产品、文化、教育和环境保护等的意见。生活方式反映了除人的社会地位和个性以外更多的内容，它描绘了一个人社会活动和交流的全貌。通过数据收集、整理和分析，企业能够发现具有不同生活方式的消费者群体，从而为制定相应的营销策略提供依据。一些研究企业对人们的生活方式进行了分类，使用最广泛的是 VALS（values and lifestyle survey，价值观及生活方式调查）模型。VALS 模型由美国加利福尼亚州 SRI 国际公司于 1978 年开发。根据心理特征以及与购买行为（包括如何花费时间和金钱）相关的四个人口统计数据对人进行了分类，将消费者分为八种如图 5-5 所示。横轴代表自我导向（理想、成就、自我表现），纵轴代表资源水平（资源充足高度创新、资源不足低度创新）。

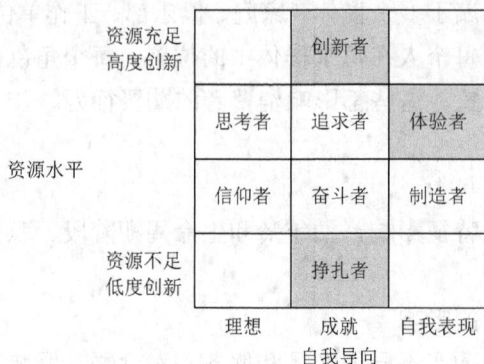

图 5-5　VALS 生活方式分类

（5）个性和自我概念的影响

每个人独特的个性都会影响其购买行为。个性是指一个人独特的心理特征，这些特征能使一个人对他所处的环境产生相对稳定和持久的反应。个性通常以性格特征的形式反映出来，如自信、主导性、交际能力、自我约束能力、自我保护能力、适应能力和进取心。个性对分析消费者对某些产品或品牌的选择行为是非常有用的。例如，咖啡厂家研究发现，爱喝咖啡的人通常都比较善于交际。因此，为了吸引顾客，星巴克和其他咖啡店就为顾客营造了一种能够一边喝着咖啡，一边轻松社交的氛围。另外，品牌个性（指某个可以赋予特定品牌以人类性格特征的组合）也是要考虑的影响因素。因为，消费者总是倾向于选择那些与其个性相匹配的品牌。一项针对我国年轻人的研究表明，耐克被认为是拥有"最酷"个性的品牌，其次是索尼和阿迪达斯。品牌的个性特征包括真诚（实际、诚实、安全、乐观）、刺激（勇敢、充满活力、想象力丰富、时尚）、能干（可靠、聪明、成功）、精致（高档、迷人）、粗犷（结实、适合户外运动）。例如，"李维斯"品牌和"粗犷"联系，它能够吸引与其个性特征相似的人消费。许多企业使用与消费者个性相关的概念，即一个人的自我概念（自我形象）来理解消费者的行为特征。要理解消费者行为，企业（营销人员）必须先理解消费者的自我概念与其所有物之间的关系。

另外，研究人员使用具体的、与经济行为相关的个性特质测量方法分析研究消费者行为，他们利用多重测量方法来提高测量的有效性。研究发现，个性特质只能在一定程度上影响消费行为，必须与个体的社会经济条件等信息结合起来才会有效。有的研究者将个性特质与产品购买和使用联系在一起，揭示它们之间的相互关系（表 5-1）。

表 5-1　个性特质对消费者行为的影响

个性特质	对消费者行为的影响
迷信	喜欢吉祥的东西，不喜欢晦气的东西
支持环保	努力做好资源回收，减少轿车的使用，尽量使用公共交通

续表

个性特质	对消费者行为的影响
浪漫主义	电影要选类型，喜欢冒险，喜欢温暖的国家，喜欢豪华旅行
爱花钱	存不住钱，乐意负债，经常刷爆信用卡，为了享受而花钱
购物狂	享受货比三家的过程，增长很多产品知识
认知需求（喜欢思考）	对文字而非图像更感兴趣，更愿意花时间阅读文字和"小字印刷的附加条款"
情感需求（喜欢过程的感觉）	对图片而非文字更感兴趣，有强迫症，会因图像引发冲动购买
冲动	暴饮暴食时感受到快乐而非愧疚
独特性需求	总是想要成为鹤立鸡群的人，意见领袖，比较能够引领潮流
对人际影响敏感	容易被他人影响，在能带来社交利益（如尊重）时更喜欢喝酒
自我意识	在乎自己在别人面前的样子，不愿意当面直接抱怨
外向性	购买带来更多积极情感体验
神经质	无论满意水平如何，都不喜欢再次购买或者抱怨

资料来源：迈克尔·所罗门，2018. 消费者行为学[M]. 杨晓燕，等译. 12 版. 北京：中国人民大学出版社：164.

4. 心理因素

一个人的购买选择进一步受到以下主要心理因素的影响：动机、感知、学习、信念和态度。

（1）动机的影响

一个人在任何时间都有很多需要。有些是生理需要，如饥饿、口渴或不适等。有些是心理需要，因为人们渴望得到认同、尊重或归属感。当需要被激发到一定程度，就会变为激励。动机也称驱动力（drive），是一种能够促使人们去追寻满足其需要的需求。心理学家推动了人类动机理论的研究，其中西格蒙德·弗洛伊德（Sigmund Freud）的动力心理学和亚伯拉罕·马斯洛（Abraham Maslow）的需求层次理论都值得分析应用。弗洛伊德假定，人们在大部分情况下对实际影响他们行为的心理力量是无意识的。人在逐渐长大的过程中不断地压抑许多欲望，这些欲望从来就没有消失或受到很好的控制。他的理论表明，一个人的购买决策受到潜意识动机的影响。动机研究旨在探究消费者隐藏的潜意识动机并将其定性。马斯洛则试图解释为什么人们会在特定的时间被特定的需求所驱使，为什么有些人在追求个人安全上花费大量的时间和精力，而有的人却把时间花在了如何获得别人的尊重上。马斯洛的答案是，人的需求按照层次排列（图 5-6），从最底层最迫切的需求到最顶层相对不那么迫切的需求，分别为生理需求、安全需求、社交需求、被尊重需求和自我实现需求。当一个人一种重要需求被满足后，该重要需求不再是一个激励因素，其下一种重要需求便随之产生。

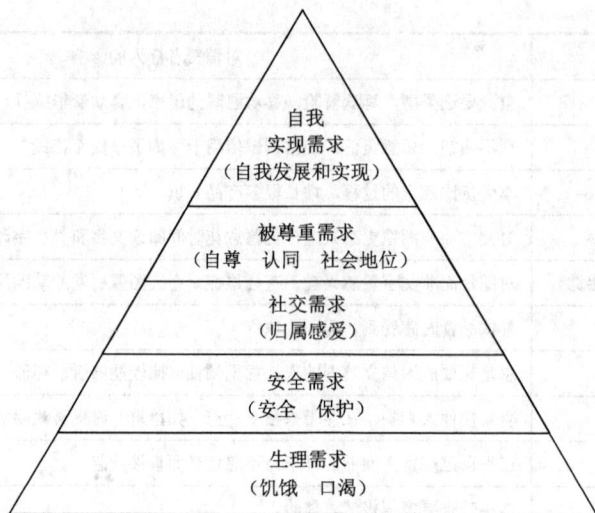

图 5-6 马斯洛需求层次模型

（2）感知的影响

一个目的明确的人会随时准备行动，其所处环境如何影响他对物的感知呢？人们通常通过五种感官（视觉、听觉、嗅觉、触觉和味觉）来获得信息。然而，每个人都用各自不同的方式来接收、整理和理解这些感官信息。感知是人们为了对世界形成一个有意义的图像而选择、整理和理解信息的过程。人对相同的刺激可以形成不同的感知，这是由于人们经历了三种感知过程：选择性注意、选择性扭曲和选择性记忆。人们每天都暴露在大量刺激之下，对所有的这些刺激都关注显然是不可能的。人们倾向于选择性注意，即倾向于屏蔽他们接触到的大部分信息，这意味着营销人员必须极其努力地吸引消费者的注意力。即使是那些被注意到的刺激，也不总是能达到预期。每个人都用一种固定的思维方式来处理接收到的信息。选择性扭曲是指人们总是倾向于以一种能支持已有观点的方式对信息进行理解。例如，如果不信任一个企业，就可能对这个企业真实的广告也会产生怀疑。选择性扭曲意味着营销人员必须试着了解消费者固定的思维模式，并了解这将如何影响消费者对广告和促销信息的理解。人们倾向于记住那些支持自己的态度和信念的信息。因为选择性记忆的存在，顾客喜欢记住自己喜欢的品牌的优点，而忘记竞争品牌的优点。因为选择性的注意、扭曲和记忆，企业必须努力让自己的信息留在消费者心里。这也说明，为什么营销人员要用戏剧化、重复化的方式向市场传递产品信息。

（3）学习的影响

人们的活动往往伴随着学习。学习是指由经验引起的个人行为的改变。学习理论认为，人类的大多数行为是通过学习得来的。一个人的学习是通过驱动力、刺激、暗示、反应和强化的交互影响而产生的。驱动力是一种要求行动的强烈的内在刺激。当驱动力指向一个特定的刺激源时，驱动力就会变成动机。例如，一个人自我实现的驱动力可能会促使他考虑购买一台数码相机。消费者购买相机的想法是源于周围环境对他的暗示。暗示是那些微小的刺激源，决定了一个人在某时、某地以及如何做出反应（橱窗展示、促销、网络讨论等刺激引起的购买兴趣）。另外，假设购买了某品牌的数码相机，使用体验很好，消费者会越来越多地使用它，对该品牌的感受将被强化；再次购买类似产品时，大概率还是选择该品牌。学习理论对企业的实际意义是，可以考虑使用激励暗示，以及积极的强化以增强消费者对产品的需求。

（4）信念和态度的影响

通过实践和学习，人们有了信念（一个人对某些事物所持的描绘性的想法）和态度（人们对某个事物或观念所持的一致的评价、感受和倾向）。反之，信念和态度会影响人们的购买行为。信念可能基于实践经验、观点和信仰，也可能包括情感因素。营销人员对人们关于特定产品和服务形成的信念很感兴趣，因为这些信念组成了产品和品牌形象的一部分，并且影响着消费者的购买行为。如果某些信念不太妥当并且会阻碍消费者的购买行为，企业就会组织活动进行更正。态度使人们喜欢或厌恶、亲近或疏远某一事物。一个人所持有的态度会形成一种模式，要改变一种态度可能需要对很多其他态度做出调整。因此，企业通常应该尝试使其产品符合现有消费者的态度，而不是试图改变消费者的态度。①

5.2.2 消费者购买行为类型

消费者对饼干、计算机、金融服务、轿车等产品的购买行为各不相同。越复杂的决策往往包含越多的购买参与者，消费者也越慎重。消费者的购买行为主要有四种，如图 5-7 所示。

	高介入	低介入
品牌间差异显著	复杂的购买行为	寻求多样性的购买行为
品牌间差异较小	降低失调的购买行为	习惯性的购买行为

图 5-7 消费者的购买行为

资料来源：菲利普·科特勒，加里·阿姆斯特朗，2015. 市场营销：原理与实践[M].
楼尊，译. 16 版. 北京：中国人民大学出版社：153.

1. 复杂的购买行为（复杂型）

当消费者高度介入且认为品牌间存在显著差异时，将采取复杂的购买行为（complex

① 菲利普·科特勒，加里·阿姆斯特朗，洪瑞云，等，2022. 市场营销原理：亚洲版[M]. 赵占波，姚凯，译. 4 版. 北京：机械工业出版社：100-109.

buying behavior）。在购买价格高、有风险、难得购买且高度自我表现的产品时，消费者可能高度介入，尤其是当消费者对此类产品不太熟悉的时候，如新智能家用电器的购买。高介入产品的营销人员必须了解高介入的消费者如何收集和评价信息，帮助消费者了解产品属性及其相对重要性；突出品牌的特性，利用平面媒体和详细的广告文案来描述品牌优点；谋求评价支持，从而影响购买者对品牌的最终选择。该购买行为一般发生在消费者初次购买价值大、品牌差异大的耐用消费品的场合。

2. 降低失调的购买行为（寻求和谐型）

降低失调的购买行为（dissonance reducing buying behavior）发生在消费者高度介入购买，所购产品价格昂贵、频率低、有风险，但品牌间差异并不大时。例如，购买地毯可能是一个高介入决策，因为地毯价格昂贵并且表现自我。然而，购买者可能认为一定价格范围内不同品牌的地毯大同小异。因此，购买者可能在货比三家之后，会因为品牌间差异不大而快速地做出购买决策。购买者主要关心的是价格或购买的便利程度。如果消费者在购买地毯后发现所买品牌的缺点，或者了解到未买品牌的优点，就可能会经历购买后的不协调（或售后不适）。为了应对这种不协调感，市场营销人员应该注重售后沟通，提供能让消费者对自己的品牌选择感觉良好的解释和佐证。该购买行为一般发生在消费者购买品牌差异不大，但决策参与程度较高的商品的场合。

3. 习惯性的购买行为（习惯型）

习惯性的购买行为（habitual buying behavior）发生在消费者介入低和品牌差异细微的情况下。例如，购买味精，消费者对该种产品的介入度低，他们通常进入商店随意选择一个品牌。如果他们一直购买同一品牌，那也只是出于习惯，而不是强烈的品牌忠诚。消费者对大多数低成本、经常购买的产品介入度较低。在这种情况下，消费者行为并不经过通常的"信念—态度—行为"模式。消费者不会仔细搜索品牌的信息，也不会评估品牌的特征，更不会对购买何种品牌反复推敲、慎重决策。因为购买者对任何品牌的投入都不高，品牌差异小且介入度低的产品的市场营销人员要经常通过价格和促销来刺激消费者对产品的购买，或者通过增加产品属性或强调几个关键点来差异化自己的品牌和提高消费者的介入度。例如，普通酱油，强调"零添加"防腐剂的卖点。该购买行为一般发生在消费者购买价值小、品牌差异小的商品的场合。

4. 寻求多样性的购买行为（多变型）

消费者在低介入度、高品牌差异的条件下，采取寻求多样性的购买行为（variety-seeking buying behavior）。在这种情况下，消费者经常转换品牌。例如，消费者在选购口香糖时可能会带着某种看法，简单地选择一个品牌，然后在食用过程中对这个品牌进行评价。在下次购买时，可能出于尝新而选择另一个品牌。这时，品牌的转换并不是因为感到不满意，而可能是为了寻求多样性。在这类产品营销过程中，占据领导地位的品牌和市场挑战者品牌的营销策略有所不同。市场领导者品牌通过占据主要货架空间、不断补充货架商品和经常投放提示性广告，鼓励习惯性的购买行为。作为市场挑战者的企业则通过提供低价、优惠、折扣、免费样品和引导试用新鲜产品的广告，鼓励寻求多样性的购买行为。[①] 该购买行为一般发生在消费者购买价值小，但品牌差异大的商品的场合。

5.2.3　消费者购买决策过程

消费者购买决策分五个阶段，即确认需要（need recognition）、搜索信息（information search）、评估（备选）方案、购买决策（purchase decision）以及购后行为（post purchase behavior），如图 5-8 所示。购买过程在实际购买发生时就已经开始，并在购买后还会延续很长时间。

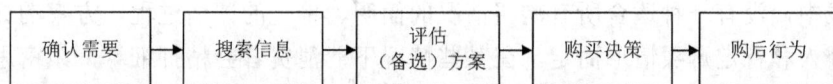

图 5-8　消费者购买决策过程模型

资料来源：菲利普·科特勒，加里·阿姆斯特朗，2015. 市场营销：原理与实践[M]. 楼尊，译.
16 版. 北京：中国人民大学出版社：155.

企业需要关注消费者的整个购买过程，而不是只注意购买决策过程，因为消费者每次购买都要依次经过上述五个阶段。但是，消费者通过整个购买过程的速度可能很快，也可能很慢。在经常性购买中，消费者会跳过或颠倒某些阶段，这主要取决于消费者特点、产品属性和购买情境。下面，用消费者购买决策过程模型分析消费者面临一项新的复杂的购买时的思考过程。

1. 确认需要

购买过程从消费者确认某一个问题或某种需要开始，即确认需要。需要可能由内部刺激引起，强烈到某种程度时，就变成了一种驱动力。需要也可能由外部刺激引起，如广告或收入增长刺激可能推动是否要换辆新车。在这一阶段，企业应该进行消费者研究，找出他们的问题、需要及其产生的原因，以及如何引导消费者关注某种特定的产品。

2. 搜索信息

当消费者对某种产品感兴趣时，可能会搜索更多的信息。如果消费者的需要强烈或满意的产品可以销售畅通，消费者就很可能很快购买。反之，消费者将暂时将这个需要记在心里，然后进行与之有关的信息搜索。信息来源包括个人来源（家庭、朋友、

① 菲利普·科特勒，加里·阿姆斯特朗，2015. 市场营销：原理与实践[M]. 楼尊，译. 16 版. 北京：中国人民大学出版社：153-157.

邻居、熟人、社群等）、商业来源（广告、销售人员、厂商官网、包装、展览等）、公共来源（大众传媒、消费者评审组织、网络等），以及经验来源（产品的使用、检查、认证、用户评价等）。这些信息来源对消费者的影响因产品和购买者不同而不同。一般情况下，消费者得到的大多数产品信息来自商业渠道，即营销人员所控制的来源。最有效的信息来源是个人来源，商业来源通常起告知作用，但个人来源具有判断或评价产品的作用。随着获取信息的增多，消费者对各种品牌和特征的认知及了解也逐渐增加。企业要设计营销组合，以使消费者了解其品牌。同时，市场营销人员应该认真识别消费者的各种信息来源，分析、评估其相对重要程度。

3. 评估（备选）方案

企业需要了解评估（备选）方案，即消费者如何处理信息并选择品牌的过程。在营销实践中，没有一种适合所有购买情况的简明、单一的评估过程。方案的评估根据消费者个人和特定购买情形而定。在某些情况下，消费者会精打细算，缜密思考；在其他情况下，同一位消费者却很少思考，凭直觉或冲动进行购买。有时消费者会自行决策，有时会向朋友、消费者指南或销售人员寻求购买建议。市场营销人员也应该研究购买者对品牌方案的实际评估过程，只要知道了消费者是如何评估产品的，就能采取相应措施影响购买者的选择。

4. 购买决策

在评估选择阶段，消费者对品牌进行排序，形成购买意图。通常，消费者的购买决策将是"购买最喜爱的品牌"，有两个因素影响到他们的购买意图和最终的购买决策：一个是其他人的态度，另一个是意想不到的环境因素。消费者可能将购买意图建立在预期收入、预计价格和期望产品利益等因素上。然而突发情况可能会改变消费者的购买意图，如竞争对手降低价格、评价变差等。因此，消费者的偏好和购买意图并不总是会导致实际的购买行动。

5. 购后行为

产品购买后，营销人员的工作并没有结束。消费者是否满意以及他们的购后行为也是营销人员应该关注的。购买者满意度由消费者预期（consumer's expectations）与产品感知绩效（perceived performance）之间的关系决定。如果产品未达到预期，消费者就会感到失望；如果产品符合预期，消费者就会感到满意；如果产品超过预期，消费者就会感到愉悦。预期绩效越小于实际感知绩效，消费者越不满意。这说明企业应该如实介绍产品的真正绩效，以使消费者感到满意。然而，几乎所有重要的购买行为都会产生认知失调（cognitive dissonance）或者购后冲突引起的不适。购买之后，有的消费者对所选品牌的优点感到满意，并庆幸避免了未购买品牌的缺点，事实上所有购买行为都涉及权衡。消费者会为所选品牌的缺点而担心，也会为没有得到未购品牌的好处而感到不安。因此，消费者每次购买后，或多或少都会存在不平衡感。顾客满意是建立有价值顾客关系的关键，它能吸引和保留顾客，获得顾客终身价值。满意的顾客会再次购买，并向他人推荐该产品，不太重视竞争品牌及其广告，更可能购买该企业的其他产品。许多营销人员不仅仅满足于达到顾客的期望，其目标是取悦顾客。不满意的消费者有截然不同的反应，对企业及其产品的差评能很快地破坏消费者对企业及其产品的印象。因此，企业应该经常测量顾客满意度，建立起鼓励消费者投诉的机制。

通过研究完整的消费者购买决策过程，营销人员或许能找到帮助消费者顺利决策的方法。例如，如果消费者因为没有发觉需要而不购买某种新产品，市场营销人员就可以通过广告信息来激发需求，展示该产品能为消费者解决的问题；如果消费者知道这个产品，但因为缺乏好感而不购买，营销人员就想方设法要么改变产品，要么转变消费者的观念。

5.3　组织购买行为与决策

组织是指企业、政府部门和其他事业单位、社会团体等。组织市场就是由以组织机构为购买单位的购买者所构成的市场，它与消费者市场相对应。消费者市场是个人市场，而组织市场是法人市场。组织购买是为生产产品需要（零部件、原材料）、集体消费（办公、施工使用的产品）、生产过程使用（装置和设备）或再售而进行的购买。

5.3.1　组织市场类型

根据不同的购买目的，组织市场可分为生产者市场、中间商市场、非营利组织市场及政府市场几种类型。发生在这个市场的购买活动称为采购。在组织市场开展市场营销的企业，与在消费者市场相似，首先要了解和熟悉所在的市场及对应的顾客。

1. 生产者市场

生产者市场即产业市场，是指购买产品或服务用于制造其他产品或服务，然后销售或租赁给他人以获取利润的单位和个人。该市场主要由以下产业构成：农业、林业、渔业、采矿业、建筑业、运输业、通信业、公共事业、金融业、保险业和服务业等。

2. 中间商市场

中间商市场又称转卖者市场，是指购买产品用于再售或租赁以获取利润的单位和个人，主要包括批发商和零售商。

3. 非营利组织市场

非营利组织（non-profit organization，NPO）是指不以营利为目的，不从事营利性活动的组织，目标通常是支持或处理个人关心或者公众关注的议题或事件，如环保、扶贫、弱势群体保护等，是介于政府与营利性企业之间的社会组织。在我国，非营利组织主要是指各类以推进社会公益为宗旨的公众团体。

4. 政府市场

政府市场是指为了执行政府职能而购买或租用产品的各级政府部门所构成的市场。政府市场也可以被视为一种特殊性的非营利组织市场。政府采购市场的规模为政府财政支出中政府消费和政府投资的总和，通常占一个国家或地区年度 GDP 的 10% 以上，在发展中国家，这一规模高达 20%~30%。[①]

另外，从竞争性、营利性角度，组织市场可分为以下几类：竞争性营利组织，它们面对众多同行和竞争，如生产制造业、商业流通业和服务业等；竞争性非营利组织，它们有较多的同行和竞争者，包括各类公办学校、公立医院、行业协会和专业学会、社会团体等；独占性营利组织，它们独占市场，几乎没有来自行业内部的竞争威胁，如一些资源型或平台型大企业，其产品或服务就具有垄断性，没有其他企业可以与其直接竞争；独占性非营利组织，如政府等公共服务部门。对于营利性组织来说，谋求利润是其生存、发展的基础和条件；非营利组织不从事营利性活动，通常不是为了创造利润；竞争性营利组织主要是通过市场、竞争赢得顾客；竞争性非营利组织没有营利动机，但要在竞争中争取目标的实现；独占性非营利组织和独占性营利组织都居于行业垄断、市场独占的地位，没有直接竞争压力。这些不同性质的组织，都会影响着它们作为顾客的购买行为及其决策。

5.3.2　组织市场特点

组织市场的最大特点是组织购买、集体消费，与以个人、家庭等购买为主的消费者市场有很大区别。具体特点如下。

1. 购买规模较大

组织市场的顾客是组织机构，即企事业单位，顾客数量较少，它们单次的购买规模、金额较大。在组织市场中还有许多产业顾客，它们地域分布相对集中，以至于来自某些区域的采购在整个市场占据了相当的比重。购买规模大的大客户对供应商来说很重要。组织市场的顾客总是希望供应商能按自己的要求，"个性化"地提供产品和服务，更愿意与那些在技术、质量等方面都过硬的供应商合作。

---

① 张启明，杨龙志，2020. 市场营销学[M]. 北京：机械工业出版社：121.

2. 具有派生性质

消费者市场的需求具有初始性质，相对而言，组织市场的需求更多是衍生性质。例如，消费者市场对食物的需求，一般源于人们生理、心理的需要，受到食物的价格、替代品供应和价格以及文化环境、传统习惯等影响，是一种直接反应。但是，食品加工商对大米、面粉和加工设备等方面的需要，则是发端于消费者对有关食物的需求（购买欲望）。消费者对食物的需求会影响食品加工商扩大生产、增加采购的积极性；食品加工商的需求也会刺激其上游厂商生产的积极性和购买行为等。组织市场顾客的需求，总是随其下游或"前端"需求的变化而波动。这种需求的派生性往往是多层次的、一环扣一环的。所以，一个企业即使只是面向组织顾客（如生产者市场）从事组织间营销，也同样需要关注其"前端"相关消费者市场的变化和动向。

3. 价格缺乏弹性

由于组织市场需求的派生性，其总需求受价格变动的影响一般不大，价格弹性相对较小。例如，大米、面粉等价格大幅下跌，食品加工商不一定增加购买量，除非其认为消费者市场有关食物的需求也会大幅增加（购买量增加）或有富余资金可以存些原材料；反之，大米、面粉等价格上涨，食品加工商也未必大大减少采购，除非其找到了节省原料消耗的更好的办法，或预测到消费者会大大减少对食物的需要及购买。在短期内，组织市场的需求刚性更为明显。

4. 购买程序复杂

组织市场顾客与一般消费者不同。消费者对所购买的产品不一定具备专业知识；组织市场顾客则是由掌握较多商品知识、质量、价格、技术参数和市场信息的专业人员组成的，他们了解所购产品的性能、质量和规格等技术细节，采购方法、谈判技巧专业且娴熟。所以，供应商必须提供相关技术资料和一些专业服务，如某些智能设备，在采购前要为客户提供培训或演示。受购买目的的制约，组织市场顾客会更多地考虑成本、利润等因素，购买行为更加理性。所购物品或服务的时效性、专用性强，可替代性差。不仅要求按时、按质、按量地保证供应，而且在设计、性能和售后服务等方面要求严格。买方参与决策人员较多，不仅有专职采购人员、具体使用者和其他相关人员，甚至还有技术专家、高层管理者等。购买决策程序较复杂，通常是集体讨论、共同商定、按约履行。另外，组织市场顾客通常直接从供应商（厂家）处采购，尽可能避免或减少中间环节，尤其是那些价格昂贵或技术复杂、对其生产经营意义重大的采购项目。组织市场顾客可能拥有更强势的讨价还价能力，经常逼迫供应商在价格等方面做出让步，有时借机要求供应商也购买自己的或推荐的产品、服务。对于厂房、写字楼、重大生产设备和车辆等一些高价值采购项目，越来越多的组织市场顾客转向租用或融资租赁或供应链金融等方式，而不再是传统的购置。

5.3.3　组织购买者行为模式

组织购买者行为模式（图 5-9）也是一个投入产出过程，与消费者行为模式的主要差异在于具体内容和构成有所不同。

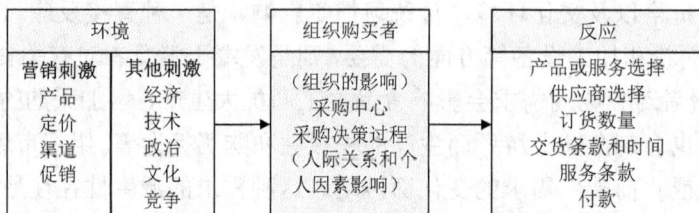

环境		组织购买者	反应
营销刺激	其他刺激	（组织的影响） 采购中心 采购决策过程 （人际关系和个人因素影响）	产品或服务选择 供应商选择 订货数量 交货条款和时间 服务条款 付款
产品 定价 渠道 促销	经济 技术 政治 文化 竞争		

图 5-9　组织购买者行为模式

资料来源：菲利普·科特勒，加里·阿姆斯特朗，2020. 市场营销：原理与实践[M].
楼尊，译. 17 版. 北京：中国人民大学出版社：162.

构成组织购买者的环境刺激因素分为两大类。一类是市场营销刺激，来自特定的供应商。作为营销人员，他们创造、交付和传播的顾客价值及吸引力、竞争力等，通常表现为购买者对具体产品或服务、价格水平、购买地点或获取路径以及促销等的感受和评价。这些属于供应商企业的可控因素，构成它们的市场营销组合及不同营销方式，也是影响购买者决策的最具体、最直接的内部环境因素。另一类是宏观环境、竞争因素等，属于企业不可控因素，成为构成整个市场的外部环境影响因素。它们制约着需求和消费变化的总体趋势，对购买决策产生显著影响。供应商通过各种市场营销手段产生的环境刺激，也要受制于宏观环境。

在组织顾客内部，购买行为主要由两部分构成：一是采购中心，范围包括购买决策涉及的所有人员；二是购买决策过程，每个组织都有一套需要遵循的程序及规定。采购中心和购买决策过程，既受到内部组织、人际关系和个人等方面的影响，又受到外部环境刺激的影响。在多因素的共同作用下，购买者组织最终做出一定的反应，决定如何满足自身的采购需要。

供应商进行营销时需要关注和重视以下问题：清楚买方"买什么"和"什么用途"；组织用户一般需要做哪些购买决策，如何做这些决策；买方内部一般有谁参与相关购买过程和决策，介入程度怎样，可能产生的影响是什么；影响组织用户购买决策的主要因素是什么，环境刺激和内部因素如何交织、互动，其规律是什么；买方如何购买，不同阶段的难点和供应商市场营销的重点是什么。[①]

随着互联网的发展和新一代信息技术的普及应用，原有许多采购模式受到冲击，发生了很大变化。商业利益的驱动已经成为能够决定即时采购（指提供需要的原材料和零部件，以使组织供应系统的存储最小化。它可以降低购买存货及检查的费用，提

---

① 吴健安，钟育赣，2022. 市场营销学[M]. 7 版. 北京：清华大学出版社：143-146.

高产品设计性，使运输合理化，缩短停工时间，从而提升交货质量，促进生产商和供应商紧密合作）活动（网络采购和集中采购）增长的关键因素。与此同时，这些发展已经增强了采购者和供应商的关系，推动了关系营销（relationship marketing）和反向营销（reverse marketing）的发展。关系营销是指在消费者和其他利益相关者之间建立、发展并加强关系的一种营销方式。反向营销有两个不同角度的含义：一是营销策略上的反向营销，即采取不同于常规企业的营销策略，达到"反弹琵琶"的效果；二是市场链条上的反向营销，即相对于产品销售客户的开发，着重对供应商的开发。同时，两类主要的市场或交易所得以产生和发展，即：面向工业产品的纵向网络市场，如机械制造工业网站或汽车、医疗保健行业等交易网站；横向网络市场，其跨越了行业界限，主要包括为供应商提供产品维修、服务等综合的交易网站。[①] 如果买方企业（采购商）的一些职能部门有共同的需求，而且通过大批采购有机会获得谈判优势，集中采购就是一种极具吸引力的选择。有的买方企业自建或联合设置采购网站，一些行业协会统一开通采购网站，还有大量的中介网站代理采购业务。这些模式不仅可以降低采购成本，而且可以提高采购效率，必然会对组织购买行为的传统模式产生深远影响。

5.3.4　生产者购买行为与决策

1. 生产者购买行为的影响因素

韦伯斯特和温德模型将影响生产者购买行为的主要因素概括为四类：环境因素、组织因素、人际因素和个人因素（表 5-2）。

表 5-2　生产者购买决策的影响因素

环境因素	组织因素	人际因素	个人因素
市场需求水平	企业战略	职权	年龄
经济前景	经营目标	地位	收入
融资成本	政策	利益	受教育程度
产品供应情况	程序	影响力	个性
技术创新速度	组织结构	相互关系	偏好
政治与制度发展	制度	……	风险意识
市场态势	……		……
……			

资料来源：张启明，杨龙志，2020. 市场营销学[M]. 北京：机械工业出版社：124.

（1）环境因素

企业环境因素包括市场需求水平、经济前景、融资成本、产品供应情况、技术创新速度、政治与制度发展、市场态势等。其中，经济环境的影响相对更为重要。因此，

---

① 戴维·乔布尔，约翰·费伊，2013. 市场营销学[M]. 徐瑾，杜丽，李莹，等译. 3 版. 大连：东北财经大学出版社：79.

营销人员要密切关注这些环境因素，做出准确分析，力争将问题变成机遇。

（2）组织因素

组织因素即企业本身（内部）的因素，包括企业战略、经营目标、政策、程序、组织结构和制度等。营销人员必须对以下问题展开层层剖析：企业用户的战略和经营目标是什么？为支撑战略和实现经营目标，企业需要采购什么？采购程序是怎样的？都有谁参与采购或对采购产生影响？企业采购的评价标准是什么？企业对采购人员有哪些政策要求和限制？

（3）人际因素

采购中心的不同角色（发起者、使用者、影响者、决策者、批准者、采购者、信息控制者）在企业中的职权、地位、利益（影响力和相互关系）各不相同，这种人际关系状况会影响组织（采购商）的购买。市场营销人员应当积极了解每个人在购买过程中扮演的角色以及相互之间的关系，并积极利用这些因素促成采购交易。

（4）个人因素

个人因素即企业用户内部参与购买过程的有关人员的年龄、收入、受教育程度、个性、偏好和风险意识等因素。虽然与消费者市场相比，生产者市场的购买行为更理性，但参与购买决策的仍然是一个个具体的人，在做出决定和采取行动时，还是会不可避免地受到这些个人因素的影响。因此，市场营销人员需要了解企业采购中心成员的个人情况，以便采取相应的营销措施。[①]

2. 生产者购买决策类型

由于生产者市场购买决策比较复杂，涉及金额较大，一般会有多人参与购买决策过程。参与人员一般包括发起者、使用者、影响者、决策者、批准者、采购者和信息控制者。发起者是指提出购买要求的人，他们可能是使用者，也可能是其他人。使用者是指企业内部具体使用产品或服务的人。多数情况下，这些使用者往往是首先提出购买建议的人，他们在计划购买产品的品种、品牌、规格中起着重要作用。影响者是指企业内部和外部能够直接或间接影响采购决策的人。他们通常协助确定产品规格和购买条件，提供方案评价的情报信息。企业的生产管理人员、技术人员、工程师、财务人员大多是采购任务的重要影响者。决策者是指有权决定购买产品和供应商的人。供应商应当设法搞清楚谁是决策者，以便有效地促成交易。一般来说，在标准品例行采购时，决策者就是采购者；而在复杂采购时，决策者往往是企业主管或高层管理人员。批准者是指有权批准决策者或购买者所提购买方案的人。采购者是指被赋予权力按照采购方案选择供应商并与供应商商谈采购条款的人。在较重要的购买过程中，购买者或许与高层管理人员一起参加交易谈判。信息控制者是指企业外部和内部能够控制信息流向采购中心成员的人员。上述人员有的在全过程或相关流程节点上参与，所

---

① 张启明，杨龙志，2020. 市场营销学[M]. 北京：机械工业出版社：123-124.

有参与购买决策过程的人员构成采购组织的决策机构（部门），在营销学中称为采购中心。采购中心成员在购买过程中分别扮演不同角色，发挥着相应作用。

经典的采购类别理论（buyclass theory of purchasing）把组织购买决策按照复杂程度分为三类，即直接重购（straight rebuy）、修正重购（modified re-buy）、全新采购（new task），分别用三个决策维度（决策前必须收集信息的多少、必须考虑所有备选方案的匹配程度、对购买的熟悉程度）来描述组织购买者的购买策略（表 5-3）。在实践中，这三个维度与购买者决策所需的认知努力程度相关。

表 5-3　生产者（组织）购买决策类型

采购类别	努力程度	风险	购买者涉入度
直接重购	习惯性决策	低	自动记录
修正重购	有限的问题解决	低或中	一点或一些
全新采购	大量的问题解决	高	很多

资料来源：迈克尔·所罗门，2018. 消费者行为学[M]. 杨晓燕，等译. 12 版. 北京：中国人民大学出版社：245.

直接重购是一个习惯性决策。当库存水平达到预先设定的标准时，自动直接重购。绝大多数组织保留认可的供应商名录，只要和现有供应商的合作满意，几乎不需要信息搜寻或评估工作。这是最简单的购买类型。通常，许多直接重购是通过自动订购系统来定期购买或定量购买的。一般来说，当买方（采购商）选定某个供应商生产的产品时，这种交易关系会持续下去，如果其他竞争对手想替代全部或部分，就需要付出极大的努力。针对该类购买行为，被列入采购名单的供应商要努力保持产品和服务质量，以稳定现有顾客；而未被列入采购名单的供应商则要努力提供更有竞争力的产品和服务，以促使买方转移购买，从而获得一些订单。

修正重购涉及有限的问题解决。当一个组织想重购一种产品或服务，同时想做出一些调整，就是修正重购。这个决策可能涉及在几个卖方中进行有限的信息搜寻。买方虽然购买同种产品，但需要改变产品的规格、数量、价格等条件或重新选择供应商。相比直接重购，修正重购要复杂一些，通常需要做一些新的调查和决策，购买过程涉及的人数也要多一些。该类购买行为会对原供应商造成压力，它们需要及时沟通、积极改进产品和服务，以保住现有的客户；而对供应商名单外的企业而言，这却是开拓新业务的对象、扩大销量的机会。

全新采购涉及大量的问题解决。因为买方没有做过类似的决策，通常存在较大风险，包括产品表现不佳或太贵。这是用户（买方）首次购买某种产品或服务，是最复杂的购买类型。由于是第一次购买，没有经验可循，因此用户在采购前需要搜集信息。通常，采购成本越高，或数量、风险越大，需要掌握的市场信息就越多，参与决策的人数也越多，完成决策所需的时间也越长。该类购买行为对市场营销人员来说，既是很好的机会，也是很大的挑战。由于买方行动谨慎，选择面广，因此要达成交易并非易事。对此，许多企业会派出最优秀的推销小组，尽可能广泛地接触购买决策的关键影响者，积极提供尽可能多的信息和帮助，以促进达成采购协议。[1][2]

3. 生产者购买行为的过程

生产者（组织）购买行为的过程通常分为八个阶段，如图 5-10 所示。在全新采购情况下，购买者（采购商）通常会经历购买过程的所有阶段；而在直接重购或修正重购时，购买者很可能会略过其中的某些阶段。下面以典型的全新采购情况为例，依次分析这些步骤。

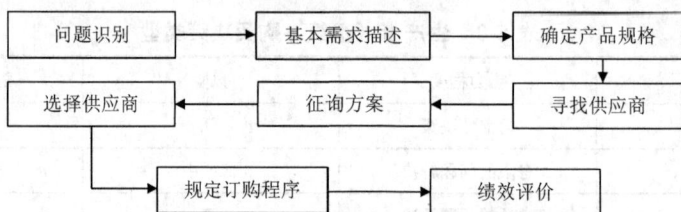

图 5-10　生产者（组织）购买行为过程模型

资料来源：加里·阿姆斯特朗，菲利普·科特勒，王永贵，2017. 市场营销学[M]. 王永贵，郑孝莹，等译. 12 版. 北京：中国人民大学出版社：156.

（1）问题识别

采购过程始于企业认识到产生了某种问题或需要，可以通过购买特定的产品或服务来解决或满足。问题识别是内部或外部刺激的结果。从内部来看，可能是企业决定推出一种新产品，因而要求添置新的生产设备和原材料；也可能是机器出了故障，需要更换新的零部件；还可能是企业对当前供应商的产品质量、服务或者价格不满意。从外部来看，可能是购买者在展销会上获得一些新想法、看到一则新广告，或者接到销售人员声称可以提供更好的产品或更低价格的电话。组织市场的供应商常常在广告中激发客户对潜在问题的认识，声称自己的产品可以提供解决方案。

（2）基本需求描述

认识到需求之后，购买者会着手准备基本需求描述，说明所需产品项目的特点和质量。对标准的产品采购项目而言，这一过程很简单。但是对复杂的产品采购项目而言，购买者需要与其他人（包括工程师、使用者等）合作确定产品的各个细节。他们会对产品的可靠性、耐久性、价格和其他属性的重要性进行排序。在这一阶段，精明的组织市场营销人员可以帮助购买者明确具体需要，并提供详细信息说明不同产品的特征及价值。

（3）确定产品规格

购买者会就该产品采购项目的技术性能制定详细的产品说明，并且进行产品价值分析。产品价值分析是一种降低成本的方法。技术人员团队仔细研究产品成分或部件，

---

[1] 张启明，杨龙志，2020. 市场营销学[M]. 北京：机械工业出版社：121-122.

[2] 迈克尔·所罗门，2018. 消费者行为学[M]. 杨晓燕，等译. 12 版. 北京：中国人民大学出版社：245.

看能否重新设计、标准化或用成本较低的方法进行生产制造。该团队决定最佳的产品特征并对它们作详细说明。销售人员也可以将产品价值分析方法作为一种寻找新客户的工具。通过向购买者展示制造产品的更好的方法，外部的销售者可以将直接重购转化为全新采购，争取获得新业务的机会。

（4）寻找供应商

购买者寻找供应商，是为了发现最佳人选。购买者可以借助企业名录、网上搜索或征询其他（同行）企业等方法，列出一份合格供应商的名单。现在，越来越多的企业求助于互联网寻找供应商，互联网使小型供应商在许多方面具有与大规模竞争者同等的机会，尤其是在细分的专业市场领域。采购任务越新，产品采购项目越复杂和昂贵，购买者用于寻找供应商的时间就越长。销售人员应该注意那些正在选择供应商的企业，创造条件争取候选的机会。

（5）征询方案

在这一阶段，购买者会邀请一些通过资格审核的供应商提交方案。相应地，一些供应商会发送相关产品目录或者委派销售人员上门服务。但是，当产品采购项目复杂或昂贵时，购买者通常会要求每位备选供应商提供更为详细的书面方案或进行正式的展示（或答辩）。组织市场营销人员必须具备根据购买者征询方案的要求调研、撰写和展示方案的技能。提交的方案应该是市场营销的文件，而不仅仅是技术文件。市场营销人员的展示应充满自信，使企业在众多竞争者中脱颖而出。

（6）选择供应商

采购中心成员仔细评价方案并选择一个或几个供应商。在供应商选择期间，采购中心常常列出理想供应商应该具备的特点及其相对重要性。这些特点包括产品质量声誉、交货时效、企业诚信、沟通服务、供应链金融（货款要求）、价格竞争力等。采购中心根据这些特点为供应商打分，最终确定供应商人选。在做出最终选择之前，为了获得更好的价格和采购条件，购买者会与目标供应商进行多轮谈判磋商。最后，购买者可能选择一个供应商或几个供应商。许多采购商一般采用多个供应来源，主张全面的供应商伙伴网络，以避免过分依赖某个供应商，也可以进行价格和绩效比较，切实降低经营风险。

（7）规定订购程序

购买者规定订购程序，包括向选中的供应商订货，并列明技术要求、所需数量、交货时间、退货政策和保证等条件。关于维护、维修和运营条件，购买者可能运用采购合同进行具体确定，缔结合作关系。供应商承诺在设定的时期内，以协议好的价格（或按约定条件，进行随行就市的"波动价格"）完成一次采购交易或多次重复采购交易（如需要连续供应的原材料等商品）。许多大型组织购买者现在执行供应商管理库存，将订货和存货的责任转移给供应商。在这种架构下，购买者直接与少数关键供应商分享销售和存货信息，由供应商控制存货，以在需要时自动补货。

（8）绩效评价

购买者从多个维度对供应商进行业绩评价。根据评价的结果，购买者会沿用、调整或剔除原有的供应商。供应商需要监控购买者用以评价业绩的因素，确保自己能够达到预期的业绩效果。

实际上，组织采购过程一般很复杂，因为每个组织购买者都有自己的购买方式，对不同的采购项目又有独特的要求。采购中心可能分别参与该过程不同的阶段。尽管采购过程中的某些阶段一定会发生，但购买者并不总是遵循相同的程序按部就班地完成购买，可能会增加一些必要步骤，也会强化某个步骤。值得重视的是，顾客关系对组织购买有显著的影响，不同的顾客关系可能会带来不同的购买类型和不同的购买过程。销售人员必须管理好顾客关系，而不是局限于一次单独的采购。[①]

另外，中间商市场、非营利组织市场、政府市场的购买行为与决策分析，与生产者市场购买行为有不少相似之处，就不在此处赘述，读者可以参考市场营销的相关文献。

思考与作业

1. 有哪些因素影响消费者购买行为？
2. 分析消费者购买行为类型及差异。

---

① 菲利普·科特勒，加里·阿姆斯特朗，2020. 市场营销：原理与实践[M]. 楼尊，译. 17版. 北京：中国人民大学出版社：167-169.

第6章 价格策略：获取价值

定价正确与否直接影响利益，价格的重要性不容低估，即使是非营利组织，价格策略也关系其价值及服务能力。当产品或服务定价过高，许多顾客会拒绝购买产品或服务，这不仅导致企业让出市场份额于竞争对手，还会使许多潜在消费者认为该企业与其无关，企业只能售出少量产品，市场吸引力很快流失，也会使潜在或实际投资者对该企业的财务回报失去信心，最终企业不得不通过降价去重新争取市场，而这些努力通常已经迟了。当产品或服务定价过低，企业可能失去一个重要的为顾客创造价值而获利的机会。在进入新市场时，如果定价特别低，就会让消费者对该类产品产生错误的价格预期，当企业尝试更正这个错误时，会面临消费者对这种产品属于低价产品的"固定"认知，从而影响企业持续经营。错误的价格将导致营收损失、利润损失、顾客流失，最终导致企业策略性失败。[①] 价格是营销组合中最灵活的因素之一，产品价格是营销关注的焦点。在对价格策略全面把控之前，需要了解价格的构成、影响定价的因素，以及企业定价决策的程序和逻辑。

6.1 定价目标

在市场营销中，价格是实现企业营销目标的核心手段，是调节和诱导市场需求的重要手段，是参与市场竞争的有效手段，同时受企业营销环境的制约。产品定价是一项既重要又困难，且有一定风险的工作。产品价格对该产品为市场所接受的程度有着巨大的影响，价格定得是否合理，不仅影响到竞争者的行动，而且关系到生产者和经营者的效益及其市场形象，还涉及消费者满意度。定价策略在市场营销活动中具有重要地位。广义上的价格是消费者为了从消费一件产品或一项服务中获益而放弃的价值的总和，狭义上的价格就是购买一件产品或一项服务所收取的费用。价格一直是影响消费者选择的主要因素。虽然非价格因素变得越来越重要，但价格依旧是决定企业市场份额和收益的重要因素之一。价格是营销组合中唯一产生收益的因素，其他因素只反映了成本。同时，价格还是所有营销组合中最灵活多变的一个，不像产品特征和渠道等，价格可以很快变化。价格也是市场营销人员面临的难题，且不少企业不能妥善处理价格问题。聪明的企业会将价格视为创造和捕获顾客价值的关键战略工具及竞争因素。作为企业总体价值主张的一部分，价格在创造顾客价值及建立顾客关系上扮演

---

① 蒂姆·史密斯，2015. 定价策略[M]. 周庭锐，张恩忠，赵智行，等译. 北京：中国人民大学出版社：4-5.

着重要的角色。①

定价目标（pricing objectives）是指企业通过特定水平的价格的制定或调整所要达到的预期目的。定价目标是企业市场营销目标体系中的具体目标之一，它的确定必须服从于企业总目标，也要与其他营销目标相协调。例如，轿车品牌系列产品中的高端车型，其市场定位就决定了高价格。另外，在产品生命周期的不同阶段，定价目标会有所不同。一定时期内企业的定价目标还要体现主要目标和附属目标。定价目标是企业营销目标的基础，是企业选择定价方法和制定价格策略的依据。企业定价主要体现在吸引新顾客、保持现有顾客、阻止竞争对手进入市场、稳定市场、保持分销商的忠诚和支持、促进其他产品销售②等方面，具体目标如下。

6.1.1 追求盈利最大化

企业追求一定时期内获得的最大盈利，其取决于合理价格推动的销售规模，因而追求盈利最大化的定价目标并不意味着企业要制定最高单价。在此目标下，企业在决定产品售价时主要考虑按何种价格出售可以获得最大的利润，而对市场竞争的反应、社会顾客的影响等考虑较少。因此，当企业及产品在市场上享有较高声誉、在竞争中处于有利地位时，追求最大盈利的定价是可行的。然而，市场供求和竞争状况会不断变化，产品也在不断更新，任何企业都不能永远保持绝对优势。通常情况下，企业把追求盈利最大化作为一个长期定价目标，同时选择一个可以适应特定环境的短期目标来制定价格。

6.1.2 追求短期利润最大化

具有独创性、技术先进的新产品，刚刚投放市场时，通过制定较高的市场价格可以快速地在短期内获取超额市场利润。在此目标下，定价策略称为"撇脂定价"。除产品本身的特点外，撇脂定价还需要预测市场需求和竞争情况，即存在一个以较高价格购买该产品的客户群，同时由于技术门槛等原因，在短期内，高价格不会引起更多竞争对手参与其中。一般情况下，企业应该以获取适当利润为定价目标，而能否获得适当利润则在很大程度上取决于销售价格的制定。根据企业对利润的期望水平不同，利润定价目标可分为适当利润定价（目标利润定价）和最大利润定价（最大化定价）。利润目标分为短期利润目标和长期利润目标两种。企业应该着眼于长期利润目标，兼顾短期利润目标。

---

① 加里·阿姆斯特朗，菲利普·科特勒，王永贵，2017. 市场营销学[M]. 王永贵，郑孝莹，等译. 12版. 北京：中国人民大学出版社：267.

② 菲利普·科特勒，加里·阿姆斯特朗，洪瑞云，等，2022. 市场营销原理：亚洲版[M]. 赵占波，姚凯，译. 4版. 北京：机械工业出版社：231.

6.1.3 实现预期投资回报率

投资回报率反映企业的投资效益。企业对所投入的资金，期望在预期时间内分批收回。为此，定价时一般在总成本费用之外加上一定比例的预期盈利。在产品成本费用不变的条件下，高价格、低限额即取决于企业确定的投资回报率的大小。因此，在这种定价目标下，投资回报率的确定与价格水平直接相关。投资回报率的确定根据企业的具体目标有所不同。确定投资回报率通常需要考虑资本成本、行业平均投资回报率、投资回收期等因素。

6.1.4 实现市场占有率最大化

市场占有率是企业经营状况和产品竞争力的综合反映，较高的市场占有率可以保证企业产品的销路，便于企业掌握消费需求变化，易于形成企业长期控制市场和价格的竞争能力，为提高企业盈利率提供保证。市场占有率的高低，对于价格的高低有很大影响。市场占有率包括绝对占有率和相对占有率，是反映企业市场地位的重要指标，影响到企业的市场形象和盈利能力。高市场占有率一般伴随着高盈利率。许多企业经常采用价格手段，试图维持或扩大其市场占有率。具备下述条件之一时，企业可以考虑通过低价实现市场高占有率：一是市场对价格高度敏感，低价能刺激需求迅速增长；二是生产与分销的单位成本会随生产经验的积累下降；三是低价能吓退现有和潜在的竞争者。另外，在现有生产量和销售量基础上，仍具有较大的扩张潜力，成本也有一定的下降空间，而产品的价格需求弹性较高的企业，通常采用降价手段来扩大市场占有率。

6.1.5 实现销售增长率

销售增长率的提高与市场份额的扩大是基本一致的，因此，追求一定的销售增长率也是企业的重要目标之一，特别是在新产品进入市场以后的一段时期内。但由于竞争激烈的市场经常变化，市场份额的高低更多地取决于企业与竞争对手的销售额对比状况，而且销售增长率的提高也不必然带来利润的增加。因此，企业应结合市场竞争状况，有选择地实现有利可图的销售增长率。如果企业产品或服务定价过高，就会有许多顾客拒绝购买这种产品或服务，从而导致企业割让市场份额给竞争对手，因此企业应通过市场能够接受的价格去拓展市场；如果产品或服务定价过低，企业就有可能错失一个重要的为顾客创造价值从而获利的机会；如果企业产品在进入一个新市场时定价特别低，就会让消费者对这个品类的产品产生错误的价格预期。此外，在产品的成熟期乃至衰退期，为了迅速地出清存货，进行产品结构的调整，企业有时也会以能促进市场销售的价格策略来吸引广大消费者。

6.1.6 适应价格竞争

在激烈的市场竞争环境中，企业要根据竞争对手的价格策略，并服从行业竞争的需要来确定定价目标。企业可以通过以下具体的定价，科学应对同行竞争。实力较强的企业，扩大市场占有率时，可采用低于竞争者价格出售产品的方法；实力较弱的企业，可采用与竞争者价格相同（跟随行业领导者）或略低的价格出售产品的方法；资金雄厚并拥有特殊技术或产品质量上乘或能为消费者提供较多优质服务的企业，可采用高于竞争者价格出售产品的方法。同时，为防止别的企业加入同类产品竞争行列，在一定条件下，往往一开始就采用把价格定得很低的方法，从而迫使弱小企业退出市场或阻止竞争对手进入市场。以上几种定价方法可以单独使用，也可以多种方法配合使用。

6.1.7 保持稳定运营

以保持企业能够持续稳定运营为定价目标，通常是企业处于不利环境中实行的一种战略。当企业受到原材料价格上涨、供应不足、新产品加速替代等方面的严峻冲击时，产品难以按正常价格出售。为避免陷入危机，企业往往推出大幅度折扣活动，以保本价格甚至亏本价格出售产品以求回收资金、维持运营，以争取研制的新产品的上市时间，获得新的市场机会。这种定价目标只能作为特定时期内的过渡性目标，一旦出现转机，将被其他目标所替代。

6.1.8 保持良好形象

价格是消费者据以判断企业行为及其产品的一个重要因素。一个企业的定价与其向消费者所提供服务的价值比例协调，企业在消费者心目中就较容易树立起诚实可信的形象，良好的形象是企业的无形资产。有些行业的市场供求变化频繁，但行业中的大企业为维护企业信誉，通常采取稳定价格的做法，以维护顾客的利益。价格对企业市场营销组合起到加强或削弱的作用，适当的定价也可以起到确立强化企业形象特征的作用。①

6.2 定 价 依 据

价格决策是企业为实现既定的价格目标制定和调整价格的决策行为，正确的价格决策离不开定价方法和技巧。价格一方面以商品的价值为基础，另一方面又受到市场供求和各种市场环境因素的影响，往往变化很大。企业要想灵活运用价格策略来实现自己的经营目标，就要了解从根本上影响价格变动的产品价值认定（定价）的依据及

---

① 于洁，2022. 市场营销学：原理与实践[M]. 2版. 上海：复旦大学出版社：228-230.

定价导向（图 6-1）。

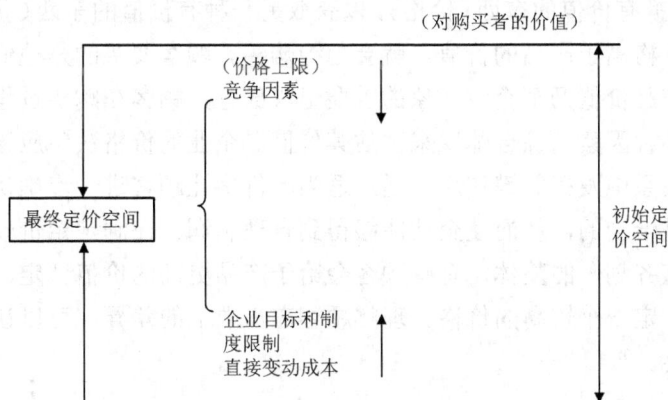

图 6-1　定价导向

资料来源：罗杰·A. 凯琳，罗伯特·A. 彼得森，2011. 战略营销：教程与案例[M].
范秀成，译. 11 版. 北京：中国人民大学出版社：303.

6.2.1　价值规律

价值规律是定价的主要依据之一。所谓产品价值，就是凝结于产品中的一般的人类劳动或物化劳动，这个量由生产它的社会必要劳动量所决定，社会必要劳动量又是用社会必要劳动时间来衡量的。所以，生产产品所消耗的社会必要劳动时间，就代表着产品的价值。同时，产品的价值又必须通过产品交换过程才能实现。货币产生以后，产品的这种交换就通过货币来实现。因此，价值是价格的基础，产品价格是产品价值的货币表现形式。价值决定价格，但价格并非与价值保持一致。由于受产品的供求变化、市场竞争状况、国家经济政策等多种因素的影响，在市场交换活动中不可避免地会出现产品价格与价值背离的现象。但以一个较长时期的价格平均值来看，无论是什么产品，价格与价值的过度背离都不会长久，价格总是围绕价值上下波动。也就是说，产品价格与产品价值的背离是价值规律作用的表现，产品价值总是其价格波动的中心。

6.2.2　价值感知

价值规律理论不仅说明了价格是为产品收取的货币总额，同时强调了价格是顾客为获得某种产品而支付的价值（效用），顾客对产品所认定的价值，就是其从该产品上所获得的效用。效用包括三种基本类型：形式（form）效用，直接来自产品本身隐含的属性；地点（place）效用，来自能够在特别偏好的地点获得产品的能力；时间（time）效用，来自能够在最方便的时刻取得产品；所有权（ownership）效用，来自拥有支配这个产品所带来价值的权利。价格与经营者的收益和消费者的支出直接相关，这也是价格会影响购买决策的重要原因。企业盈亏平衡点设定了产品的最低价格，而顾客对产品价值的感知则决定了价格的上限。产品价格是否合适，最终由市场决定。顾客的购买行为，是交换有价值的东西（价格），以获取另一种有价值的东西（获得某种产品）。顾客如果认为价格高于产品的价值，就会拒绝购买。顾客要买的是他们认为有价值的东西。价格是产品价值乃至企业形象的重要组成部分，顾客在购买过程中会通过包括产品价格在内各种因素的综合体现来评估其价值。企业的价格决策应该在创造顾客价值和建立顾客关系中发挥关键作用，通过适当的价格让顾客进一步确认自己获得的价值和付出之比是恰当的，从而使企业能够得到合理利润。在制定定价政策时，必须明白顾客并不是整齐划一的整体，有些顾客会给予产品更高的价值评定，因此企业可以针对某些顾客，定一个较高的价格。理解顾客在需求上的差异，可以让企业发现一些定价上的新机会。[①]

6.2.3　交换价值

定价直接决定企业获利能力。企业只有采用富有创造力的定价方式，才能更好地、有针对性地洞察顾客行为细节并对其所感知的价值进行合理定价。正确的定价要紧密联系定量和定性两种洞察力，需要考虑定价的科学和定价的艺术。[②] 定价的科学是指收集信息进行定量分析，从而正确地发现可获利价格范围的活动。定价数据和其他影响管理决策的信息相似，是很难完全清晰的，因为数据具有不确定性。同时，随着时间、地点以及顾客状态的变化，适当的价格结构、定价点、价格折扣也会随之改变。定价不可避免地需要包容其不确定性。但是，定量分析方法可以用来改善定价决策、规避严重的错误以及发现新的机会。定价的艺术是指能够让人们去影响顾客对价格的接受度、调整定价结构以应对竞争，以及将定价策略统合进竞争策略、营销策略和行业政策的一种能力，这需要深刻理解顾客行为、产品内隐属性的潜在影响力、价值认知、顾客预期以及价格结构本身，同时，还要求定价策略能够支持企业的营销策略，以应对市场整体的竞争与行业环境。

交换价值模型就是用来量化价格的边界的工具。可以使用交换价值模型来管理定价决策，促使定价任务转变为价值创造，使企业从所创造的价值中分得公平份额。交换价值模型为企业揭示了两种价格边界：极端边界和处于极端边界之内的窄边界。极端边界定义了任何理性的买卖双方都不可能跨越进行交易的价格界限；窄边界则是企业极力希望能说服顾客在该范围内进行交易，从而带给企业最大利益的价格边界。买卖双方有时可能会在窄边界之外进行交易，但这不能保证双方获得最大利益。交换价值模型可以告诉企业关于新产品所带给顾客的相对价值，使得企业能够按照这个知觉到的价值来定价。对于颠覆性的创新产品，交换价值模型是最常用来决定上市定价的最佳实践方案。只要使用了交换价值模型来设定价格，这个模型就可以进一步转化为

① 晁钢令，楼尊，2019. 市场营销学[M]. 5 版. 上海：上海财经大学出版社：200-203.

② 蒂姆·史密斯，2015. 定价策略[M]. 周庭锐，张恩忠，赵智行，等译. 北京：中国人民大学出版社：10.

销售工具，用来支持价值的沟通。

　　价格的极端边界介于生产的边际成本（marginal costs）与完整的顾客效用（customer utility）之间，任何交易如果跨越了这个界限，都将使得买卖双方在交易后处于不利的状态，因此只要是理性的买卖双方，都不可能在边界之外进行交易。边际成本规定了极端边界的下界。边际成本反映了卖方的底线，任何低于边际成本的价格都会让卖方在完成交易后陷入比买卖交易前更糟的状况，任何高于边际成本的价格都会让卖方在交易后的状况变得更好。顾客效用规定了极端边界的上界。假如边际成本是卖方的底线，顾客效用就是买方的底线。顾客效用是顾客拥有特定商品所收获的价值。任何顾客如果为产品支付的价格高于所获得的效用，这笔交易就是得不偿失；反之，如果支付的价格低于所获得的效用，这就是一笔好交易。消费者剩余（consumer surplus）就是全部顾客效用与实际交易价格之差。只要消费者剩余始终保持为正值，顾客就觉得购买该产品很值。

　　在策略上，价格必须能够反映顾客在实现自己的目标时，相对于使用其他手段所能获得的价值。较高的价格反映产品相对于其他替代选择，可以更好地满足顾客的需求；较低的价格反映产品满足顾客需求的能力与其他替代选择差不多。这就是策略性定价的本质：基于可比较的替代选择所提供的相对价值来定价。较窄的价格边界可以定义为可比较的替代选择（comparable alternatives）以及差异化价值（differential value）。可比较的替代选择是顾客可以使用的实现相同或类似目标的其他解决方案，它们有可能是直接面向顾客问题的竞争产品或是间接的替代方案。竞争产品通常可以在市场里加以识别，而且已经有了交易价格，所以对定价决策有借鉴意义。较次的替代选择（inferior alternatives）是那些为顾客目标提供类似利益，但是整体而言顾客效用较低的竞争对象。较次的替代选择决定了较窄定价区间的下界。较窄定价区间的下界是一个较宽松的边界，企业一般应该将价格设定在邻近较次的替代选择的上方，因为企业的新产品提供了更多的价值。一般而言，如果一个企业将价格定在邻近较次的替代选择的下方，意味着其在放弃一些应得的潜在利润。差异化价值是相对于替代品，使用特定产品所带来顾客效用变化的差值。如果一个新产品优于它的可比较的替代选择，那么它的差异化价值就是正值；如果新产品不如它的可比较的替代选择，那么它的差异化价值就是负值。产品的交换价值（exchange value）是最靠近的可比较的替代选择按照产品差异化价值进行调整后的价格，它是顾客所愿意支付给最靠近的可比较的替代选择的价格加上这个经过改良（或变差）的产品所增加（或减低）的利益的价值，即

交换价值=可比较的替代选择的价格+差异化价值

6.2.4　影响因素

　　企业制定的价格一般会在没有盈利的低价格水平和没有需求量的高价格水平之间，定价时需要考虑的影响因素复杂且动态变化（图 6-2）。消费者对产品价值的感知规定了价格的上限，如果消费者认为产品的价格高于它的感知价值，就不会购买该产

品。同样，产品的成本规定了产品价格的下限。如果企业对产品的定价低于产品的成本，该产品的利润会受到影响。在将价格定在这两个界限之间的过程中，企业必须考虑多种内外部因素，包括竞争对手的策略和价格、整体营销战略和产品组合，以及市场和需求的性质。具体的内部因素有企业的营销目标、营销组合和产品成本等；外部因素有市场结构，市场需求的价格弹性，竞争对手的成本、价格和反应，政府对价格的干预，消费心理以及其他外部环境因素。

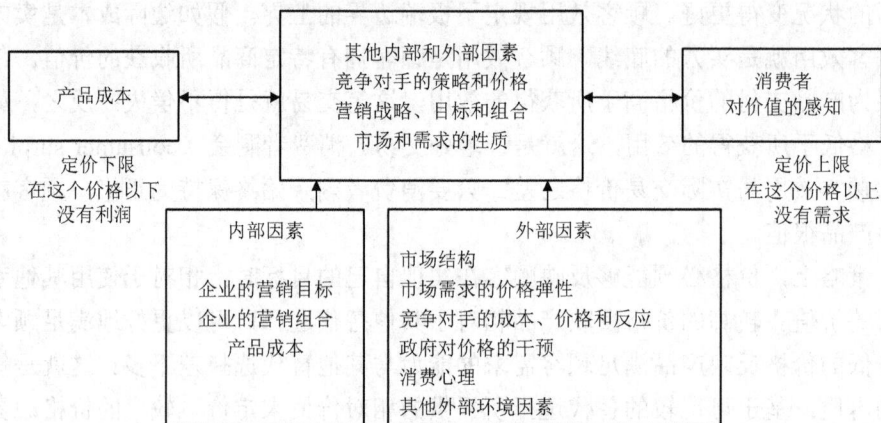

图 6-2 定价的影响因素

资料来源：菲利普·科特勒，加里·阿姆斯特朗，2019. 市场营销原理：全球版[M]. 郭国庆，译. 15 版. 北京：清华大学出版社：290；韩德昌，1995. 市场营销理论与实务[M]. 天津：天津大学出版社：134. 编者整理。

1. 内部因素

（1）营销目标的影响

企业定价是以企业的营销目标为转移的，定价目标是营销目标的具体体现。企业可以用价格实现其他许多特定目标，如以低价阻止竞争对手，以一致的价格实现市场稳定等。不同的目标决定了不同的策略以及不同的定价方法。

（2）营销组合的影响

由于价格只是企业用来实现营销目标的营销组合因素之一，所以定价策略会受到营销组合其他要素的影响和制约。产品的质量、促销和销售等方面的决策会影响定价决策。如果把价格作为产品市场定位的关键要素，价格就"定义"了产品的目标市场、竞争者和产品设计以及生产成本，在这种情况下，营销组合的其他决策要以定价策略为重心。企业要注意，消费者不仅仅依据价格因素进行购买决策，他们追求的是产品的综合价值。因此，定价策略不能脱离其他营销组合要素。

（3）产品成本的影响

成本是影响产品定价的主要因素，产品生产成本加上流通成本，一般形成产品价格的下限。因为产品价格只有在成本之上，企业才可能获利；否则企业就会亏损。因此，企业在制定产品价格时，要准确地计算产品成本，确保定价的合理性。在市场竞争中，许多企业施行"低价取胜"的营销策略，降低成本以降低价格、扩大销售和增加利润。如果企业某种产品的成本高于竞争者的成本，处于被动的竞争地位的企业会采用牺牲利润的同价或略高的价格参与市场竞争。

2. 外部因素

（1）市场结构的影响

按竞争程度的高低，市场结构可分为四种类型：完全竞争市场、完全垄断市场、垄断竞争市场和寡头竞争市场。完全竞争市场是由众多进行同类（同质）产品交易的销售者和消费者组成的，不受任何阻碍和干预，价格是在竞争中由整个行业的供求关系自发决定的。无论买主还是卖主，都没有能力影响市场，都只能是价格的接受者，而不是价格的制定者。完全垄断市场只有一个销售者，可能是政府垄断，或私人（资本）受控垄断或非控垄断，它们可以自主定价，但并不总是设定最高限度的价格。垄断竞争市场是介于完全竞争市场和完全垄断市场之间的一种市场状态。这种市场由众多按照系列价格而不是单一市场价格进行交易的销售者和消费者组成。各企业对自己的产品有垄断权，但由于产品类似，所以企业之间存在竞争。在这种条件下，企业可以利用产品的差异性来细分市场并制定和控制价格。寡头竞争市场由几个对彼此的定价和营销战略高度敏感的销售者组成。虽然企业数目不多，但每个企业生产和销售的产品都在该行业中占有较大的比重，它们相互依存、相互制约，产品的价格不是通过市场供求来决定，而是通过各企业之间的妥协来决定。不同的市场结构有不同的运行机制和特点，对企业行为具有不同的约束力，因此企业在定价方面的自由度也不同。

（2）价格弹性的影响

根据市场供求规律，产品价格与市场需求量之间存在着如下关系：价格上升，需求量下降；价格下降，需求量上升。但是不同产品，其价格和需求量的变化幅度是有区别的。所以，企业在定价时必须考察产品的需求价格弹性。需求价格弹性是指价格变化和由此而引起的需求量变化的程度，它表明了需求变动对价格变动的敏感程度。需求价格弹性是用弹性系数来表示的，该系数用公式表示为

$$E = \frac{\Delta Q/Q}{\Delta P/P}$$

式中，E 为需求的弹性系数；ΔQ 为需求量的增量；Q 为原需求量；ΔP 为价格的增量；P 为原价格。

在多数情况下，价格变动与需求变动方向相反。为了便于比较，分析时常取需求 E 的绝对值 $|E|$。需求的价格弹性在理论上有五种情况：完全无弹性、单一弹性、完全有弹性、缺乏弹性和富有弹性。前三种情况基本属于理论上的假定，在现实生活中，需求的价格弹性主要表现为缺乏弹性和富有弹性两种情况。

当 $E<1$ 时，表示缺乏弹性，产品需求量的变动幅度小于价格的变动幅度。当产品价格上升时，该产品需求量将较小幅度地下降；而当价格下降时，该产品需求量将较

小幅度地上升。在这种情况下，薄利多销的策略并不能提高企业的收入水平，企业适宜采用稳定提价策略。当 $E>1$ 时，表示富有弹性。在这种情况下，价格的降低总会带来需求量更大幅度的增加，因而应该采取降价策略，增加收入。当 $E=1$ 时，表示单一弹性，企业总销售收入不受价格变动影响，此时企业关键是要确定产品价格。当 $E=0$ 时，表示完全无弹性，即商品需求量不随价格变动而变化，理论上企业可以将价格定得无限高。当 $E=\infty$ 时，表示完全有弹性，即价格的微小变化会引起需求量的巨大变化，因此企业应采用随行就市的价格策略。在市场中有一些因素影响需求价格弹性。例如，替代品、产品用途越多，弹性越大；价格与收入比率越高，弹性越大。

（3）竞争对手的影响

影响企业定价决策的外部因素还有竞争对手，主要是其成本、价格以及对该企业定价可能做出的反应。这些因素可以帮助企业确定合适的价格，主要表现为竞争价格对产品定价的约束。企业需要针对竞争对手的成本设定自己的成本基准点，以便了解产品成本是处于优势还是劣势。同时，还要了解竞争对手的价格和质量。同类产品的竞争最直接的表现是价格竞争。企业试图通过有竞争力的价格和及时的价格调整来争取更多顾客，这就意味着其他同类企业将失去部分市场或维持原市场份额要付出更多的营销努力。在竞争激烈的市场上，企业都会认真分析竞争对手的价格策略，密切关注其变价动向并及时做出反应。因此，企业定价时不仅要关注竞争者的价格策略，对其产品策略、分销策略及促销策略也不可忽视。

（4）价格干预的影响

在市场经济条件下，政府对价格的干预时有发生。市场经济的实质是法制经济，政府可以通过行政的、法律的、经济的手段对企业定价及社会总体物价水平进行调节和控制。政府对价格的干预主要表现为国家直接定价、间接管理和对价格总水平的控制等方式，价格干预的主要对象是企业的定价行为、价格形成以及变动的宏观环境和市场环境。价格干预的主要目的是保护和促进竞争，反对和制止垄断，保持物价水平的基本稳定。例如，新冠疫情蔓延期间的物资"保供"，就有价格干预的正向影响。

（5）消费心理的影响

消费心理动机能够驱使、促进消费者为了达到一定目的而做出消费行为，它是影响某些商品价格高低的重要因素。许多商品价格的高低，往往取决于产品的象征性意义以及能不能满足消费者心理的需要。无论准备向市场提供产品还是服务，企业的出发点都不能像以前那样只考虑"有什么就卖什么"，而要认真做好需求的调查及分析，充分把握消费者的消费心理，即"市场需要什么就提供什么"，设身处地地为消费者着想，这样才能取得企业产品的价值回报和长远效益。

（6）其他外部环境因素的影响

企业定价时还必须考虑其他外部环境因素。国内或国际经济形势、通货膨胀情况、利率的高低、汇率的变动等，都会影响产品价格，因为这些因素将影响着生产成本以及顾客对产品价格和价值的理解。例如，货币价值、国际市场价格等会对价格的形成与变动产生影响。当然，影响价格形成与变动的因素不是孤立的，而是相互联系的。有些因素使价格向高于或低于价值的方向变动，有些因素对价格的影响会互相抵消，有些因素促使某种趋势的强化或减弱。其实，价格的稳定是相对的，价格及影响定价的因素始终瞬息万变。[①]

6.3　定价方法

影响企业定价的主要因素是成本水平、市场需求（顾客感知价值）和竞争因素等，因此企业的定价方法主要是围绕这三大因素确定。在实际定价中，企业往往重点考虑其中一个因素来确定产品的基本价格水平。与之对应有三种定价方法，即成本导向定价（cost oriented pricing）法、需求导向定价（demand oriented pricing）法和竞争导向定价（competition oriented pricing）法。另外，利润也可以作为导向进行定价，主要有目标利润定价法等。

6.3.1　成本导向定价法

成本导向定价法是主要以产品成本为定价依据的定价方法（图 6-3）。在营销实践中，该方法具体分为成本加成定价法、目标收益定价法、增量分析定价法。另外，还有标准加成定价法、经验曲线定价法等。

设计优秀的产品 → 确定产品成本 → 根据成本确定价格 → 说服购买者相信产品的价值

图 6-3　成本导向定价法

资料来源：菲利普·科特勒，加里·阿姆斯特朗，2019. 市场营销原理：全球版[M].
郭国庆，译. 15 版. 北京：清华大学出版社：291.

1. 成本加成定价法

成本加成定价法是最基本、最常用的定价方法，是按照单位成本加上一定百分比的加成来确定销售价格。加成即为一定比率的利润。

成本加成的计算公式为

$$P = C(1 + R)$$

式中，P 为单位产品的价格；C 为单位产品成本；R 为成本加成率。

例如，制造吹风机的厂商期望的成本和销售量如下：生产每台吹风机的变动成本为 200 元，固定成本为 600 000 元，预计销售量为 100 000 台。则该制造商的单位产品成本为

单位产品成本=变动成本+固定成本/销售量=200+600 000/100 000=206（元）

假设该厂商想要在销售额中有 10% 的利润加成，则其加成价格为

① 张黎明，2018. 市场营销学[M]. 6 版. 成都：四川大学出版社：195-198.

$$加成价格 = 206 \times (1 + 10\%) = 226.6（元）$$

理论上，每台盈利 20.6 元。

成本加成定价法的优点是：卖方确定成本比估计需求更容易，把价格与成本结合在一起，可以降低定价的难度；行业中的所有企业可能都采用这种方法定价，它们的价格会趋于相似，因而价格竞争会降到最低限度；对买方和卖方都比较公平，即使在买方的需求多得急迫时，卖方也不利用这一有利条件谋求额外利益，依然追求公平的营收。但是，由于该方法没有充分考虑市场需求的状况，对制定出合理的价格会有不利影响，因而该方法只适合在企业能较准确地预计未来的销售量时使用。

2. 目标收益定价法

目标收益定价法是企业根据估计的总销量以及预期的投资收益来制定价格的一种方法。目标收益价格的计算公式为

$$目标收益价格 = 单位成本 + \frac{目标利润 \times 投资成本}{销售量}$$

例如，吹风机厂商期望的成本和销售量如下：生产每台吹风机的变动成本为 200 元，固定成本为 600 000 元，预计销售量为 100 000 台，吹风机厂商投资 100 万元，想要制定能获得 10% 投资收益的价格。则目标收益价格为

$$目标收益价格 = 206 + \frac{10\% \times 1\,000\,000}{100\,000} = 207（元）$$

如果厂商的成本和预测的销售量是准确的，就能实现 10% 的投资收益，但是如果销售量未达到 100 000 台怎么办？该厂商可进行盈亏平衡分析，以了解在其他销售水平上会发生什么情况。不论销售量是多少，固定成本都是 600 000 元，变动成本随着销售量的增加呈直线上升趋势。总收入从零开始，随着单位销售量的增加呈上升趋势。总收入曲线和总成本曲线相交之处就是盈亏平衡点，此时的销售量就是保本销售量（break-even sales volume），即支付直接销售费用所必需的销售量。计算保本销售量需要知道完成一笔销售所需的直接销售费用预算占总销售额的百分比，它的计算公式为

$$保本销售量 = \frac{固定成本}{价格 - 变动成本} = \frac{600\,000}{207 - 200} \approx 85\,714（台）$$

该制造商希望在市场上以 207 元的价格销售 100 000 台吹风机，在这种情况下，其 100 万元投资将盈利 10 万元。然而，这取决于需求价格弹性和竞争者的价格。目标收益定价法不考虑需求和竞争的因素。企业应研究不同的价格，就这些因素及其对销售量与利润的反应做出测算，同时设法降低固定成本或变动成本，以降低其必需的保本销售量。

目标收益定价法也称盈亏平衡定价法。盈亏平衡定价法是通过分析产量、生产成本和销售利润之间的关系，而进行产品定价的方法。在定价时，企业可以在产量和成本既定的情况下，按照预期的收益（利润）确定价格。通过盈亏平衡分析（图 6-4）得

到企业盈亏平衡点的销售量，可以提醒企业当市场需求（销售量）降到盈亏平衡点以下时，企业需要对价格做出调整。

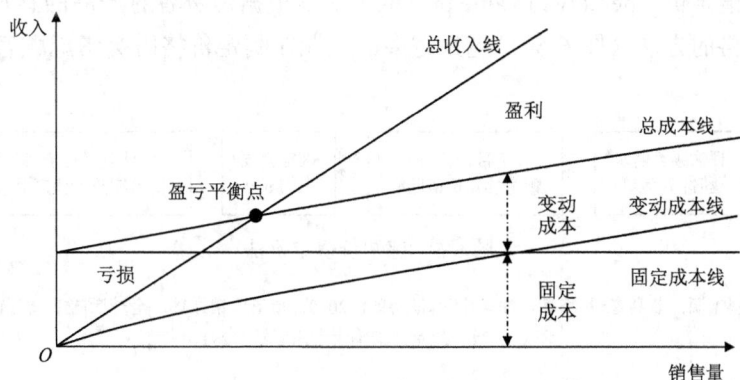

图6-4 盈亏平衡分析

资料来源：熊高强，陈志雄，2017. 市场营销学[M]. 沈阳：东北大学出版社：283.

盈亏平衡时产品的定价公式为

$$价格 = \frac{单位变动成本 \times 销售量 + 固定成本}{销售量}$$

但按上式确定产品的价格，企业在经营过程中只能做到不盈不亏。如果企业期望获得适当的利润以实现持续经营，则企业产品的定价公式应为

$$价格 = \frac{单位变动成本 \times 销售量 + 固定成本 + 目标利润}{销售量}$$

3. 增量分析定价法

增量分析定价法是指以增量成本（变动成本）为基础确定价格的定价方法，主要用于企业在原有的生产任务之外又接受了新的订单时分析新业务能否带来增量利润。只要增量收入大于增量成本（可理解为确定的价格高于变动成本），这个价格就是可以接受的。增量分析定价法通常在下面的情形中运用：企业在产能富余的情况下接受新的订单时，如果无须追加固定投资，只要在原有变动成本的基础上略有增加，就可满足新订单生产的要求。在此情况下，只要新订单的产品定价略高于新的变动成本就有利可图；在市场疲软、销售困难的情况下，企业往往通过降价的方式来争取更多的订单，此时也可使用增量分析定价法。

6.3.2 需求导向定价法

需求导向定价法是一种主要以市场需求强度与消费者价值感知为依据的定价方法。在营销实践中，具体方法有感知价值定价法、反向定价法和需求差异定价法。

1. 感知价值定价法

感知价值定价（perceived value pricing）法是根据消费者对产品的感知（认知）价值来制定价格的方法（图6-5）。越来越多的企业在制定价格时会考虑顾客对产品的感知价值。

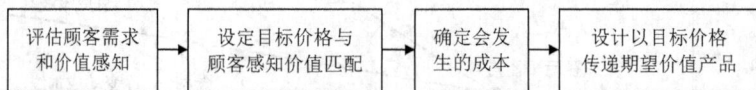

| 评估顾客需求和价值感知 | → | 设定目标价格与顾客感知价值匹配 | → | 确定会发生的成本 | → | 设计以目标价格传递期望价值产品 |

图 6-5　感知价值定价法

资料来源：菲利普·科特勒，加里·阿姆斯特朗，2019. 市场营销原理：全球版[M]. 郭国庆，译. 15 版. 北京：清华大学出版社：291.

企业在定价时，不仅要考虑产品成本，还要评估消费者对产品价值、品牌的感知。因此，企业要利用各种途径加强品牌宣传并提升品牌价值，以强化在消费者心中的感知价值，提升产品的价值定位，通过价值的提升带动产品的价格提升。决定感知价值的因素很多，包括企业对产品宣传的知晓程度、对产品的质量评价、对销售终端实力的评价、对服务能力（售前、售中、售后服务）的评定等。感知价值定价法的关键在于，向潜在顾客提供并展示比竞争者更高的价值。企业需要分析顾客的价值取向和决策过程，准确评估产品提供的全部市场感知价值。企业如果过高估计产品的感知价值，则会确定偏高的市场价格，从而阻碍销售；如果过低估计感知价值，则会确定偏低的市场价格，导致消费者对产品价值的判断出现偏差。

2. 反向定价法

反向定价法又称价格倒推法，是以市场需求为出发点，以购买者能够接受的最终价格为基础，在计算经营成本与预期利润后，倒推出产品的批发价格或零售价格。由于交易价格既定，企业要想扩大利润空间，只有通过降低成本来实现。

3. 需求差异定价法

需求差异定价法是指企业根据销售对象、销售条件、销售情境的不同而对同一产品制定不同价格的定价方法。常用的方法有：因地点不同而差别定价、因时间不同而差别定价和因顾客不同而差别定价。

另外，还有撇脂定价（marketing-skimming pricing）法、渗透定价（market penetration pricing）法、威望定价法、价格排列定价法、奇数定价法、捆绑定价法等。

6.3.3　竞争导向定价法

竞争导向定价法是一种以竞争对手价格水平作为主要定价依据的定价方法。常用的方法有通行价格定价法和投标定价法。

1. 通行价格定价法

通行价格定价法也称随行就市定价（going-rate pricing）法，是指企业按照行业平均价格水平定价。采用此种方法定价的主要原因是成本计算困难。在竞争者不确定时，如果另行定价，很难了解竞争者对本企业价格的反应。此外，有的企业期望与同行和平相处，为避免引发价格战而采用这种定价方法。在寡头垄断的产业市场中，企业通常采取相近的价格；而在完全竞争市场上，随行就市是必然的选择，在产品同质的情况下，提价将失去市场，轻易降价容易引发价格战。

2. 投标定价法

投标定价法是买方在媒体上刊登广告或发出邀请函，说明需要采购的商品品种、数量、规格等要求，邀请卖方在规定期限内密封报价来参与竞争投标的定价方法。买方在规定的时间内开标，选择报价最低、对自己最有利的卖方成交，并签订采购合同。投标定价法主要用于投标交易（采购）方式，如企业采购原材料与成套设备等组织市场的采购采用此种定价方法时，价格的制定受到两方面的限制：一方面需要考虑成本，若报价低于成本则会损害企业利益；另一方面报价不能过高，否则会降低中标的可能性。招标方一般只有一个，处于相对垄断地位，而投标方有多个，处于相互竞争地位。标的物的价格由参与投标的各个企业在相互独立的条件下确定。在买方招标的所有投标者中，符合基本条件且报价最低的投标者通常会中标，它的报价就是交易价格。①

6.4　定　价　策　略

在企业通过为顾客创造价值而获得盈利的过程中，价格是一个非常重要的营销组合工具。这里着重分析新产品定价策略、产品组合定价策略和价格调整定价策略。特殊情境下的定价方法以及为适应变化而采取哪种价格调整策略是企业需要考虑的，同时，企业也要积极为客户提供优质的价值和体验。

6.4.1　新产品定价策略

定价策略往往随着产品生命周期的变化而变化，尤其是在导入阶段更具挑战性。企业在推出新产品、首次定价时，可以采用撇脂定价和渗透定价。

1. 撇脂定价

撇脂定价是指企业将新产品推向市场时（产品生命周期的导入、成长阶段），制定尽可能高的初始价格，以撇取到市场上最高支付能力消费群体可以出得起的价格，使

---

① 梁文玲，2019. 市场营销学[M]. 3 版. 北京：中国人民大学出版社：231-234.

单位产品的获利最大。例如，高科技品牌影响力强的公司的新产品或专利产品经常用这种定价方法。只有在特定的条件下，企业才可以使用撇脂定价方法。首先，顾客的人数足以形成当前的需要，且产品的质量和形象与其高昂的价格相匹配；其次，小批量生产的单位成本不高于其带来的收益；最后，竞争对手不能轻易地进入市场或降低价格。

2. 渗透定价

渗透定价是指企业将其创新产品的价格定得相对较低，以在短时间内吸引大量顾客，迅速渗透市场以获得较大的市场份额。从营销实践的角度来看，采取该定价策略需要具备以下条件：需求对价格较为敏感（低价会刺激需求迅速增长），生产成本和经营费用会随生产经营（销售）的增加而下降，低价不会引起实际及潜在的竞争。例如，优步公司利用市场渗透定价很快在我国的新兴市场上获得初步成功。

6.4.2 产品组合定价策略

大多数企业生产或营销多种产品，这些产品构成了该企业的产品组合。在这种情况下，企业要了解各种产品需求和成本之间的内在联系，从而寻求能够使产品组合整体利润最大化的价格。产品组合定价策略主要包括产品线定价（product line pricing）、备选产品定价（optional-product pricing）、附属产品定价（captive product pricing）、副产品定价（by-product pricing）、一揽子定价（product bundle pricing）等，如表 6-1 所示。

表 6-1　产品组合定价策略

定价策略	描述
产品线定价	对同一产品线内的不同产品进行差别定价
备选产品定价	为与主要产品一起出售的选择性产品或附加产品定价
附属产品定价	为必须与主要产品一起使用的产品定价
副产品定价	为价值低的副产品定价，以弥补处理它们所花的成本
一揽子定价	为共同出售的产品组合定价

1. 产品线定价

企业经常会开发产品线，而不单单是一种产品。产品线是一组相互关联的产品，在产品线定价中，管理者必须适当安排产品线内各个产品之间的价格梯级，考虑不同产品间的成本差异。若产品线中两个产品之间的价格差额小，顾客就会购买先进的产品，当这两个产品的成本差额小于价格差额时，企业的利润就会增加；反之，两个产品之间的价格差额大，顾客就会更多购买便宜的产品。

2. 备选产品定价

备选产品是指那些与主要产品密切相关的可任意选择的产品。许多企业在销售与主要产品配套的备选产品时，会使用备选产品定价方法。例如，顾客如果购买平板电脑，还会选择鼠标、电脑包等其他产品。企业通常使用两种备选产品定价策略，如果将备选产品的价格定得较高，可以靠它们多赚钱；把备选产品价格定得低一些，可以此招揽顾客。

3. 附属产品定价

附属产品定价又称连带品定价，是指对必须与主要产品一同使用的产品的定价。许多企业往往将其主要产品（如拍立得相机）的价格定得较低，但对连带品（如相纸）设定较高的价格，通过高价的连带品所获取利润来补偿主要产品定价低造成的损失。在服务行业，这种附属产品定价法称为二分定价（two-part pricing）。服务的价格分为固定费用和变动费用两个部分。因此，在主题公园的票价中，不包含公园内购买食物等费用。

4. 副产品定价

产品和服务的生产常常会产生副产品。企业会采用副产品定价方法帮助副产品找到一个市场，从而弥补储存和运输成本，使得主产品的价格更有竞争力。例如，可口可乐公司充分利用生产橙汁剩下的橙子皮，制作成家具香精或洗涤用品。

5. 一揽子定价

一揽子定价是指企业通常将几种产品组合在一起，以低于各项单品价格之和的价格出售。在市场上，床上用品的"套装"销售形式（价格低于单品之和），就是用这种定价方法。

6.4.3　价格调整定价策略

价格调整定价策略主要包括心理定价（psychological pricing）、地理定价（geographical pricing）、折扣定价（discount pricing）、促销定价（promotional pricing）、动态定价（dynamic pricing）和国际定价（international pricing）等，如表 6-2 所示。

表 6-2　价格调整定价策略

定价策略	描述
心理定价	根据顾客心理因素调整价格
地理定价	针对顾客的地理位置调整价格
折扣定价	为回报顾客大量购买等行为而降低价格

续表

定价策略	描述
促销定价	暂时降低产品价格，以促进短期销售
动态定价	持续地调整价格，以满足个体顾客的需求
国际定价	为国际市场调整价格

1. 心理定价

心理定价就是根据消费者的购买心理来制定价格。采用心理定价的企业认为，价格不仅具有经济意义，而且具有心理作用。例如，消费者通常认为价格较高的产品拥有更好的质量。因此，在消费者无法准确判断产品质量时，大都会根据价格来判断。心理定价的另一方面是参考价格（reference price），指的是消费者在考察某种商品（产品）时心里会想到的价格，它有可能是过去看到或购买的价格。常用的心理定价策略有五种，如表 6-3 所示。

表 6-3　心理定价策略

定价策略	描述
整数定价	对产品价格采取合零凑整的办法，使顾客产生"一分钱一分货"的感觉，如将 98 元定成 100 元
尾数定价	保留价格尾数的定价，给顾客以便宜的暗示，又因标价精准给人以信赖感，如 99.9 元
声望定价	根据产品在消费者心目中的声望、消费者的信任度来确定价格，适用于知名度高、有较大影响力的产品，如香奈儿
习惯定价	按照消费者习惯的标准来定价，通常针对日常消费品
招徕定价	将部分产品的价格调整到低于价目表，甚至低于其成本，以招揽顾客，进而促进其他产品的消费

2. 地理定价

企业需要将产品运往不同的地区进行销售，距离的远近会导致运输费用不同，从而对产品的价格产生显著的影响。企业使用地理定价策略就是为了考虑商品交易时的地理位置差异。企业常用的五种地理定价策略如表 6-4 所示。

表 6-4　地理定价策略

定价策略	描述
原产地定价	离岸价产品被免费装上运输工具，从那一刻起，产品及相关责任就转移给了购买者，由其支付从工厂到目的地的费用
统一交货定价	与原产地定价相反，企业对于卖给不同地区的顾客的某种产品，不论远近，都实行一个价格水平
地区定价	企业把市场划分为若干个区域，对同一地区的所有顾客收取统一的运费，而不同的地区制定不同水平的价格
基点定价	企业会选定某些城市作为基点，然后按一定的出厂价加上基点城市到买方所在地的运费来定价，而不管货物实际是从哪个城市起运的
免收运费定价	卖方承担部分或全部运费，以招揽生意。卖方为了进入一个新市场时常会采用这种策略，以加强市场渗透

3. 折扣定价

产品价格有目录价格与成交价格之分。目录价格是指产品标签所标明的价格。成交价格是指企业为了鼓励顾客尽快付款、大量购买以及淡季购买等，在目录价格的基础上酌情降低的价格，这种价格调整叫作价格折扣。折扣定价策略实质上是一种优惠，通过直接或间接地降低价格以争取顾客，扩大销量。企业常用的五种折扣定价策略如表 6-5 所示。

表 6-5　折扣定价策略

定价策略	描述
数量折扣	数量折扣是生产企业为鼓励顾客集中购买或大量购买所采取的一种策略。它按照购买数量或金额分别给予不同的折扣。购买数量越多，折扣越大。目的在于鼓励顾客经常向本企业购买，与可信赖的老客户建立长期购销关系
功能折扣	功能折扣又称交易折扣，是指卖方提供给执行特定职能的渠道促销员的价格折扣。功能折扣可以对中间商经营的相关产品的成本和费用进行补偿，并让其有一定的盈利
现金折扣	现金折扣是企业对顾客在规定时间内及时付清货款的一种优惠，其目的是鼓励顾客尽快购买并付款，以加速资金周转，降低销售费用，减少财务风险
季节折扣	季节折扣是企业为购买过季商品的顾客提供的一种价格折让。例如，羽绒服在夏季有较大的折扣，在冬季则恢复原价
补贴	补贴是企业为特殊目的，以特定形式给予特殊顾客的价格补贴或其他补贴，如以旧换新补贴等

4. 促销定价

促销定价是指企业制定暂时低于正常价格甚至低于成本的价格，以促使购买者产生兴奋和急切购买的心情。促销定价的具体形式包括：在原价的基础上提供折扣进行定价来增加销量，减少库存；在特定季节或用特殊事件定价（special-event pricing）吸引更多顾客；现金返还（cash rebates）方式定价促销，如"五一"假期在网上订酒店的返现活动。网上促销是网络营销的常用手段，因情景不同，促销策略也不同。常见的网络价格促销策略有折价、秒杀、团购以及消费者定价等。折价即打折、折扣，是网络上最常用的一种促销方式。由于网上销售的商品不能给消费者全面直观的印象，也不能试用，因此幅度大的折扣可以促使消费者做出购买决定。秒杀即限时抢购（flash sale），是网络上流行的一种促销方式，由于成交速度快，甚至得失以秒为间隔，因此被戏称为"秒杀"。一些网络平台的卖家为了在众多卖家中脱颖而出，吸引买家的眼球，不惜成本将个别产品以极低的价格推出以招揽顾客。团购是一种基于网络平台的商业模式，通过团购网站集合足够人数，消费者便可以优惠价格购买或使用第三方公司的产品或服务，卖家薄利多销，买家得到优惠。运营团购网站的企业则从卖方收取佣金。消费者定价即买方定价，是指在供给大于需求、商品价格有下降趋势的条件下，买方在交易上处于主动地位，可以货比三家，购得物美价廉的商品，获得更大的满足感。

5. 动态定价

动态定价是指企业持续调整价格，以适应个体消费者的需要和购买情况。动态定价在网上使用得非常普遍，在提供机票、酒店的旅游在线服务商那里体现得尤为明显。例如，通过网络平台订机票时，即使在同一天购买同一个航班的机票，在不同时间甚至每一分钟都可能出现价格变化的情况。

6. 国际定价

从事国际市场营销的企业必须在不同的国家制定不同的价格，以使产品价格适应当地的市场。母国本土的产品价格一般低于该产品在其他国家的价格（按汇率折算），特别是高档商品。例如，瑞士手表的当地价格低于在他国销售的价格。①

6.5　价格变动与对策

企业处在一个不断变化的竞争环境中，为了生存和发展，有时候需要主动降低价格或提价，有时候需要对竞争者的价格变动做出必要的反应。企业无论是提高还是降低价格都必然影响到购买者、竞争者、中间商和供应商的利益，以及引起政府对重要价格变动的必要关注。

6.5.1　顾客对价格变动的反应

1. 顾客对降价的反应

顾客对于企业的某种产品的价格降低可能会这样理解：该产品的式样过时了，将被新产品代替；产品可能有某些缺点，销售不畅；企业财务困难，难以维持；价格还要进一步下跌；产品质量可能下降了。

2. 顾客对提价的反应

企业提价通常会影响销售，但是顾客对企业的某种产品提价也可能会这样理解：产品很畅销，不赶快买就买不到了；产品很有价值；企业想尽量取得更多利润。顾客对价值高低不同的产品价格变动的反应有所不同。顾客对于那些价值高、经常购买的产品的价格变动较敏感，而对于那些价值低、不经常购买的小商品，即使单位价格较高，也不太在意。此外，顾客虽然关心产品价格变动，但是通常更关心获得、使用和维修产品的总费用。因此，如果企业能使顾客相信某种产品获得、使用和维修的总费用较低，就可以把这种产品的价格定得比竞争者高，获得更多的利润。

---

① 孟韬，2021. 市场营销：课程思政与互联网创新[M]. 2版. 北京：中国人民大学出版社：255-259.

6.5.2　企业对竞争者价格变动的反应

企业经常会面临竞争者变价的挑战。如何对竞争者的价格变动做出及时、正确的反应，是企业定价策略的一项重要内容。

1. 产品市场企业的反应

在同质产品市场中，如果竞争者降价，企业必须随之降价，否则顾客就会购买竞争者的产品，而不购买该企业的产品；如果某个企业提价，且提价对整个行业有利，其他企业也会随之提价，但是如果多数企业不随之提价，那么最先发起提价的企业和其他企业可能会取消提价。

在异质产品市场中，企业对竞争者变价的反应有更多的选择余地。因为在这种市场上，顾客选择卖方时不仅考虑产品价格因素，而且考虑质量、服务、性能、外观、可靠性等多方面因素。因而在这种产品市场上，顾客对于较小的价格差异并不在意。

面对竞争者的价格变动，企业必须认真调查研究如下问题：竞争者为什么调价？竞争者打算暂时调价还是永久调价？如果对竞争者的调价置之不理，将对企业的市场份额和利润有何影响？其他企业是否会做出什么反应？竞争者和其他企业对于本企业的每一个可能的反应又会有什么反应？

2. 市场主导者的反应

市场主导者往往遭到一些追随企业的进攻。这些企业的产品与市场主导者的产品差不多，企业往往通过进攻性的降价争夺市场主导者的市场份额。

在这种情况下，市场主导者通常采用以下策略：维持价格不变，市场主导者认为，如果降价就会减少利润，而维持价格不变，尽管对市场份额有一定的影响，但以后还有机会恢复失去的市场，在维持价格不变的同时，还要改进产品质量、提高服务水平、加强促销沟通等，运用非价格手段反击竞争者（营销实践证明，采取这种策略比降价和低利经营更划算）；降价，市场主导者采取这种策略，主要是担心市场份额下降且很难恢复，降价会使销售量增加；提价，同时致力于提高产品质量或推出新品牌，以便与竞争对手争夺市场。

6.5.3　企业应对价格变动考虑的因素

企业受到竞争对手进攻时必须考虑：产品在其生命周期中所处的阶段及其在企业产品投资组合中的重要程度；竞争者的意图和资源；市场对价格和价值的敏感性；成本费用随着销量和产量的变化而变化的情况。

面对竞争者的价格调整，企业不可能花很多时间分析应采取的对策。实践中，竞争者很可能花了大量的时间准备价格调整，而企业又必须及时、明确、果断地做出有效的应对。缩短价格调整反应决策时间的唯一途径是预料竞争者的可能价格变动，并预先准备适当的对策。图 6-6 是企业用以应对竞争者降价的决策程序。①

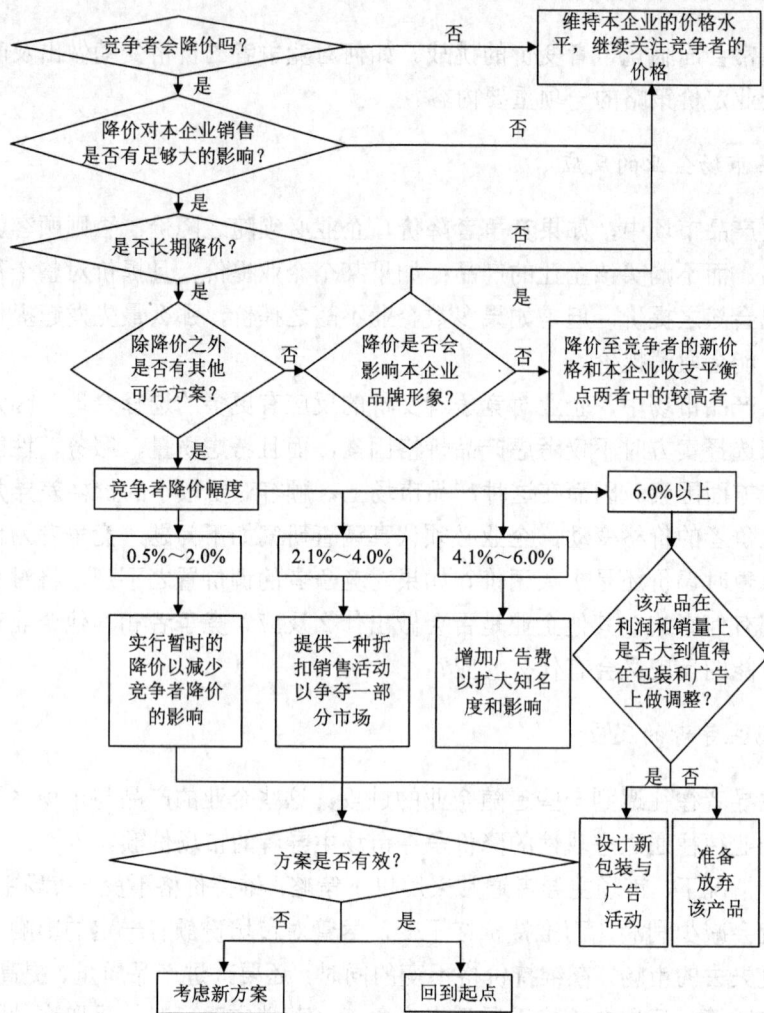

图 6-6 企业应对竞争者降价的决策程序

注：百分率随行业或产品的不同而不同。

资料来源：郭国庆，陈凯，2019. 市场营销学[M]. 6 版. 北京：中国人民大学出版社：249.

思考与作业

1. 影响价格的因素是什么？
2. 价格变动如何影响营销业绩？
3. 竞争性定价的策略有哪些？

---

① 郭国庆，陈凯，2019. 市场营销学[M]. 6 版. 北京：中国人民大学出版社：246-248.

第 7 章　促销策略：传播价值

促销是营销活动中的关键组成部分，由各种促销工具构成，主要是短期促销工具，用来刺激消费者或经销商更快或更多地购买特定产品或服务。促销提供的是一种激励。有些促销工具使用的目的是建立消费者特许权，伴随着促销活动，传递着特定的销售信息，如免费样品、购买频率奖、带有销售信息的优惠券和相关赠品等（增长速度最快的促销工具是数字优惠券）。非品牌资产建立型的促销工具通常包括减价包装、产品无关的消费赠品、竞赛、抽奖、消费返利、经销商折扣等。在品牌相似度高的市场中，促销能够在短期内产生较强的销售反应，但长期可能得不到永久性增长。在品牌差异度高的市场中，促销会永久性地改变市场份额。除了品牌转换，消费者可能还会囤积产品，即更早购买（购买加速）或购买更多数量。价格促销可能无法永久性地增加整个产品类别的销量。优势品牌进行促销的频率较低，其大多数促销只是补贴当前使用者。建立消费者特许权的促销，可以取得产品销售和品牌资产建立的双重目标。[①] 因此，应该采用系统化的方法管理促销活动，包括建立促销目标、选择促销工具、制定方案、实施与控制以及评估促销效果等。

市场竞争日趋激烈，在营销活动中，不仅要求企业生产适销对路的产品、制定吸引人的价格、以适当的渠道满足目标顾客的需求，还要求企业必须采取适当的方式来促进产品的销售。促销已经成为市场营销组合中非常重要的环节。

7.1　促销的本质

促销是指企业通过人员推销或非人员推销的方式，向目标顾客传递商品或服务的存在及其性能、特征等信息，帮助消费者认识产品或服务带给购买者的利益，从而引起消费者的兴趣，激发消费者的购买欲望及购买行为的活动。

在 4Ps 理论中，产品创造价值，价格衡量价值，渠道交换价值，促销传播价值。促销的本质是生产者（厂商、制造商）以非降价的方式向消费者传递信息、激发购买欲望、促成购买行为。促销的核心是传播与沟通信息，即企业仅有优秀产品是远远不够的，还要及时与消费者进行信息沟通，让消费者了解产品；目的是促使消费者产生购买动机与购买行为。

---

① 菲利普·科特勒，凯文·莱恩·凯勒，2016. 营销管理[M]. 何佳讯，等译. 15 版. 上海：格致出版社：563-564.

7.2 促销的作用

促销的作用主要表现在以下几个方面。

7.2.1 传递产品信息

促销宣传能使顾客了解企业生产经营什么产品、有哪些特点、到什么地方购买、购买的条件是什么等，引起他们的注意和好感，从而为企业产品销售的成功创造前提条件。

7.2.2 扩大消费销售

针对消费者的心理动机，企业可以通过采取灵活有效的促销活动，诱导或激发消费者某一方面的需求，从而扩大产品的销售量。企业还可以通过促销活动来创造需求，发现新的销售市场，从而使市场需求朝着有利于企业销售的方向发展。

7.2.3 增强产品能力

企业通过促销活动，传播本企业的产品与竞争对手产品的不同特色，以及给消费者带来的特殊利益，使消费者充分了解本企业产品的特色；通过对名、优、特产品的宣传，更能促使顾客对企业产品及企业本身产生好感，从而培养和提高品牌忠诚度，巩固和扩大市场占有率，提高企业的市场竞争能力。

7.2.4 收集市场信息

有效的促销活动使更多的消费者或用户了解、熟悉和信任本企业的产品，并通过消费者对促销活动的反馈，及时调整促销决策，使企业生产经营的产品适销对路，扩大企业的市场份额，巩固企业的市场地位，从而提高企业营销的经济效益。[①]

7.3 促销方式和促销步骤

7.3.1 促销方式

促销方式主要包括广告、人员销售、公共关系、营销推广、直复营销等。广告是指按照一定的方式，支付一定数额的费用，通过不同的媒体对产品进行广泛宣传的一种促销方式。人员销售是指企业运用营销人员直接向目标顾客进行有关产品的介绍、推广、宣传和销售，其基本要素是推销人员、推销对象和推销产品。公共关系是指社

---

① 赵轶，2014. 市场营销[M]. 2版. 北京：清华大学出版社：194-195.

会组织通过有效的管理和双向信息沟通，在公众中树立良好的形象与信誉，以赢得组织内外相关公众的理解、信任、支持与合作，为自身发展创造最佳的社会环境，从而实现组织的既定目标。营销推广（表 7-1）也称销售促进，是指企业为得到营销目标，在一定时期内快速刺激需求、鼓励消费习惯的促销手段及方法。直复营销是一种为了在任何地点产生可度量的反应或达成交易而使用一种或多种广告媒体的相互作用的市场营销体系，它是个性化需求的产物，是传播个性化产品和服务的最佳渠道。网络营销是一种有效的直复营销策略，具有可测试性、可度量性、可评价性和可控制性，这一特性可以大大改进营销决策的效率和营销执行的效用等。

表 7-1　营销推广工具

营销推广工具	目标	优点	缺点
优惠券	刺激需求	鼓励零售商支持	顾客延迟消费
特惠套装	增加试用，回击竞争对手	减少顾客风险	顾客延迟消费，降低产品感知价值
赠品	构建商誉	顾客喜爱免费或减价的产品	顾客是为了赠品，而非产品而买
竞赛	增加顾客购买，形成商业存货	鼓励消费者参与到产品中	需要创造性或逻辑性思维
抽奖	鼓励现有顾客更多购买，减少品牌转换	使得消费者使用产品和光顾商店的频率更高	抽奖活动结束后销售会骤降
样品	鼓励新产品试用	消费者风险小	企业成本高
顾客忠诚计划	鼓励重复购买	有助于创造忠诚度	企业成本高
销售点展示	增加产品试用，为其他促销提供店内支持	提供很好的产品展示	难以使零售商分配出高客流量的空间
回扣	鼓励顾客购买，阻止销售下降	在刺激需求方面较为有效	容易复制，夺走未来销量，降低产品感知价值
植入式广告	介绍新产品，演示产品用途	在非商业背景下传递正面信息	对产品的展示缺少控制

资料来源：罗杰·A. 凯琳，史蒂文·W. 哈特利，威廉·鲁迪里尔斯，2012. 市场营销[M]. 董伊人，史有春，何健，等译. 9 版. 北京：世界图书出版公司：424.

7.3.2　促销步骤

促销步骤主要包括确定促销对象、确定促销目标、设计促销信息、选择沟通渠道、确定促销的具体组合、确定促销预算等。在设计促销信息时，要重点研究促销信息内容的设计，即企业促销对目标对象所要表达的诉求是什么，并以此刺激目标对象的反应。诉求一般分为理性诉求、感性诉求和道德诉求三种方式。

7.4　促销组合

促销组合是一种基于整合营销的策略思路，主张企业运用广告、人员销售、公共关系、营销推广、直复营销五种基本促销方式组合成一个策略系统，使企业的全部促销活动互相配合、协调一致，最大限度地发挥整体效果，从而顺利实现企业目标（图 7-1）。影响促销组合的因素主要有促销目标（影响促销组合决策的首要因素）、市场特点（影响促销组合决策的重要因素）、产品性质（消费者具有不同的购买行为和购买习惯，产品性质不同，促销组合也有所差异）、产品生命周期（不同阶段需要不同的促销方式）、具体策略和其他营销因素等。

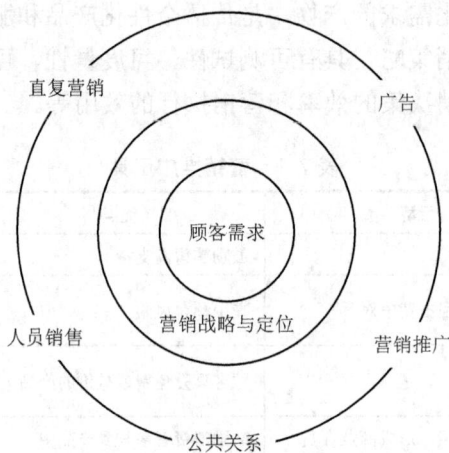

图 7-1　促销组合系统

资料来源：孟韬，2021. 市场营销：课程思政与互联网创新[M]. 2 版. 北京：中国人民大学出版社：292.

为了与消费者进行有效沟通，企业可以选择使用五种促销方式中的一种或多种。这五种组合要素各有其优缺点（表 7-2）。其中，广告、营销推广和公共关系这三种方式通常在面向潜在购买者群体时使用，因此常被认为适用于大规模销售。人员销售则刚好相反，适用于销售者和目标顾客之间的定制化互动，包括面对面交流、电话交流和在线实时交流等。直复营销为特定的顾客提供个性定制化服务。

表 7-2　促销组合要素特征

组合要素	规模化或定制化	费用	优点	缺点
广告	规模化	用于购买广告发布的时间和空间费用	有效接触大量人群	成本高
人员销售	定制化	用于支付销售人员的工资或佣金	直接反馈	需要的人员多
公共关系	规模化	不需要直接对媒体付费	通常是消费者心目中最可靠的信息来源	很难获得媒体的配合
营销推广	规模化	根据所选促销方式支付费用	有效地改变短期行为	投入大
直复营销	定制化	支付邮件、电话或计算机交流的费用	可以迅速准备信息	易引发消费者反感

资料来源：罗杰·A. 凯琳，史蒂文·W. 哈特利，威廉·鲁迪里尔斯，2012. 市场营销[M]. 董伊人，史有春，何健，等译. 9 版. 北京：世界图书出版公司：390.

7.5 促销策略

促销策略是指企业如何通过广告、人员销售、公共关系、营销推广、直复营销等促销方式，向消费者或用户传递产品信息，引起他们的注意和兴趣，激发他们的购买欲望和购买行为，以达到扩大销售的目的。促销策略是市场营销组合的基本策略之一。根据促销手段的出发点与作用的不同，促销策略分为推式策略、拉式策略两种。

7.5.1 推式策略

推式策略即以直接方式，运用人员推销手段，把产品推向销售渠道。作用过程为：先由企业的推销员把产品或服务推荐给批发商，再由批发商推荐给零售商，最后由零售商推荐给最终消费者（图 7-2）。该策略适用于以下几种情况：企业经营规模小，或无足够资金用以执行完善的广告计划；市场较集中，分销渠道短，销售队伍大；产品具有很高的单位价值；产品的使用、维修、保养方法需要进行示范。

图 7-2 推式促销策略

资料来源：加里·阿姆斯特朗，菲利普·科特勒，2021. 市场营销学[M]. 赵占波，孙鲁平，赵江波，等译. 13 版. 北京：机械工业出版社：324.

7.5.2 拉式策略

拉式策略即采取间接方式，通过广告和公共宣传等措施吸引最终消费者，使消费者对企业的产品或服务产生兴趣，从而激发需求，主动购买商品。作用过程为：企业将消费者引向零售商，将零售商引向批发商，将批发商引向生产商（图 7-3）。这种策略通常适用于以下几种情况：市场广大，产品多属便利品；商品信息必须以最快的速度告知广大消费者；消费者对产品的初始需求已呈现出有利的趋势，市场需求日渐上升；产品具有独特性能，与其他产品的区别明显；产品能引起消费者的某种特殊情感；

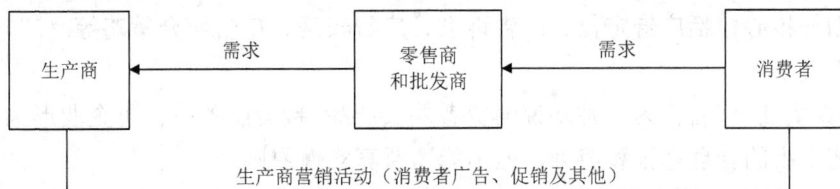

图 7-3 拉式促销策略

资料来源：加里·阿姆斯特朗，菲利普·科特勒，2021. 市场营销学[M]. 赵占波，孙鲁平，赵江波，等译. 13 版. 北京：机械工业出版社：324.

企业有充足资金用于广告推广。[①]

另外，促销组合中的广告、人员销售、公共关系、营销推广、直复营销等促销方式，在产品生命周期的不同阶段发挥的作用是不同的，对于不同类型产品（消费品、工业品）使用上述促销方式，它们各自发挥的成效是有差异的（图7-4），因此需要进行促销方式的组合与精准匹配。

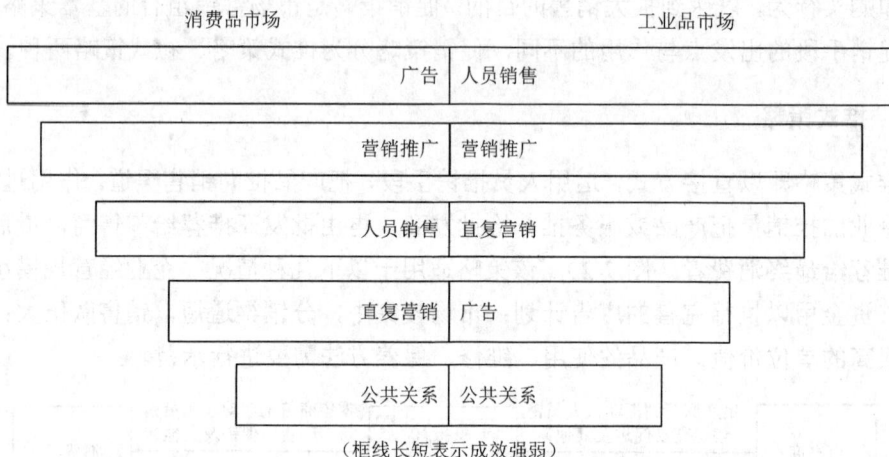

消费品市场	工业品市场
广告	人员销售
营销推广	营销推广
人员销售	直复营销
直复营销	广告
公共关系	公共关系

（框线长短表示成效强弱）

图 7-4　促销方式在消费品和工业品市场的成效差异

资料来源：孟韬，2021. 市场营销：课程思政与互联网创新[M]. 2 版. 北京：中国人民大学出版社：296.

7.6　广　告　策　略[②]

在市场营销中，广告作为促销方式是一门综合性商业艺术。虽然广告并不一定能使产品成为名牌，但如果没有广告，产品肯定不会成为名牌。成功的广告策略可以使企业和产品广泛传播、知名度提升。这些需要广告策划和广告决策作为支撑。

7.6.1　广告策划

广告策划是在广告调查的基础上围绕市场目标的实现，制定系统的广告策略、创意表现与实施方案的过程。广告策划不是具体的广告业务，而是广告决策的形成过程。广告策划的核心包括广告定位、广告诉求、广告表现、广告媒介策略等。广告策划有如下基本要求。

① 真实性。广告作为一种劝说消费者购买产品、接受服务或认可企业形象的宣传，允许做艺术上的合理夸张和渲染，但不能违背真实性原则。

② 新颖性。主要表现在新的广告语创意、新的个性品质以及富有想象力。

---

① 刘会福，房照，杨嘉伟，2016. 现代市场营销理论与实务[M]. 北京：北京交通大学出版社：214-216.
② 李昆益，吴烽，2020. 创业营销策划实务[M]. 北京：中国人民大学出版社：215-224.

③ 遵循法律和伦理道德。广告策划要在合乎法律规范、不能违背公序良俗和价值观念的前提下进行。

④ 注重组合运用。即注重广告与产品之间的协调，广告媒体之间的有效配合，广告内容与表现形式的统一，广告与外部环境的协同，广告与诉求对象的匹配。

⑤ 符合消费者心理规律。消费者接受广告并消费一般要经历引起注意、激发兴趣、刺激欲望、加强记忆、诱发购买五个阶段，因此策划广告时要遵循这一规律。

⑥ 讲求效益。策划者应严格核算，在不同方案中选择成本低、效果好、效益大的方案。

7.6.2　广告决策

在围绕某一营销目标进行策划时，需要对下述五个问题进行决策，即广告的 5M 决策（图 7-5）。

① 任务（mission），广告的目标是什么？

② 资金（money），要投入多少费用？

③ 信息（message），要传达什么信息？

④ 媒体（media），选择什么样的媒体？

⑤ 测评（measurement），如何评价广告效果？

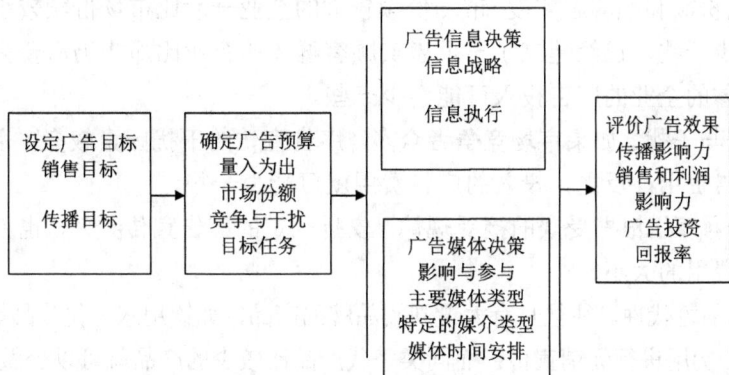

图 7-5　广告的 5M 决策方式

资料来源：加里·阿姆斯特朗，菲利普·科特勒，2021. 市场营销学[M]. 赵占波，孙鲁平，赵江波，等译. 13 版. 北京：机械工业出版社：324. 有改动。

1. 设定广告目标

（1）销售增长目标

该目标一般注重于对消费者购买欲望的刺激，适用于在市场上已具备一定影响和销路的商品，通过销售额、销售量等指标来衡量。

（2）市场拓展目标

该目标一般注重在新的消费群体中加强商品或品牌的知晓度及偏好度；旨在拓展

新的市场，期望通过一段时期的广告活动，使一批新的消费者加入产品消费的行列。

（3）产品推广目标

该目标一般注重对消费者消费观念的改变及品牌知名度的提升，重视广告的覆盖面和目标受众对广告的接触率；旨在扩大产品的认知度或知晓度，期望通过一个阶段的广告活动，使企业的某一种产品或品牌被目标市场的消费者了解和接受。

（4）企业形象目标

该目标不单纯追求短期内商品销售量的增长，而注重同目标受众之间的信息和情感沟通，追求他们对本企业的文化理念及视觉形象的认同；旨在扩大企业在社会上的影响，期望通过一段时期的广告活动，使企业整体的知名度和美誉度得到提升。广告目标的主要内容包括时间跨度、地域范围、目标受众、效果描述、数量指标等。

2. 确定广告预算

（1）考虑因素

确定广告预算需要考虑以下五个因素。

① 产品生命周期的阶段。导入期的新产品一般要投入大量的广告费用，以扩大产品的影响力。对已建立了较高的品牌知名度的产品，或已处在成长期的产品的广告投入就可少一些。

② 市场份额和顾客忠实度。市场份额较大的企业一般比市场份额较小的企业的广告投入可能少一些，已经建立了一批忠实顾客群体的企业比那些仍需要去建立自己的忠实顾客群体的企业的广告投入可能会少一些。

③ 竞争与干扰。如果市场竞争者众多，广告宣传的干扰因素较多，企业就需要投入较多的广告费用；反之，投入的广告费用就可能少一些。

④ 广告频率。根据受众的接受规律，安排一定的广告宣传频率，也就决定了所需投入的广告费用的大小。

⑤ 产品的替代性。往往具有大量同类品牌的产品，如饮用水、化妆品等，就需要投入大量的广告费用进行促销宣传；而同类替代产品比较少的产品就可以少做一些广告。

（2）预算方法

广告费用预算方法包括定率提取法、贡献提取法、目标达成法、竞争比照法和边际效益法。定率提取法是指企业依据产值、销售额或利润的适当比率提取广告费。贡献提取法是指企业的广告费用只能在超出企业预期利润的收入中提取。该方法比较保守，考虑的只是企业的当前利益，而不是长远利益。目标达成法是指企业根据某一广告活动的实际需要进行费用预算。竞争比照法是指企业根据其主要竞争对手的广告费用支出水平来确定自己相应的广告费用。一般来讲，企业应尽可能保持同竞争对手差不多的广告费用水平。边际效益法是指企业广告费用支出的最佳水平为最后一笔广告费用的增加所带来的经济收益与之相等，即边际支出等于边际收益时，支出是最合理的。

3. 广告信息决策

广告信息决策即选择与设计。

（1）信息选择

在进行广告宣传之前，企业要对所要传播的信息进行认真的选择，从各种能反映产品或服务优势的要素中，挑选出一两种对顾客最有吸引力、对竞争对手最有竞争力的要素，将其作为进行传播的主要内容。

（2）广告设计

广告设计包括主题设计、文稿设计、图画设计以及技术设计等。广告主题必须明确，以广告的诉求为取向；应唯一、突出，尽管一个企业或产品的不同广告作品可以拥有多个主题，但每一则广告的主题只能是唯一的，传递最主要、最富特色或优势的信息；广告主题应包含目的、好处、承诺三个基本要素，其设计应围绕一定的目的展开，给消费者带来什么利益以及承诺。广告文稿一般由三方面的要素构成，即广告标题、广告口号和广告正文。广告标题引起受众的注意，概括引导和提示广告内容，同时有美化版面（视觉）的作用；广告口号又称广告语，是反映商品基本特征或企业形象的一种相对固定的宣传语句，好的广告口号不仅能够传递信息，而且会因脍炙人口而广为流传，成为企业或产品的特定标志；广告正文是广告的主体部分，一般包括开头、主体，结尾三个部分，在广告正文内容表现手法上，有硬广告（有强制性、被动接受的特点）和软广告（有藏而不露的特点）之分。

4. 广告媒体决策

广告媒体决策即选择媒体，主要包括印刷媒体（纸媒）、电子媒体（电视、广播、电影等）、户外媒体（广告牌、霓虹灯、灯箱等）、直复媒体（邮递广告或电话、电视直销广告等）、售点媒体（在销售现场及其周围用以广告宣传的设施和布置，包括商店的门面、橱窗、商品陈列及店内外的海报等）、包装媒体（广告传播效应的包装纸、包装盒、包装袋等）、交通媒体（利用车、船、地铁等交通设施进行宣传和传播）、互联网媒体（依托网站、网页、互联网应用程序等互联网媒介，以文字、图片、音频、视频或其他形式，直接或者间接地推销商品或服务的媒介工具，如微博、微信公众号、综合门户网站、视频网站、短视频平台、直播平台等）。短视频是当下最火的一种媒介形式，尤其是以抖音、快手为代表的短视频平台的火热程度已经超乎想象。国内主要的直播平台包括秀场直播（优酷的来疯、网易的 BoBo、爱奇艺的奇秀等）、游戏直播（斗鱼 TV、虎牙 TV、战旗 TV 等）、移动直播（花椒、映客等）、体育直播（直播吧、章鱼 TV 等）、活动直播（优酷、B 站等）。

选择广告媒体要考虑的因素包括产品的性质、目标受众的接受习惯与接受能力、广告信息的时效性、媒体的覆盖范围与特点、广告费用的承受能力等。

5. 评价广告效果

广告效果评价包括三个方面。

（1）广告传播效果评价

对广告传播效果的评价也称为对广告本身效果的评价，包括接收率、注意率、阅读（浏览）率、认知率等方式。

（2）广告促销效果评价

对广告促销效果的评价也称为对广告经济效果的评价，包括销售增长率、广告增销率、广告占销率、单位广告费收益等方式。

（3）广告形象效果评价

对广告形象效果的评价也称为对广告心理效果的评价，包括总体形象评价和具体形象评价。总体形象评价以知名度、美誉度、品牌忠实度等指标衡量，具体形象评价以企业的产品、售后服务、效率、创新以及便利性等指标衡量。另外，不同类型的竞争市场可用的广告策略是不同的，以期达到的成效（程度）也不同，对应的评价也应该有所差别，如表 7-3 所示。

表 7-3　不同类型竞争市场可用的广告策略

项目	竞争市场类型			
	完全竞争市场	垄断竞争市场	寡头竞争市场	完全垄断市场
可用策略	大量卖家出售相同日用产品，共同遵循市场价格	卖家较多，在非价格因素上展开竞争	卖家较少，对彼此的价格十分敏感	只有一个卖家，为其独特的产品制定价格
广告程度	很少，旨在通知潜在购买者，卖家有货供出售	很多，旨在区分企业产品与竞争产品	一些，旨在告知，但要避免价格竞争	很少，旨在提高对该产品门类的需求

7.7　公 共 关 系[①]

公共关系是评估公众态度，使组织的政策和程序与公众的利益相符合，并采取一系列的行动（或传播活动）以获得公众理解和接受的管理职能。公共关系本质上是一种管理职能。公共关系包含以下几个方面：公众态度的判断与评估；符合公众利益的组织政策和程序的制定；传播活动的推出和实施，从而获得公众的理解和接受。这个过程并不是立刻就能全部完成的，一个有效的公共关系项目要持续几个月甚至几年。公共关系不仅仅涉及产品或服务的销售活动。公共关系活动涵盖了许多促销活动要素，但使用方法可能不尽相同。例如，企业可以通过发新闻稿来告知新产品的发布或者组织的变动，可以组织一些特别的活动以在社区中树立良好的声誉，也可以利用广告表明自己在一些有争议的事件中的立场。

---

① 乔治·贝尔奇，迈克尔·贝尔奇，2019. 广告与促销：整合营销传播视角[M]. 郑苏晖，等译. 11 版. 北京：中国人民大学出版社：462-472.

7.7.1　公共关系的作用

越来越多营销导向的企业为公共关系赋予了新的内涵。在这个新的职能中，公共关系获得了更宽广（更具有营销导向）的视野，它为组织自身及其产品或服务进行宣传推广。企业和组织使用公共关系的方式被看作一个连续统一体。在这个连续统一体的一端是从传统的视角来使用公共关系。在这个视角下，公共关系被看作一种非营销职能，主要作用是维护组织与公众之间相互的利益关系。在另一端，公共关系被认为主要承担一部分营销传播职能。公共关系是整合营销传播过程中重要的一部分，拥有自己独特的方式，但在某种程度上与营销目标保持一致。

公共关系活动从多个方面帮助实现营销目标，包括提高注意力、告知和教育、获得理解、建立信任，以及向消费者提供购买理由、激发消费者认同等。公共关系通过以下途径为整合营销活动提升价值：在媒体广告中断或新产品上市之前激发市场的购买兴趣；提高投资收益；在没有产品新闻的时候制造广告消息，广告本身就能成为公共宣传的焦点；用少量的广告或者不用广告宣传产品，这个战略已经被许多公司成功使用，如特斯拉；提供具有附加价值的客户服务；加强品牌与消费者之间的联系；影响那些有影响力的人，即向意见领袖提供信息；避免产品竞争风险，向消费者提供购买的理由；处理或化解危机事件等重大事项。

公共关系是一种具有成本效益的接触市场的方法，也是一种目标明确的操作方法。优势是可以从与产品无关的独立客观的第三方的背书中获益、能获得信任、能通过增加信息的可信度来支持广告活动、能冲破干扰、能用销售努力冲破消费者的抵制心理、能在消费者中提高媒体涉入度、能对意见领袖和潮流的引领者产生影响、能提高投资收益。劣势是缺乏对媒体的控制、难以与口号和其他广告手段结合起来、媒体的时间和版面（载体）得不到保证、没有标准的效果评估措施。

7.7.2　公共关系实施过程

在实际操作过程中，管理公共关系并将它整合到促销组合中涉及一系列的工作，包括传统的工作和营销导向的工作。

1. 确定并评估公众态度

公共关系主要关心的是公众对企业或者一个特殊事件的态度，而不是人们对产品或服务的态度。为什么企业对公众的态度那么关心？原因之一就是这些态度将影响到企业产品的销售。许多企业经历过由于公众的抵制而导致销量下降的情况。沃尔玛、雀巢、诺基亚等少数企业对这样的有组织的施压做出过反应。同样，媒体也必须关注公众的态度。此外，企业通过做正确的事情可以从消费者那里获得良好的印象和积极的态度。第二个原因是没有企业愿意被认为是一个不合格的企业。企业存在于社会中，企业的员工也工作和生活在其中。负面态度将影响到员工的士气，并可能导致不太理想的内部或社区工作环境。由于对公众看法的关注，许多私营企业、上市公司、公用事业单位和媒体对公众态度进行了调查。进行这项研究的原因有很多，包括对策划过程提供信息输入、担当早期预警系统的角色、保证内部的支持、改善传播效果等。

2. 制订公共关系计划

公共关系是一个持续的过程，需要把计划整合到整体的营销传播方案中。确定公共关系计划是否可行，要考虑以下一些问题。

① 计划是否建立在对公司经营态势的全面理解的基础之上？

② 计划是否充分地利用了市场调查和其他的背景资料？

③ 制订计划时是否对近期的评论性报道进行了全面的分析？

④ 公共关系人员是否全面了解产品的优势和劣势？

⑤ 计划是否从调查中得出了令人信服的相关结论？

⑥ 活动目标是否具体明确？

⑦ 计划是否清楚地描述了将进行哪些公关活动及将给企业带来哪些利益？

⑧ 计划是否说明了活动效果的评估标准？

⑨ 市场研究、目标受众、活动和评估是否紧密地联系在一起？

⑩ 在制订计划的过程中，公共关系部门是否与营销部门保持有效沟通？

3. 实施公共关系活动

由于企业希望公共关系发挥更广泛的作用，公共关系活动有时候需要超越营销的范畴。它可能需要对目标市场进行更加广泛的定义，增加传播目标，制定不同的传播信息并使用不同的传播系统。该过程如下。

（1）确定相关公众

相关公众包括内部公众和外部公众。内部公众包括企业的员工、股东、投资者，以及当地社区的成员、供应商和现有的客户。外部公众是指那些与企业没有密切联系的人，如普通民众。那些与企业并没有直接关系的人或组织，如新闻媒体、教育工作者、民间组织、商业团体、政府以及金融机构等也都可以称为外部公众。

（2）实施活动

在完成调研工作、确定目标受众之后，企业就应当策划公共关系活动并将信息传递给接收者。企业可以采用的公关方式很多，包括新闻稿、新闻发布会、独家报道、采访、社区参与、互联网、社交网站和博客等。

（3）公共关系效果的测量

测量方法包括媒体内容分析法、调查研究法、营销组合模型法。测量的好处包括可以向企业管理层汇报公共关系活动所取得的成果、向企业管理层提供一种测量公共关系成果的定量方法、为企业管理层提供一种评估公共关系成果和活动质量的方法。测量要实现的目标包括：验证努力的结果；将结果与进一步实现组织目标的业务产出联系起来；对那些资助公关活动的人提供令人信服的影响效果；设定更有效的目标，制定更好的策略，采用更引人注目的策略和参与战术；进行中途调整和更正；根据变化的目标、新的竞争者和新兴的最佳实践，定期调整测量方法。

思考与作业

1. 促销策略的影响因素有哪些？
2. 促销组合如何匹配使用？

第8章 渠道策略：传递价值

渠道策略是企业营销策略的重要组成部分。企业运用价值链理论、交易成本理论、组织行为理论等，对渠道系统进行全面的战略设计与调整，使传统的渠道管理进一步适应现代营销的需要。渠道策略集中于如何将产品和服务传递给顾客。渠道价值创造需要价值传递的有效支持。市场营销越来越从价值网络即从"链"（价值链、产业链、利益链、供应链）的观点审视商业运营。价值网络是企业建立的，主要用于收集资源、创造价值及传递产品的合作伙伴联盟系统。企业不仅要关注供应商、分销商和顾客，而且要考察从原材料、零部件到产成品的整个供应链及渠道策略匹配问题。在渠道为王、关系成链的趋势下，企业必须建立和管理一个不断进化且日益复杂的渠道系统和价值网络。[①] 企业利用供应链和营销渠道为顾客创造价值并建立有利可图的顾客关系。企业成功与否不仅取决于运营，还取决于其所在的整个营销渠道系统以及竞争对手的营销渠道在市场竞争中的表现。大多数生产商通过中间商将产品推向市场，很少直接向终端顾客销售。企业致力于打造一个营销渠道。企业渠道决策直接影响企业营销决策；定价决策取决于企业是通过折扣店、高品质的专卖店还是通过互联网将产品销售给消费者；推销和传播沟通决策取决于渠道伙伴需要多少说服力、培训、激励及支持。企业是否开发或者收购新产品，一定程度上取决于这种产品与企业的渠道伙伴的能力匹配程度，企业需要以创造性的渠道系统的构建与管理赢得持久竞争优势。因此，企业要精心设计渠道，既要做好顾客关系管理，也要着眼未来，优化渠道合作者的管理。[②]

8.1　渠　道　概　念

渠道，即分销渠道或营销渠道或配销通路，一般是指产品或服务从生产者流向消费者所经过的整个通道，包括制造商、批发商、零售商及其他辅助机构。渠道参与者可以分为以下两大类：成员参与者（营销渠道关联组织）和非成员参与者（服务代理机构）。[③]

---

① 钟旭东，2019. 市场营销学：现代的观点[M]. 2版. 上海：格致出版社：283.

② 菲利普·科特勒，加里·阿姆斯特朗，洪瑞云，等，2022. 市场营销原理：亚洲版[M]. 赵占波，姚凯，译. 4版. 北京：机械工业出版社：261.

③ 伯特·罗森布洛姆，2014. 营销渠道：管理的视野[M]. 宋华，等译. 8版. 北京：中国人民大学出版社：27.

实践中，营销渠道的概念较为混乱，它被认为是一种将商品从生产者转移到消费者或其他最终用户的路径，或被认为是商品通过各种代理环节的过程；也被认为是一种商业企业之间为共同实现某种交易目的而形成的一种松散的联盟。这些主要是源于不同角度的观察。例如，生产商可能更加关注将商品传递到消费者手中的各种中间商，它就有可能将营销渠道定义为商品在这些中间商之间的流通过程；批发商或零售商这样的中间商，它们希望从生产商那里获得稳定的商品库存并承担相应的风险，因此，它们可能将营销渠道看成商品的流动；消费者可能将营销渠道视为处于他们和产品生产商之间的众多"媒介人"；研究者将营销渠道看成在经济系统中运行的事物，因此，他们可能会从组织和效率的角度来描述营销渠道。从上面不同的观察视角可以看出，营销渠道不可能存在独一无二的定义。伯特·罗森布洛姆（Bert Rosenbloom）在《营销渠道：管理的视野》一书中从管理决策的角度，特别是从生产和制造厂商的营销管理角度界定了营销渠道，认为营销渠道是营销管理中的一项重要的决策。伯特·罗森布洛姆将营销渠道定义为，为实现分销目标而受管理调控的外部关联组织。在这个定义中，有四个方面需要注意：外部（external）、关联组织（contractual organization）、调控（operates）和分销目标（distribution objectives）。外部指的是营销渠道存在于企业外部，它并不是企业内部组织结构的组成部分。因此，营销渠道的管理涉及组织间的一个以上的企业管理，而不是组织内部的管理（管理一个企业）。关联组织指的是当商品从生产者向最终用户移动时涉及谈判职能的企业或团体。谈判职能包括购买、销售和商品或服务的让渡。实际上，在与履行谈判职能的企业进行交往中所出现的渠道管理问题，与不履行这种职能的代理机构进行交往时所碰到的问题是有差异的。调控表明在渠道中存在着管理，涵盖从最初渠道组织的确定到日常渠道管理的整个过程。当管理调控外部关联组织时，要确保不能让这些组织简单地自我运转，但是这并不意味着管理就是要全面、严格地控制渠道。在多数情况下，这种控制往往是不可能的，或者说通过渠道调控就可以避免无意识的渠道控制。分销目标表明，管理是为了达到一定的分销目标，营销渠道是为了实现这个目标而存在的，它的组织和管理是为实现企业分销目标而服务的。当这种目标改变时，外部关联组织的形式和管理方式都会有所变化。渠道管理者（channel manager）通常是一个企业或组织中从事营销渠道决策的人员。但很少有企业或组织会设置一个可以称之为渠道管理者的专门职位，除非规模特别大的平台型企业。①

营销渠道和分销渠道（distribution channel）是有一定区别的。营销渠道是指配合生产、分销和消费某制造商（厂商）的产品和服务的所有企业和个人，它包括产、供、销全过程中的参与者，如供应商、制造商、经销商、代理商、消费者。分销渠道是指某种产品和服务从制造商向消费者转移的过程中，取得这种产品和服务的所有权或帮助所有权转移的所有企业和个人。因此，它不包括供应商，而是由制造商、经销商、

---

① 伯特·罗森布洛姆，2014. 营销渠道：管理的视野[M]. 宋华，等译. 8 版. 北京：中国人民大学出版社：8.

代理商、消费者组成。综上，二者涉及的范围不同，分销渠道是营销渠道的重要组成部分，仅指销售渠道；而营销渠道既包括分销渠道，也包括采购渠道。二者的起点也不同，营销渠道始于供应商，而分销渠道始于制造商。不过，上述两个概念的区分主要存在于理论层面，在实际应用中两个概念往往是不加区分、交替使用的。分销渠道的功能主要包括所有权转移（最本质的功能就是完成产品从生产者到消费者的所有权转移）、沟通信息、促进销售、合作共赢、资金融通、实体传递和风险共担等。分销渠道实现的"流程"主要有实体流、所有权流、促销流、谈判流、融资流、风险流、订货流和付款流等，这些环节主要靠分销渠道策略（distribution strategy）进行有效落实。实体流是指产品实体在渠道中的空间移动，即从制造商的手中到达最终用户手中的运输和储存活动。所有权流是指商品的所有权从渠道的一个成员转移到另一个成员手中的过程，表明了流通时所有权关系的变更。促销流是指渠道成员促进销售的行为。谈判流是指渠道成员之间就双方交易的商品价格、付款的方式、交货的地点和时间等问题进行洽谈。融资流是指渠道成员之间的资金互相融通的活动（互惠购买）。风险流是指渠道成员在流通过程中，有可能遇到像产品积压、过时、报废、丢失、耗损、返修率高、合同违约、市场变化、自然灾害等不可预测的损失问题，这些风险都会在成员之间互相转移，每个成员都可能要承担流通的风险。订货流是指渠道成员向供应商订购商品的活动。付款流是指渠道成员向供应商购买商品所支付货款，或者支付为实现购销活动发生的服务费引起的资金流动。

企业为了使产品进入目标市场所选择的路径，关系到企业在什么地点、什么时间、由什么组织向消费者提供商品和服务，目的是把商品推向既定的目标市场。渠道典型模式有消费品渠道结构典型模式、B2B（business-to-business，企业对企业）市场渠道结构典型模式（图 8-1）等。当前，许多企业已经与特定的供应商和分销商进行伙伴式合作，创造一个卓越的价值传递网络，这个网络又称供应链。

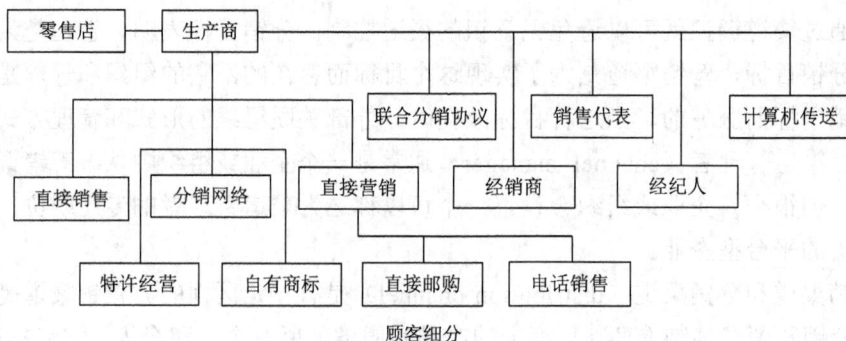

图 8-1 B2B 市场渠道结构典型模式

资料来源：伯特·罗森布洛姆，2014. 营销渠道：管理的视野[M]. 宋华，等译. 8 版. 北京：中国人民大学出版社：20.

8.2　渠道作用

　　企业（营销人员）通过三种营销渠道与目标市场接触，即传播渠道、分销渠道和服务渠道。传播渠道（communication channel）发布和接收来自目标客户的信息，包括报纸、杂志、广播、电视、邮件、电话、智能手机、广告牌、传单和网络。除了这些，企业还通过其零售店和网站以及其他媒体的形象来进行传播，在广告等独白渠道的基础之上再增加对话渠道，如电子邮件、博客、短信和网页链接等。分销渠道帮助展示、出售或者传递产品和服务至买家或者用户。分销渠道可以是直接渠道，如网络、邮件、移动电话或者座机；也可以是间接渠道，如经销商、批发商、零售商和中间商机构。为了与潜在顾客达成交易，营销人员也需要用到服务渠道（service channel），包括仓储、运输公司、银行和保险公司。营销人员确实面临着为产品规划一个传播渠道、分销渠道和服务渠道的最佳组合的挑战。①

8.2.1　实现有效销售

　　企业营销目的是满足消费者的需求，实现利润目标。能否实现这一目标不仅取决于企业能否生产出适销对路的产品，更取决于这些产品能否及时地销售出去。只有选择合理、适当的分销渠道，才能及时、有效地把产品传送到消费者手中。

8.2.2　节省销售费用

　　许多生产企业实际上缺乏直接将产品卖给最终消费者的人力、物力和财力，特别是一些小规模的企业。即使是大企业，通常也会因为其顾客分布太广、购买太分散而不得不选择中间商作为渠道成员帮助分销，从而节省市场末端网络建设费用。

8.2.3　提升销售优势

　　许多渠道成员具备销售专业技能，拥有生产商所不具备的优势。例如，中间商渠道成员，无论是批发商还是零售商，它们都有广泛的顾客和客户关系，都有丰富的市场知识和接近客户的地理位置，还拥有交易场地和仓储空间，生产企业与中间商结成密切的渠道伙伴关系，可以综合利用中间商的优势为自己服务，使企业产品更贴近市场。

8.2.4　获取分销利益

　　生产商希望其产品更快、更好地通过销售渠道到达最终消费者手中，而能够帮助生产商实现这个目标的只有中间商。中间商的营销网络可以使生产商的产品在广泛的

---

① 菲利普·科特勒，凯文·莱恩·凯勒，2016. 营销管理[M]. 何佳讯，等译. 15 版. 上海：格致出版社：10.

市场上铺开，使生产商得到大规模分销的经济利益。所以，企业市场的开拓，其实质就是渠道成员之间的网络构建（分布呈现网络形态）。为此，许多生产商把渠道成员之间的网络通道视为企业的重要无形资产。

8.2.5 增强产品能力

分销渠道的选择直接影响到商品的销售成本，从而影响到产品的价格、产品的竞争力。企业只有选择合理的分销渠道，配置好中间商，保证产品及时销售，才能加快资金周转，提高使用效益，降低产品销售成本，从而增强产品的市场竞争能力。

8.2.6 促进销售成功

促销是一项重要的营销活动，是影响和吸引消费者购买的策略手段。选择熟悉市场需求、熟悉产品性能、具有丰富促销经验的中间商，有利于企业促销活动的开展，有利于产品的成功销售。[①]

8.3 渠道类型

8.3.1 直接分销渠道和间接分销渠道

1. 直接分销渠道

直接分销渠道（direct distribution channel）是由制造商直接将产品销售给消费者的渠道形式。直接分销渠道的具体方式包括人员推销、网络直销及企业自设机构销售等。工业用品的销售多采用直接分销渠道，随着互联网等数字化技术的完善及第三方物流的快速发展，越来越多的消费品企业采用直接分销渠道。

直接分销渠道的优点是：有利于产需双方沟通信息，特别是制造商能及时、具体、全面地了解消费者需求和市场的变化情况，有助于其及时调整生产经营策略；可以缩短商品流通时间，减少流通费用，提高经济效益；直接分销渠道短，费用低，可以降低产品的最终价格，提高产品的市场竞争力；可以在销售过程中直接进行促销。

直接分销渠道的缺点是：在产品和目标顾客方面，如果企业产品的目标客户数量多、分布广，由于人力、物力等原因，则企业很难将产品直接、快速地送到消费者手中，而且其销售费用和风险也会很大；在商业协作伙伴方面，企业凭借自身的力量，难以发挥渠道的全部功能，使渠道实现高效率、低成本且提供完善的服务，企业必须借助各方面的力量，发挥不同企业的不同优势，通力合作，共同为消费者服务，实现各方利益；在制造商之间，如果每个企业都自己建立渠道来销售商品，则必然造成社会资源的极

---

① 周亚蓉，陶廷雪. 2015. 现代营销实务与创新[M]. 2版. 北京：北京交通大学出版社：145-148.

大浪费。

2．间接分销渠道

间接分销渠道（indirect distribution channel）是指借助中间商实现销售目标的渠道形式，多数企业采用间接分销渠道。

间接分销渠道的优点是：有助于产品广泛分销，提高市场覆盖面，由于借助大量的外部渠道成员，企业可以更快速、更广泛、更深入地销售产品；充分借助外部力量，可以缓解企业自身人、财、物等力量的不足，并能降低企业分销的风险；可以开展更广泛、更有效、更直接的促销活动；可以更好地开展企业之间的专业化协作，更广泛地利用社会资源，进一步扩大产品销售。

间接分销渠道的缺点是：可能形成"需求滞后差"，这是因为渠道越长，信息沟通速度越慢，消费者的意见和建议反馈到企业的时间就越长，导致企业不能迅速依据消费者需求调整市场营销策略；渠道的中间层级越多，涉及的渠道成员就越多，这会增加商品流通时间和分销费用，从而加重消费者的负担，导致消费者的抵触情绪增大；采用间接分销渠道，企业无法直接与消费者沟通，不便于直接交流信息并及时获取第一手资料。

8.3.2　长渠道和短渠道

在产品从制造商向消费者转移的过程中，任何一个推动产品及其所有权向最终消费者转移的机构都构成一个渠道层次，层次的数量即渠道的长度。中介机构层次的数量是衡量渠道长度的一个指标。

制造商和最终消费者都承担了某些渠道工作，分别是渠道的起点和终点，因此也成为渠道的组成部分。消费品渠道结构典型模式如图 8-2 所示。分销渠道的结构（长度）层如下。

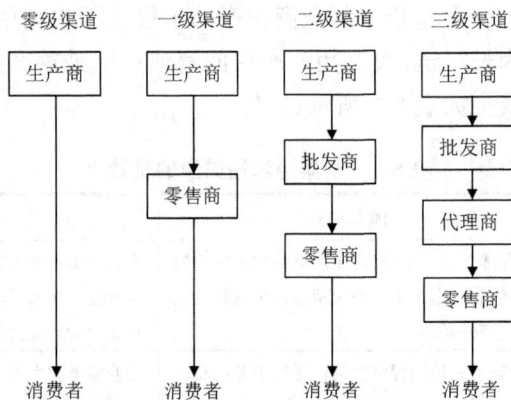

图 8-2　消费品渠道结构典型模式

资料来源：伯特·罗森布洛姆，2014. 营销渠道：管理的视野[M]. 宋华，等译. 8 版. 北京：中国人民大学出版社：18.

1. 零级渠道

零级渠道也称直接分销渠道，是由制造商直接销售给消费者的渠道形式。这种形式主要应用于产业市场，因为许多产业市场的产品往往需要按照用户的特殊要求设计，并需要安装、调试、培训、维护等，而且产业用户的数量相对较少，购买数量大，适合采用直接销售方式。此外，也有一些消费品企业采用零级销售渠道，主要方式有上门推销、邮购、网络直销和制造商自设商店等，如有的化妆品企业就采用零级渠道。

2. 一级渠道

一级渠道是指一个渠道系统中只包括一个销售中介机构的渠道形式。在消费品市场上，销售中介机构通常是零售商；在工业品市场上，销售中介机构通常是销售代理或经销商。例如，大型连锁超市要求制造商直接把商品销售给它，再由它直接转售给最终消费者，不允许有其他中间环节，所以，通过大型超市进行销售的渠道就是一级渠道。

3. 二级渠道

二级渠道是指一个渠道系统中包括两个销售中介机构的渠道形式。根据产品属性不同，在消费品市场上，销售中介机构可能是批发商和零售商；在产业市场上，销售中介机构可能是工业分销商和经销商。

4. 三级渠道

三级渠道是指一个渠道系统中包括三个销售中介机构的渠道形式。在批发商与零售商之间还有专业经销商、代理商和专业批发商等为小型零售商服务，小型零售商并不是大型批发商的服务对象。这种渠道可以使商品辐射到更广的消费群体。

渠道的层级越多，长度越长。制造商在产品销售过程中利用两个或两个以上的中间商分销商品的渠道为长渠道，仅利用一个中间商或自己销售产品的渠道则为短渠道。长渠道和短渠道的优缺点如表 8-1 所示。

表 8-1　长渠道和短渠道的优缺点

渠道长度类型	优点	缺点
长渠道	市场覆盖面广，企业可将中间商的优势转化为自己的优势；适用于一般消费品，可减轻企业费用等带来的压力	企业对渠道的控制程度低，增加了服务水平的差异性，加大了与中间商进行协调的工作量，不适合管理能力较差的企业
短渠道	企业对渠道的控制程度较高；适用于专用品、时尚品及顾客密度较大的市场区域	企业要承担大部分或全部渠道功能，市场覆盖面较窄，适合拥有足够的资源的企业

8.3.3　宽渠道和窄渠道

渠道宽度（channel width）是指渠道的每个层级使用同种类型中间商数量的多少。每个层级使用的中间商数量越多则宽度越宽，否则就越窄。渠道的宽度与企业的渠道策略、中间商的数量密切相关，主要有以下三种类型。

1. 独家分销

独家分销（exclusive distribution）是指制造商在一个地区只选择一个中间商来销售其产品。双方签订独家代理合同，有利于调动经销商的积极性。

2. 密集分销

密集分销（intensive distribution）也称广泛型分销，是指制造商尽可能通过负责任的、合适的批发商、零售商来推销其产品。消费品中的便利品和产业用品中的供应品常采用这种方法来销售，以使消费者能够随时随地买到。

3. 选择分销

选择分销（selective distribution）是指制造商在某一地区精心选择少量的、最合适的中间商来推销其产品。它最适用于消费品中的选购品和特殊品。

宽度不同的分销渠道的优缺点如表 8-2 所示。

表 8-2　宽度不同的分销渠道的优缺点

渠道宽度类型	优点	缺点
独家分销	市场竞争程度低；企业与经销商的关系较为密切；适宜专用产品分销	因缺乏竞争，顾客的满意度可能会受到影响；经销商对企业的反控力较强
密集分销	市场覆盖率高；比较适宜日用消费品分销	市场竞争激烈，可能导致市场混乱无序；渠道管理成本较高
选择分销	介于独家分销与密集分销之间	介于独家分销与密集分销之间

8.3.4　单一渠道和多渠道

当企业只采用一种渠道结构时，选择的是单一渠道策略；当企业采用两种或两种以上的渠道结构时，选择的是多渠道策略。

采用单一渠道策略还是多渠道策略，是企业渠道战略中非常重要的环节。两种策略各有优势。单一渠道费用低，管理便利；多渠道可以使企业的产品分布更为广泛和深入，但费用相对较高，管理难度也相对较大，容易发生渠道冲突。[①]

---

① 梁文玲，2019．市场营销学[M]．3 版．北京：中国人民大学出版社：251-254．

8.4　渠道系统

分销渠道并不只是由各种"流"连接的各种企业的简单组合，而是复杂的行为系统，在这个系统中，个人与企业进行互动，以实现个人、企业及渠道目标。一些渠道系统中的互动非常不正式，企业之间组织得很松散，而其他一些渠道系统中的互动却很正式，这些互动是在强有力的组织结构的指导下进行的。此外，渠道系统并非一成不变。新型中间商一出现，整个渠道系统也随之发展。渠道是由通过互动来实现个人和集体目标的企业和个体所组成的行为系统，即分销渠道（营销渠道）系统。

8.4.1　垂直营销系统

渠道要想在整体上表现良好，就必须明确各渠道成员的作用，并加强对渠道冲突的管理。如果渠道内某个扮演领导角色的企业、机构或机制有权分配任务和管理冲突，那么这个渠道会有更好的表现。从以往来看，传统分销渠道一直缺乏这样的领导和权力，往往导致破坏性冲突及表现不佳。多年来，营销渠道最大的发展之一就是垂直营销系统的出现，该系统给营销渠道注入了领导力量。传统分销渠道（conventional distribution channel）和垂直营销系统（vertical marketing system，VMS）在渠道组织安排上存在一些差异。传统分销渠道由一个或多个独立生产商、批发商和零售商组成，每一方都是寻求自身利润最大化的独立企业，甚至不惜以损害整体利益为代价；没有一个渠道成员可以控制其他成员，也不存在分配任务和解决渠道冲突的正式途径。垂直营销系统是一个由生产商、批发商和零售商组成的统一的系统；一个渠道成员控制其他成员，与它们签署合同，或者拥有很大的权力，以至于它们必须合作。垂直营销系统可以由生产者、批发商或零售商主导。垂直营销系统主要有公司式、合同式和管理式三种类型，每种都使用不同的手段以在营销渠道内建立领导地位并进行权力分配。

公司式垂直营销系统（corporate VMS）是指集生产和分销不同阶段于一体，通过正规的组织渠道进行协调和冲突管理的营销系统。例如，西班牙服装连锁店 Zara 整合了整个分销链，从设计到制造都一手包办，并通过直营店销售。目前，Zara 成为世界上增长最快的时装零售商。近年来，Zara 吸引购物者蜂拥购买它的"廉价时尚"商品，其设计媲美一线大牌，但价格十分亲民。然而，Zara 的成功不仅来自它的时装，而且来自其快速反应的分销系统。它打造的是真正的快时尚。通过垂直整合，Zara 采用新颖的时尚理念在短短两周内可以完成设计、生产和上架，随之而来的低成本让消费者能以低端市场的价格买到中端市场的时尚产品。快速设计和分销使 Zara 能够源源不断地推出新时尚，而其竞争者往往要花上多倍的时间，Zara 每周以两三次的频率给其店铺补充少量新品。这些都离不开垂直营销系统的支撑。

合同式垂直营销系统（contractual VMS）是指由不同层级的独立生产商和分销商

通过契约联合起来而形成的营销系统，其经济效益或销售影响不是每个企业单独创造的，渠道成员通过合同协调活动并管理冲突。特许权组织（franchise organization）是契约关系中最常见的类型。在这个系统中，一个称为特许权拥有者的渠道成员把生产至分销过程的几个阶段连接起来。几乎每一个行业都有特许经营。特许经营一般有三类：第一类是厂家推出的零售商特许经营模式（制度），如汽车 4S 店；第二类是厂家推出的批发专营模式（制度），如海外红酒特许分装商（批发商）；第三类是服务企业推出的零售商特许经营模式（制度），如肯德基的授权经营店。大多数消费者无法分辨合同式垂直营销系统和公司式垂直营销系统，这显示了契约型组织的成功。

管理式垂直营销系统（administered VMS）是指领导权不是取决于共同所有权或合同关系，而是取决于一个或几个占主导地位的渠道成员的规模和权力的营销系统。一个顶级品牌制造商能够与经销商建立强大的贸易合作关系并获得它们的支持。例如，宝洁公司可以根据产品展示、货架空间、促销活动和价格策略等要求与经销商开展紧密的合作。反过来，大型零售商（沃尔玛、家乐福等）能对其商品的厂家施加巨大的影响。例如，随着商品价格的提高，很多消费品生产商想要以更高的价格将其成本转移给沃尔玛和其他零售商。但是，沃尔玛想要保持其低价格定位，这就引发了沃尔玛和其供应商之间的讨价还价，但作为占据市场优势的食品销售商——沃尔玛通常能获胜。可见，与一个超大型零售商建立较好的关系是多么重要。

8.4.2　水平营销系统

水平营销系统（horizontal marketing system）是指两个或两个以上同一级别的企业联合起来以寻求新的营销机会的营销系统。水平营销系统通过合作企业整合各自的资金、生产及营销资源，获得任一企业都无法独自获得的整体成效。

企业可能会联合竞争对手或者非竞争对手的力量。它们可能暂时或永久合作，或创建一个单独的企业。例如，以压缩供应链成本著称的沃尔玛，想要联手肯德基共同购买土豆，这样比任何一家企业单独购买要便宜很多。这样，沃尔玛出售的土豆和肯德基薯条的利润空间就更大，两家企业都受益。这样的渠道安排，在区域或全球范围内都可以运作。

8.4.3　多渠道分销系统

过去，许多企业采取单一渠道运作单一市场或细分市场。现在，随着客户群的扩散和渠道可能性的增加，越来越多的企业采用多渠道分销系统（multichannel distribution systems）。当企业采用两个或更多的营销渠道，以达到一个或多个客户细分市场时，多渠道分销便产生了。几乎每一家大企业和许多小企业都通过多种渠道分销商品。对于那些面对大且复杂的市场的企业而言，多渠道分销系统具有许多优势。随着新渠道投入使用，企业能够增加销售量，扩大市场覆盖范围和收益机会，调整其产品和服务以满足不同客户群的具体需求。但是，控制这种多渠道系统日益困难。由于有更多的渠道争夺客户和销售量，因此会产生冲突。①

8.5　渠道设计②

渠道设计是企业对关系其长期生存和发展的分销模式、基本目标、管理原则做出的规划、选择与决策，其主要目的是向目标市场有效地传达重要的消费价值。

8.5.1　主要问题

企业进行渠道设计的前提是要有清晰的产品或服务概念、产品或服务必须有明确的目标市场。如果企业的产品或服务对目标市场没有真正的价值，最终用户就不会认为其产品或服务具有合理的价格、较高的质量或其他更好的特征，或企业的目标市场十分模糊，分销渠道设计得再好也挽救不了失败。因此，渠道设计要遵循两个价值原则：一是以合理的价格，提供值得信赖的产品或服务，尽量减少消费者的各种不便；二是准确确定各类细分目标市场并提供合适的产品去满足其需要。具体地说，渠道设计应明确回答下述主要问题：为了使顾客满意，通常需要分销渠道系统提供哪些服务？可以用哪些营销或后勤方面的努力去提供这些服务？由哪一类机构提供这些服务可以做得更好并能同时兼顾整体组织的效率和效益？潜在的渠道成员是更愿意明确分工、各自承担责任，还是更愿意以某一组织为核心直接整合共同目标？

8.5.2　影响因素

1. 市场性质

目标市场顾客的规模、地理分布、需求特征、购买行为特点等要素，对渠道类型的选择具有决定性意义。面对顾客人数多、分布范围广、多品种小批量购买的市场，企业通常需要选择能充分利用中间商的长渠道；反之，则应倾向于采用短而窄的渠道。

2. 产品特性

产品特性（物化性质、单价、式样和技术复杂程度等）对渠道决策有重要影响。易腐易损品、危险品、体积粗大笨重品，要尽可能采用直销或短渠道，单价较低的日用品、标准化的产品可采用较长渠道；专门性产品、需要提供特别服务（如专业性安装调试）、培训及保养的产品，一般宜用直销。

---

① 加里·阿姆斯特朗，菲利普·科特勒，王永贵，2017. 市场营销学[M]. 王永贵，郑孝莹，等译. 12 版. 北京：中国人民大学出版社：306-311.

② 刘洪深，陈阳，2020. 市场营销学[M]. 4 版. 北京：北京大学出版社：200-203.

3. 中间商状况

中间商的类型及其优缺点可能是渠道设计的制约因素。目标市场现有或潜在中间商的结构、业务素质和财务能力，批发商、零售商在执行产品运输、储存、促销、接触顾客等职能方面，以及在信用条件、送货频率、退货特权、人员培训等方面的不同特点和要求，都是渠道设计必须考虑的因素。

4. 竞争者状况

竞争者使用渠道的状况是渠道设计时模仿或避免的参照依据。一些制造商希望以相同或相似渠道与竞争者的品牌抗衡，或将自己的品牌纳入与领导者品牌相同的市场中。另一些企业则要另辟路径，避免与竞争者渠道雷同。

5. 企业状况

企业自身状况是渠道设计的立足点。每个企业都要根据其规模、财务能力、产品组合、渠道经验和营销政策来选择适合自己的渠道类型。实力雄厚的大企业有能力和条件承担广泛、直接的分销业务，可以对渠道做更多的垂直整合或一体化工作；弱小的企业只有较少的资源用于分销，通常只能更多地依赖中间商。

6. 环境特征

环境作为大系统对渠道设计有着广泛影响，主要包括以下几个方面。

① 经济形势。经济景气，渠道选择余地较大；经济萧条，渠道就要缩短，以减少渠道费用，满足廉价购买需求。

② 科技进步。例如，冷冻技术延长了易腐食品的储存期，信息技术减少了沟通困难，可以提供渠道的更大选择空间。

③ 法律法规。专卖制度、反垄断法、进出口规定、税法等是渠道设计必须考虑的因素。

8.5.3 设计要点

渠道设计的本质是寻求一种适合环境变化、节约交易成本的制度安排，通过获取合作伙伴的互补性资源，聚合彼此在不同价值链环节中的核心能力，创造更大的顾客价值。营销渠道的复杂性（如上述影响因素的复杂性）和渠道战略的长期性决定了渠道设计的难度。因此，规范设计原则与要点是必要的，主要包括以下几方面。

1. 研判消费者需要

掌握目标市场上消费者购买什么、在哪里购买和怎样购买，是设计市场营销渠道的第一步，市场营销者必须弄清目标消费者需要的服务产出水平。提供更多更好的服务意味着渠道开支的增加和消费者所支付价格的上升，某些分销商在零售技巧、商品陈列等方面花大力气，但这无法解释商品的出厂价和消费者面对的价格的差距。

2. 确定渠道目标条件

渠道目标的总体要求是使渠道系统能以最低成本有效地传递目标市场要求的服务产出，形成较强的竞争力。目标设计的关键是确定渠道系统合理的服务产出水平。为此，渠道设计要研究预测目标市场消费者对渠道服务产出的需求水平，然后根据客观条件测算渠道系统可能达到的服务产出供给水平，并依据对渠道竞争力的预期在两者之间进行平衡，设定服务产出水平。在渠道设计中，要防止渠道的服务产出供给不足或过剩两种偏差。前者指渠道提供的服务低于目标消费者要求，这会导致消费者不满，降低渠道竞争力；后者指渠道提供的服务高于目标市场要求，这会导致渠道成本的浪费。因此，合理的服务产出水平，应当设定在恰好能满足消费者需求的基准线上或附近。在确定限制条件时，要充分考虑影响渠道战略设计的主要因素对渠道设计的限制。

3. 进行渠道战略规划

进行渠道战略规划即从战略高度规划渠道蓝图，确定渠道成员之间的基本关系是交易关系、合作关系还是战略伙伴关系。这需要根据外部条件、企业战略目标及拥有的资源，综合分析选择渠道的战略模式和基本策略，规划选定的渠道战略形态，这也是渠道构建和管理的关键。

4. 明确渠道设计方案

渠道设计方案涉及以下三个因素：中间商的类型、中间商的数量和每个渠道成员的交易条件及责任。这一过程主要决定以下方面：是以使用企业自身资源为主建立分销网络，还是更多利用外部营销资源，即中间商来进行产品的分销；是采用较短的分销渠道，还是采用较长的渠道模式；是采取密集营销网络，还是采取选择型或独家型网络。为确保渠道的正常运行，必须确定渠道成员的条件与责任，这就是渠道运作与管理策略方面的设计，主要包括确定企业对渠道的控制程度，设定渠道系统的商流、物流、资金流、信息流以及成员基本分工的原则，建立分销网络资料库，协调中间商关系，设定激励及渠道冲突管理的原则等。

5. 评估渠道设计方案

如果制造商需要从几个渠道设计方案中挑选最佳方案，那么每一个渠道设计方案都必须从经济性标准、可控性标准和适应性标准等方面进行考察。

经济性标准是指每一个方案都有其特定的销售额指标和成本，要达到这些指标需要考虑的首要问题是选择本企业销售处（部门）还是销售代理商。销售代理商的成本一开始低于企业设立销售处的成本，但销售代理商的成本增加较快，因为其收取的佣金比企业的推销人员更高。销售代理商的成本较低时，可以考虑雇佣。另外，企业在小地区的销售额利润不足以支付推销人员薪金时也会采用这种方式。

可控性标准是指在设计渠道方案时必须把控制问题考虑在内。使用销售代理商容易产生控制问题，因为销售代理商是一个独立机构，以追求自己的利润最大化为目标，会将注意力集中到消费者最想购买的商品上，而不是制造商的产品上。销售代理商很可能对制造商产品的技术细节缺乏兴趣，也不会有效地利用制造商提供的促销资料。

适应性标准是指在一个渠道中，每一个成员都必须承诺在一定期间内承担一定的义务。但如果市场环境发生变化，这些承诺将降低制造商的适应能力。在变化迅速、不确定性大的市场上，制造商应增强对渠道的控制力，以适应迅速变化的市场营销战略。

8.6　渠 道 管 理

企业通过渠道管理，促进内外资源的有效垂直整合，提升渠道整体绩效和竞争力。

8.6.1　渠道成员选择

企业根据渠道设计方案要求，招募合适的中间商是渠道管理的重要环节。通常，企业需要具体框定可供选择的中间商的类型和范围，综合考察、比较其开业年限、经营商品的特征、赢利、发展状况、财务、信誉、协作愿望与能力等。对于代理商，还要进一步考核其经营产品的数量与特征，销售人员的规模、素质和业务水平；对于零售商，则要重点评估其店址位置、布局、经营商品结构、顾客类型和发展潜力。渠道成员的选择是双向互动行为。不同企业对中间商的吸引力有很大差异，在不同区域，市场的选择难度也不相同。渠道管理应当根据本企业及当地市场的具体情况，把握和考核选择伙伴的标准，做出最合理的选择。当企业同意以渠道关系来共同经营时，它们就成了渠道伙伴并承担长期责任。对于制造商和中间商来说，精心挑选渠道成员也是很重要的。在评价中间商时，制造商会考虑以下几个问题：渠道成员能带来实质性的利润率吗？渠道成员有能力为顾客提供所需的服务吗？潜在中间商对渠道控制有什么影响？选定的中间商通常以合同或协议方式明晰双方的合作内容和权责关系。为使渠道能够顺利运作和更有效率，需要对代理商或经销商提供训练方案并进行必要的规范性的培训。

8.6.2　渠道成员激励

渠道管理要以对待其最终者的消费者方式看待中间商，加强沟通，提供支持，激励各成员达到最佳绩效。激励中间商的基本要求是，要站在对方的立场上设身处地地为对方着想，采取适当的激励方式，防止激励过度或激励不足。渠道成员关系并不总是和谐的，因为每个成员都有自己的目标，而渠道冲突可能威胁到制造商的分销战略。激励的基本点是了解中间商的需要，并据此采取相应的激励措施或手段。主要激励方式包括促销活动、资金优惠、管理支持、提供资讯以及长期合作等。

8.6.3　渠道成员评估

制造商要定期评估中间商的业绩，评估标准有销售配额完成情况、平均存货水平、送货时间、对次品与丢失品的处理情况、在促销和培训方面的合作、为消费者提供的服务等。有时制造商会发现支付给某一中间商的报酬与其实际为企业创造的价值相比过多，或者制造商为中间商提供补贴，鼓励其在仓库里保持本企业一定水平的存货，而事实上该存货并没有被销售，因此，制造商应建立以下制度：对于完成协议的任务，支付中间商一定的报酬；如果中间商完不成任务，就需要为其提供建议、重新培训或激励；如果中间商还是无法完成任务，则应考虑与其终止合作关系。

8.6.4　渠道成员调整

企业应根据自身的整体战略规划和对中间商的评估，对那些不能完成制造商的分销定额，且不积极合作、影响制造商市场形象的个别中间商，终止与其的购销关系。随着市场的发展和变化，原有的销售渠道会在很多方面表现出不适应，而仅仅增减个别的渠道成员已经不能解决问题。这时，需要对渠道进行大规模的调整，如增加一些新的渠道或减掉一些不适应形势要求的渠道。渠道调整是企业市场营销组合和市场拓展的重大变革，需要严谨决策。

8.6.5　渠道冲突解决

渠道冲突经常出现在同一分销渠道不同层次的企业之间。垂直、水平和多渠道的市场营销系统冲突时有发生。按渠道类型，渠道冲突可以分为垂直渠道冲突、水平渠道冲突和多渠道冲突。垂直渠道冲突是指同一条渠道中不同层次之间的冲突。水平渠道冲突是指某渠道内同一层次的成员之间的冲突。多渠道冲突是指一个制造商建立了两条或两条以上的渠道向同一市场出售其产品时产生的冲突。当一条渠道的成员销售额较大而利润较少时，多渠道冲突将变得更加激烈。

目标不协调、缺乏沟通、责任和作用不一致是导致渠道冲突的主要原因。有的冲突来自目标和权力的差异，有的冲突来自地区划分权、销售信用，有的冲突可能源于对预期的形势判断存在差异，也可能源于中间商对制造商的过度依赖。分析产生渠道冲突的原因，有利于冲突的解决。但是，有的冲突原因很复杂，也难以化解。例如，制造商希望通过低价政策获得销售增长，而零售商则希望获取高利润、追求短期利益，这种冲突就很难解决。渠道冲突的解决措施有以下几种。

① 确立共同目标，推进渠道成员之间紧密合作，追求共同的最终目标。

② 在两个或两个以上的渠道成员之间交换管理人员。

③ 推进合作。一个渠道成员为了获得其他渠道成员的支持，对自己的政策、计划进行修改、折中。

④ 鼓励加入行业协会或供应链联盟组织。从广义上讲，供应链涉及企业的生产、流通，并连接到批发、零售和最终用户，它既是一个社会再生产的过程，又是一个社会再流通的过程。从狭义上讲，供应链是企业从原材料采购开始，经过生产、制造，到销售直到终端用户的全过程。这些过程的设计、管理、协调、调整、组合、优化是供应链的主体，通过信息和网络手段使其整体化、协调化和最优化是供应链的内涵，运用供应链管理实现生产、流通、消费的最低成本、最高效率和最大效益是供应链的目标。供应链是分销渠道由内部一体化向外部一体化的产物。

8.6.6 渠道资源整合

渠道资源整合是指以关系利益人为核心，重组客户关系资源网络，综合协调地利用各种途径，以统一的目标获取既定资源，实现与关系利益人的双赢，并且最大化地获取客户资源。整合就是将各个集合的个体融合为一个统一的整体。资源可以指人、信息等。渠道整合有利于降低成本、提高效益。因为在同一销售过程中，由不同渠道来承担销售过程中的不同职能，可使企业获得更多的利润，不但可以降低销售成本，而且可以使区域销售代理有更多的时间寻求更多、更大的商业机会。

企业在进行渠道资源整合时，需要认真分析人、资源、价值三方的关系，明确自己所需要的资源，了解关系利益人所需要的资源，寻找关系利益人所需要的资源，最终获取自己所需要的资源，由此产生了渠道资源整合的核心思路：以对方为中心。由于核心思路不同，渠道资源整合思维和常规渠道拓客思维产生的结果也不同。

1. 营销渠道间整合

营销渠道间整合不是基于企业整体市场进行的，而是以各具体的细分市场为基础进行的。在某一选定的细分市场上，首先要分析目标客户购买准则，比较不同营销渠道的绩效，选出所有与目标客户购买准则相适应的渠道；然后在这些渠道中进行产品渠道适应性分析，找出能够满足要求的渠道；最后还要对保留下来的渠道进行经济性评估，只有满足企业发展要求的渠道才能被采用。营销渠道间整合可能产生的渠道间冲突有三类：各间接渠道间冲突；各直接渠道间冲突；直接渠道与间接渠道间冲突。企业应根据实际情况加以控制。

2. 营销渠道内整合

企业完全可以对各营销渠道与销售任务进行组合，由不同的营销渠道完成不同的销售任务，以实现产品销售成本的最小化，最大限度地满足顾客需求。企业将潜在顾客转移给面对面推销渠道或间接营销渠道去实现销售，服务主要由中间商提供，企业销售人员进行顾客管理。营销渠道内整合设计是以销售任务为基础，将各销售任务分配给在较低成本下能较好完成该任务的营销渠道，这样既能大幅降低销售成本，又能更有效地满足顾客需求。因此，企业营销渠道内整合设计的中心与关键在于分析出那些在较低成本下能较好完成销售任务的营销渠道。企业营销渠道内整合能最小化产品销售成本和渠道冲突，更有效地满足顾客需求。企业实施营销渠道内整合主要以营销渠道与销售任务匹配度为参考，并考虑企业实际情况，最终实现营销渠道内的有效整合。

另外，技术变革、直复营销和在线营销的爆发式增长对营销渠道的性质及设计产生了深远影响，主要趋势是去中介化（disinter mediation）。当产品生产者或服务提供商剔除中间商环节、直接接触终端用户，或全新类型的渠道中间商取代传统中间商时，去中介化便产生了。在许多行业中，传统中间商渐渐被弃用，新型经销商正在取代传统中间商，如在线音乐的下载服务正威胁着传统音像制品零售商的生存。去中介化对生产商、经销商既是机遇也是挑战。[①]

思考与作业

1. 如何优化渠道设置？
2. 如何促进渠道运行效率？

---

① 王锐，2022. 网络营销中国模式和新思维[M]. 北京：北京大学出版社：231-233.

第 9 章　战略管理：促进价值

战略是推进目标实现的手段。企业制定战略的目的是更充分地利用内外部资源，创造和维持竞争优势。战略内容包括提出和确定整体企业使命、确立具体业务目标、制定实现这些目标战略的计划措施。正确实施企业战略的前提是营销和销售的密切配合，致力于创造卓越的客户价值，这对战略计划的全过程实施具有关键作用。企业不仅要抓住业务核心，而且要在既定的环境、机会、目标和资源禀赋的约束条件下构建一个最有利于自身长期生存和发展的战略规划，科学识别战略机遇，推进战略目标的实现。广义的企业战略是以顾客为中心，从定义整体企业目标和使命开始整个战略规划过程。① 企业通常需要制订年度计划、长期计划和战略规划。年度计划和长期计划一般针对企业现有业务，制订方案使之持续发展；战略规划是在不断变化的环境中对企业进行调整、变革以抓住合适的发展机会。同时，企业需要具体的营销计划、部门计划以及目标导向、问题导向的绩效管理，以达到战略规划的整体预期。

9.1　营　销　战　略

企业的目标就是为顾客创造价值，并与其消费者建立共赢的关系。营销战略（marketing strategy）是企业建立有价值的顾客关系所依据的思维逻辑，它是一个企业为实现其营销目标而围绕客户需求所采取的一整套彼此联系的决策和行动。营销战略涉及的决策包括市场细分、目标营销（target marketing，即对细分市场进行筛选并决定企业优先进入哪个市场，也即目标市场选择），以及市场定位的制定与传播。这些决策对企业的营销和管理有重要的影响。既然有效的营销计划必须以客户为中心，企业就必须在对市场进行细分的基础上选择目标市场，只有这样才能将营销资源集中到一起。市场细分的实质在于按照一定的标准将客户分门别类。这些标准包括具有一个或多个共同特征、具有类似的需求、对某项营销活动具有类似的反应。企业在选择目标市场后采取的产品策略、价格策略、渠道策略和促销策略构成了企业的营销组合。企业致力于营销分析、计划、执行、组织和控制等环节，从而实现营销组合目标。营销战略定义主要包括企业的目标市场、相关的市场营销组合、企业形成可持续竞争优势

① 威廉·科恩，托马斯·德卡罗，2017. 销售管理[M]. 刘宝成，李霄松，译. 10 版. 北京：中国人民大学出版社：31.

（sustainable competitive advantage，指不容易被复制且能较长时间维持的竞争优势）的基础。营销战略规划过程如图 9-1 所示。一个企业仅仅比其他竞争者更好地实施某项营销组合要素，并不意味着这种竞争优势是可持续的。

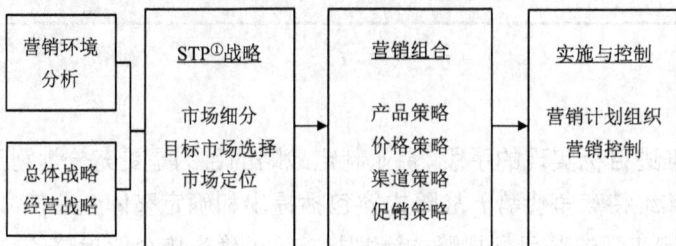

图 9-1 营销战略规划过程

资料来源：张启明，杨龙志，2020．市场营销学[M]．北京：机械工业出版社：55．

9.1.1 第一原理

营销决策应该着重解决企业在制定和实施营销战略时面临的四个难题，即顾客总是有差异的、顾客总是在变化的、竞争者总是有反应的、资源总是有限的。上述难题是营销成功的主要障碍，体现了营销战略的基本假设，称为营销战略第一原理。营销战略的关键决策必须准确定位第一原理。营销战略的第一原理与关键决策的匹配形成四个管理模式，即顾客异质性管理、顾客动态性管理、可持续竞争优势管理、资源权衡管理。

1. 顾客异质性管理：顾客总是有差异的

管理者在制定营销组合（定价、产品、促销和渠道）决策时所面临的一个首要的、基础性的问题是顾客总是有差异的。顾客通常在他们真实的或感知到的需要和偏好方面差异很大，对一些基本日用品（如瓶装水）的需求甚至也会有所差别。因此，有效的营销战略必须对顾客异质性进行管理，这通常是通过市场细分、目标市场选择和市场定位来实现的。这种方式使得企业可通过识别可控数量的同质顾客群体来了解顾客的整体状况，从而使企业能够有目的地评估其相对优势并就如何赢得这些顾客做出战略性关键决策。

2. 顾客动态性管理：顾客总是在变化的

管理者在制定营销战略时必须考虑到顾客的需要随时间发生的变化，因为顾客总是在变化的。即使在一个边界清晰的细分市场内部，各成员的个体需要通常也会朝不同的方向或以不同的速度演化。在未来的某个时刻，曾属于某个相对同质的细分市场的顾客会呈现出需要和欲望的分化。因此，企业的营销战略必须应对顾客动态性，以

---

① STP 战略组合中的 S、T、P 分别是 segmenting、targeting、positioning 的缩写，即市场细分、目标市场选择和市场定位。

避免被市场淘汰。随着时间的推移，企业要识别和分析顾客如何迁移（即变化）、迁移的诱因是什么。企业要区分顾客在不同阶段的需要，进而明确他们在各阶段感兴趣的产品定位。

3. 可持续竞争优势管理：竞争者总是有反应的

无论企业如何有效地对顾客异质性和顾客动态性进行管理，竞争者都将不断复制这家企业的成功，或对商业流程和供应物进行创新以更好地满足顾客的需要和欲望。既然竞争者总是有反应的并持续不懈地进行复制与创新，营销管理者就必须持续构建用以抵抗竞争攻击的壁垒。管理者可通过打造高质量的品牌、传递创新的供应物和开发强势的顾客关系来构建与具体的细分市场相关的竞争优势。

4. 资源权衡管理：资源总是有限的

大多数营销决策要求在多个目标之间进行权衡，这是因为用以实现这些目标的各种可用资源是相互关联的。营销战略在品牌广告、新产品创新，以及扩充销售组织以强化关系之间进行分配的资源实际上都来源于同一个有定额的资源库。企业只有这么多资源，因而，一些关键的资源权衡是不可避免的。优化资源管理非常重要，因为营销资源提供了工作抓手，使得企业能执行从上述三个管理模式中得到的结论。①

9.1.2 竞争优势

企业主要有四个专注于营销组合方面的重要战略，利用它们可以创造与传递价值并形成可持续竞争优势，如图 9-2 所示。

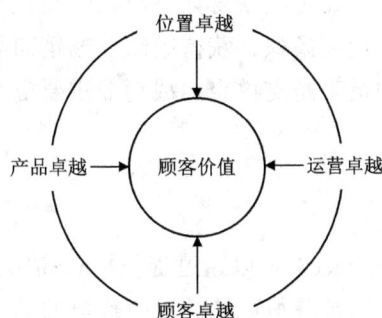

图 9-2 形成顾客价值的宏观战略

1. 顾客卓越

顾客卓越（customer excellence）聚焦于维系忠诚的顾客和保持卓越的顾客服务，

---

① 罗伯特·帕尔马蒂尔，什里哈里·斯里达尔，2020. 营销战略：第一原理和数据分析[M]. 康俊，杨智，译. 北京：中国人民大学出版社：1-2.

它是获得可持续竞争优势的第一种方法。当企业为了留住忠诚的消费者而执行基于价值的战略、提供出众的消费者服务时，顾客卓越才能实现。企业用以维持可持续竞争优势的方法有时也有利于吸引和维系忠诚的顾客。例如，强大的品牌、独特的商品、优质的顾客服务都有利于巩固顾客忠诚的基础；反之，拥有忠诚度就是维持竞争优势的重要方法。忠诚并不简单地指消费者从一家企业购买产品而不愿意光顾竞争对手的企业。越来越多的企业意识到通过维系忠诚的顾客来实现顾客卓越战略的价值。建立顾客忠诚需要建立清晰而精准的定位战略。另一种建立顾客忠诚的方法是通过顾客忠诚计划（项目）来建立起顾客对产品的情感依附。例如，通过客户关系管理项目可以识别优质顾客，服务好他们，可以建立起高品质顾客服务的口碑以及持续竞争的优势，其中高品质服务口碑是很难被模仿的。

2. 运营卓越

运营卓越（operational excellence）可以通过高效的运营、出色的供应链和人力资源管理来实现，是获得可持续竞争优势的第二种方法。企业可以通过高效的运营、杰出的供应链管理、紧密的供应商关系，以及卓越的人力资源管理（培养高效率的员工），实现运营卓越。所有的营销人员都追求高效运营，提供顾客所需的、价格却低于竞争对手的同类产品。通过高效运营，企业为顾客创造高价值，让自己获得利润，同时满足消费者的需要。高效运营的企业能为顾客提供较低价格的同类商品，即使其价格并不比竞争对手低，也能通过提供更好的服务、更多的商品组合、更佳的视觉效果来吸引消费者。企业可以通过建立成熟的渠道和信息系统、紧密的供应商关系实现高效率。与顾客关系类似，供应商关系也需要相当长的时间才能建立，所以不容易被竞争对手模仿。拥有紧密的供应商关系还可以获得如下特权：在某个特定区域销售商品、获得竞争对手所没有的特殊购买便利条款、获得紧缺的畅销商品。另外，有专业能力、训练有素、认同企业价值观的员工是支撑企业成功的重要资产，也是建立顾客忠诚度及可持续竞争力的重要力量。

3. 产品卓越

产品卓越（product excellence）可以通过提供拥有高感知价值、高效品牌建设和高效品牌定位的产品来实现，它是获得可持续竞争优势的第三种方法。对于某些企业而言，通过产品和服务来建立竞争优势是困难的，特别是当竞争对手可以很容易地提供同样的产品和服务时。然而，另一些企业却可以通过如下方式获得可持续竞争优势：自我品牌投资，用清晰、明确的品牌形象进行产品与服务定位，用产品、服务与促销持续强化品牌形象。

4. 位置卓越

位置卓越（location excellence）是指通过拥有良好的地理位置、渠道和网络平台获得可持续竞争优势。位置卓越对于零售商和服务提供商尤为重要。例如，对于零售业而言，最重要的三件事是"位置、位置、位置"。因为基于位置的竞争优势不太容易被竞争对手模仿，所以这种竞争优势是可持续的。例如，星巴克通过店面位置的选择建立了强有力的竞争优势，其在某些区域拥有的店面密度非常高，以至于竞争对手难以进入该市场或找到合适的位置。对于一个企业来说，要建立多维优势资源，形成所在产业领域的独特、卓越的优势网络，才能推动可持续竞争优势具有长久的动态竞争能力。

9.1.3　增长战略

增长战略制定的前提之一是要评估成长机会，包括规划新业务、缩小规模和终止老业务。如果预期销售收入和业务规划的销售收入之间存在差距，企业管理层需要开发或收购新的业务进行填补。如何才能填补这种战略计划差距（要获得的销售收入远远超过当前业务的增幅）呢？有以下几种方法：选择在当前业务中识别增长的机会，即密集型增长（intensive growth）机会；建立或收购与当前业务相关联的业务，即一体化增长机会；添加与当前业务不相关的有吸引力的业务，即多元化增长机会。企业要把进入各种细分市场的战略视为整体增长战略的一部分，因为战略是获得竞争优势、增长动力的行动部署。

1. 密集型增长战略和多元化增长战略

企业在实施密集型增长战略的过程中，应科学评估改善现有业务的机会。战略增长机会在于有产品和市场交互所形成的机会，以及新产品和市场交互所形成的机会。成熟行业中的产品和市场战略的重要方面之一是使用非价格竞争（non-price competition）方式来应对行业里的竞争对手，从而推动企业增长。采用避免高成本的降价或价格战的战略并不能完全阻止产品差异化（指企业通过提供拥有不同的或优良特色的产品来争取市场份额）引发的竞争。然而，在很多行业中，产品差异化战略是阻止潜在进入者和管理行业内竞争的一种主要工具。例如，美国超威、英特尔等公司竞争生产更小、更强、更精细的计算机芯片，宝洁、高露洁、联合利华公司采取不同的营销策略。采用产品和市场两个维度来识别基于产品差异化的非价格竞争战略包括市场渗透战略（market-penetration strategy）、市场开发战略（market-development strategy）、产品开发战略（product-development strategy）和多元化战略（diversification strategy）（产品衍生战略），一般适用于新的细分市场而不是新的市场。这一分析框架就是产品-市场增长框架（product-market growth framework）（图 9-3），也称安索夫矩阵。它概述了四个关键的销售增长战略，将公司的顾客细分市场与产品开发机会联系起来。该框架用现有产品和新产品、现有市场和新市场的组合分析来评估企业的战略增长机会。首先，考虑使用市场渗透战略，即现有市场的现有产品是否可以获得更多的市场份额；其次，考虑使用市场开发战略，即是否为其现有产品开发新市场；再次，考虑使用产品开发战略，即是否能为现有市场开发新产品；最后，还可以使用多元化（产品衍生）战略来审查在新市场中开发新产品的机会。

	现有市场	新市场
现有产品	市场渗透战略	市场开发战略
新产品	产品开发战略	多元化战略（产品衍生战略）

图 9-3　产品-市场增长框架

资料来源：菲利普·科特勒，凯文·莱恩·凯勒，亚历山大·切尔内夫，2022.营销管理[M]. 陆雄文，等译. 16版. 北京：中信出版社：490.

市场渗透战略是指企业集中精力在现有产品市场上拓展市场份额。市场渗透要求进行大量的广告宣传来建立和推广产品的差异化。在一个成熟的行业中，广告旨在影响顾客对品牌的选择，并为企业及其产品建立品牌知名度。利用这种方式，一个企业可以通过吸引竞争对手的顾客的方式来扩大市场份额。由于品牌产品通常可以制定较高的价格，在这种条件下扩大市场份额是有利可图的。在这些行业中，所有的企业都会进行密集的广告宣传并参与市场份额的争夺。每家企业都担心如果自己不做广告，自己的市场份额就会被那些做广告的企业抢走。例如，在香皂和清洁剂行业，宝洁公司将销售收入的 20% 用于广告宣传，目的就是保持或扩大市场份额。高昂的广告费用成为横在潜在进入者面前的进入障碍。

市场开发战略是为企业的产品找到新的细分市场。采取这一战略的企业希望利用在一个细分市场上形成的品牌知名度去拓展其他可以参与竞争的市场。通过这种方式，企业可以借用其品牌知名度形成差异化优势。日本的汽车生产商在市场开发时，都会先推出一款经济型汽车，然后随着时间的推移升级各自的车型，以瞄准价格更高的市场。这些企业通过重新定义其市场定位，成功地发展了它们的细分市场，同时获取了利润，并且成功地攻击了竞争对手，从竞争对手那里攫取了市场份额。它们曾经主要依靠成本领先取得竞争优势，但市场开发同样使它们成为差异化优势者。

产品开发战略是创造或改进产品以替代现有产品的方式。例如，在汽车行业，每家大型汽车厂商每 3～5 年都会推出新车型来更新老车型，从而说服顾客以旧换新。产品开发对于维持产品差异化以及扩大市场份额是至关重要的。改进和完善产品是企业在成熟行业中调整和改进商业模式的重要战略。但是这种竞争可能会和价格战一样残酷，因为它代价高并急剧提高了企业成本。这种情况会在计算机芯片行业中发生，激烈的竞争使最快或最强大的芯片生产企业成为市场领导者，它们的成本急剧增加，导致盈利能力不断下滑。

多元化战略即产品衍生。当在现有业务之外存在好的机会时，可以通过多元化战略实现增长。也就是说，某一行业非常具有吸引力，而且企业恰好具备了成功的业务组合优势。行业内的大企业在每个细分市场（或利基市场）都有产品。如果一个新的利基市场开始形成，市场领导者就会因为先发行动而获得优势，但是其他企业很快就会跟进。如此，行业中的竞争态势就会稳定，竞争程度也会降低。产品衍生因此使得基于产品差异化（而不是基于价格的，也就是基于新产品开发的非价格竞争）的行业竞争可以稳定发展。竞争是围绕产品在顾客心目中的独特性、质量、特色以及性能展开的，而不是围绕产品的价格展开的。[①]

在企业实践中，有几种类型的多元化是可以用的。首先，可以选择同心战略（concentrate strategy），开发与现有产品线有技术或营销协同性的新产品，以吸引不同的顾客群；其次，可以采用横向一体化战略（horizontal strategy），生产互补性产品（需要掌握不同的制造工艺）；最后，可以采用混合式多元经营战略（conglomerate strategy），寻求与现有技术、产品或市场毫无关联的新业务。

2. 一体化增长战略

企业在实施一体化成长（integrative growth）战略过程中，可以通过自身内部增加产出以提高收入与利润，这种方式通常被称为有机增长（organic growth）；或者依靠并购实现增长。市场渗透战略和市场开发战略通常遵循有机增长的路径，而产品开发战略和多元化战略则可能同时涉及有机增长和并购增长。企业主要通过产业内的后向（backward integration）一体化、前向（forward integration）一体化或横向一体化来增加销售收入和利润。横向兼并和联盟并不总是成功的。那么，企业如何利用并购来发展业务呢？首先，可以通过收购一个或多个供应商来进行后向一体化，以获得更多的控制权或利润；其次，可以收购批发商或零售商来进行前向一体化，尤其是当这些渠道伙伴有较高利润的时候；最后，在政府不禁止横向一体化的情况下，可以收购一个或多个竞争对手。然而，当上述方法仍然无法达到营销预期的时候，企业就必须考虑多元化发展。除了考虑新的市场机会，企业还必须谨慎考虑精简、收购或剥离自身发展乏力的传统业务，以释放必要的资源用于投资其他更需要的业务并降低成本。[②]

如果企业所在行业或其上游、下游的机会更好，企业又有资源、实力重新整合市场营销系统的供应链，也可实施一体化成长战略。即通过经营与目前业务有关的新业务，谋求新发展。一体化成长战略是多元化战略的一种表现形式。

后向一体化是指企业通过收购或兼并上游供应商，拥有或控制自身原材料、零部件供应系统，实现供产一体化。选择该战略一般是由于供应商所在的领域营利性或机会较好，同时可以避免供应短缺、成本受制于供应商的风险。

① 查尔斯·W.L.希尔，梅利莎·A.席林，加雷思·R.琼斯，2021. 战略管理：概念与案例[M]. 薛有志，李国栋，等译. 12版. 北京：机械工业出版社：162-164.
② 菲利普·科特勒，凯文·莱恩·凯勒，亚历山大·切尔内夫，2022. 营销管理[M]. 陆雄文，等译. 16版. 北京：中信出版社：492.

前向一体化是指企业谋求对其下游的行业，主要是分销系统或用户的控制权，如制造商收购、兼并批发商、零售商，自办渠道公司、电子商务（平台）销售系统等由制造业进入商业流通领域；或将业务范围、产品线等向前扩张，直接从事原来由用户（客户）经营的业务，如计算机零部件制造商生产计算机整机，房地产开发商从事经纪业务、销售代理以及经营物业管理，批发商开办零售商店等。

横向一体化即水平一体化（horizontal integration），是指争取获得其他同类企业的所有权或控制权，或实行各种形式的联合经营。这样可减少直接竞争的对手，还可扩大生产规模和经营实力，或取长补短以共同利用某些市场机会。[①]

企业的使命一旦确定，下一步就是要把使命分解成企业（组织）目标（organization goals），即可以量化的具体业务指标，通常为利润、销售额、销售量、市场份额、维持生存以及社会责任等。企业一般同时追求多个目标。在确定企业目标之后，接下来是制定相应的战略。战略是用以实现目标的手段。企业的总体经营战略有多种类型，最为流行的是竞争战略之父迈克尔·波特（Michael Porter）的一般竞争战略。迈克尔·波特认为：所有成功的企业都致力于创造卓越的客户价值，为此所采用的市场定位战略包括低成本战略、差异化战略、集中战略；为实现企业目标以及市场定位战略，营销队伍的管理模式要作匹配性变革（表 9-1）。

表 9-1　企业一般竞争战略与高效营销队伍的管理模式

一般竞争战略类型	高效营销队伍管理模式
低成本战略：通过经验积累和严格的成本控制积极追求成本的降低	广泛发展独立的销售代理商 集中于交易型的客户关系 巧妙设计管理结构，以使营销主管能监控大量的销售人员 报酬多采取奖金的形式 对营销人员的评价基本上以销售业绩为准
差异化战略：突出产品和服务的特色，提高品牌忠诚度，降低价格敏感度	精心筛选独立的销售代理商 注重长期客户关系 巧妙设计管理结构，以使销售主管能集中监控少量的销售人员 报酬以固定工资为主 对营销人员的评价兼顾日常表现与销售业绩
集中战略：抓住特定的市场需求，集中力量服务于该目标市场，争取特定细分市场的销售份额	非常熟悉目标市场的运作与机会，其他则视情况采用上述相应的价值创造战略

资料来源：威廉·科恩，托马斯·德卡罗，2017. 销售管理[M]. 刘宝成，李霄松，译. 10 版. 北京：中国人民大学出版社：32-33.

3. 低成本和差异化战略

企业的增长战略（指一个企业在特定市场上的竞争策略）还包括低成本和差异化战略。

[①] 吴健安，钟育赣，2022. 市场营销学[M]. 7 版. 北京：清华大学出版社：80-81.

在市场中成本最低的企业拥有竞争优势，低成本使企业能够在竞争对手亏损的价格点获利，还可以在价格上削弱竞争对手，获得市场份额，并维持甚至提高盈利能力。

差异化战略是指通过一些竞争对手难以匹敌的优势来区分自己的企业与竞争对手。一个好的差异化产品能够创造显著的竞争优势，包括产品差异化和服务差异化。产品差异化的方式包括形式、特色、性能质量、一致性质量、耐用性、可靠性、可维修性、风格、定制化以及设计等。当有形产品难以差异化时，竞争成功的关键可能在于增加有价值的服务并提高服务质量。服务差异化的方式包括订货容易度、交货、安装、顾客培训、顾客咨询、维护修理以及退货等。差异化给企业带来了两大优势：可以通过差异化为商品或服务收取溢价；可以帮助企业提升整体需求，从竞争对手那里抢夺市场份额。

低成本和差异化是获得竞争优势的两种截然不同的方式。追求低成本的企业竭尽全力提高生产率，降低成本，而追求差异化的企业必须承担更高的成本才能实现差异化。差异化虽然会增加企业的成本，但不总是增加成本，成功的差异化很有可能会降低成本。企业必须在这两种基本方式之间进行选择，以获得竞争优势。效率边界（不是静态的，而是通过管理者努力创新、提高企业业绩、不断向外推进且重新定义的）显示了企业在低成本和差异化方面可以选择的组合。价值创新（描述了创新推动行业的效率边界，实现比以前更加卓越的差异化、更低的成本，获得更高的价值）推动着企业以更低的成本实现更大的差异化。通常，如果企业的成本可以比竞争对手的成本更低，或者能够将其产品与竞争对手的区分开来，企业就能够创造更多的价值，就具有了竞争优势和持续增长的能力。

9.2 营 销 计 划

有效的市场营销不是偶然发生的，都是通过制订营销计划、认真执行营销战略来应对环境变化、竞争与顾客的。营销计划是由如下几个方面构成的书面文件：当前市场环境分析、公司机会与威胁分析、依据 4Ps 制定的营销目标和战略、执行方案、预计或估算的利润表（或其他财务报表）。营销计划包括计划、实施与控制三个主要阶段。制订一个营销计划分为五个步骤（图 9-4），但并不总是一定要按顺序完成所有五个步骤。例如，企业可以先评价营销绩效（第五步），然后直接从第二步开始，而无须重新定义企业使命。下面首先讨论制定营销计划所涉及的每个步骤；然后思考并分析营销现状、识别和评价营销机会，以及审视一些拓展业务的具体的营销战略；最后考虑如何实施营销组合来增加顾客价值。

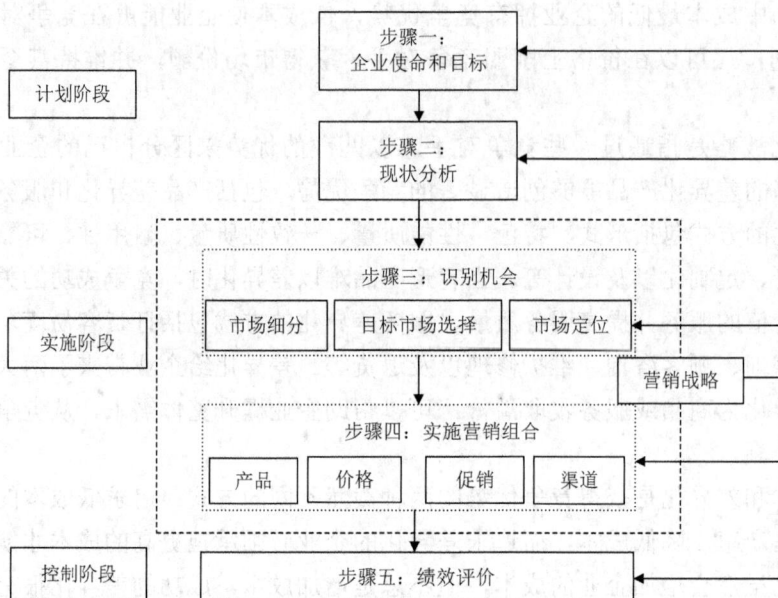

图 9-4　营销计划模型

9.2.1　计划阶段

计划阶段（planning phase）由两步构成。营销经理与其他高管人员共同定义企业使命和企业愿景，即界定使命（第一步）；通过评价组织内外不同的参与者对企业成功的潜在影响来评价企业的现状，即现状分析（第二步）。

1. 界定使命

企业使命能为员工提供方向，有助于引导员工发挥潜力。企业的基本业务要素可以从 3C 等角度确定，即客户、竞争者以及企业本身。企业应该回答的问题是"我们的业务是什么？""为了实现目标，应该怎么做？"企业使命应该包含以下信息：企业希望服务的客户类型、需要满足的具体需求、满足这些需求所需的活动和技术。

现代管理学之父彼得·德鲁克（Peter Drucker）就企业使命的界定提出五个问题：我们的事业是什么？谁是我们的顾客？顾客考虑的价值是什么？我们的事业未来会是什么？我们的事业应该是什么？一般而言，企业使命是企业生存与发展的理由，它回答的是"我们要做什么、为什么要这样做"的现实问题，体现了企业全体员工的行为共识，是全体员工持之以恒为企业不断实现新的发展和超越而努力奋斗的动力之源，揭示了企业成长的基本原则和思路。

在制定总体经营战略时，企业首先要准确地界定企业使命。其中，企业使命反映了企业的目的、特征和性质。例如，华为的企业使命是：聚焦客户关注的挑战和压力，提供有竞争力的通信解决方案和服务，持续为客户创造最大价值。

在实践中，企业使命分析的结果通常是形成一份企业使命陈述。从作用来看，企业使命陈述为企业未来的发展指明了方向和目标，促使管理者、顾客和员工形成共同的使命感。企业使命陈述的形式多种多样，但结构一般包括企业的经营领域、主要战略和发展愿景等。由此可见，界定企业使命的关键在于：深入感知和分析企业的外部环境与内部条件，详细了解它们对企业的要求、期望和约束，进一步归纳出企业目前的和未来理想的特征。企业使命陈述通常包括如下内容：企业哲学，根本问题是企业想成为什么；产品市场领域，中心问题是企业要在哪里展开竞争；关键成功因素，中心问题是企业想让员工如何表现；关键价值，中心问题是企业必须擅长什么。以通用电气的企业使命为例，该企业的使命陈述为：以科技及创新改善生活品质；在对顾客、员工、社会与股东的责任之间求取互相依赖的平衡。由此判断，通用电气的产品市场领域是高科技电气产品，关键成功因素表现为技术创新，关键价值是改善消费者的生活品质，企业哲学表现为实现各方利益的平衡。[①]

因此，企业不仅要知道业务核心，而且要能够识别战略机遇。无论追求利润与否，营销的根本职责都是提升顾客价值。另一个应该被纳入企业使命陈述中的关键目标是，如何建立企业可持续竞争优势。

2. 现状分析

在企业使命形成后，企业应该进行现状分析，运用 SWOT 分析法，同时对内部环境的优势、劣势和外部环境的机会、威胁进行分析。此外，还要评估由于文化、人口、社会、科技、经济和政治的变化所带来的市场机会与不确定性。这些因素可以预测和解释上述变化，进而正确分配资源。

9.2.2 实施阶段

在实施阶段（implementation phase），营销部门通过市场细分、目标市场选择、市场定位来识别和评价不同的机会，即识别机会（第三步）；运用 4Ps 来实施营销组合分配资源，即实施营销组合（第四步）。

1. 识别机会

完成现状分析后，就要运用市场细分、目标市场选择、市场定位来识别和评价增加销售和利润的机会。企业先将市场分为子市场或细分市场，然后决定专注于哪些细分市场，最后决定如何定位企业的产品与服务以更好地满足目标市场的需求。

（1）市场细分

任何市场都有各种类型的消费者，大多数企业无法满足每个消费者的需要。例如，在互联网使用者中，有的利用网络做研究，有的利用网络购物，有的利用网络寻求娱乐，

---

① 王永贵，2019. 市场营销[M]. 北京：中国人民大学出版社：59-60.

还有一些可能三者兼有。每个群体都可能是由对企业营销活动有相似反应的消费者群体组成的细分市场。市场细分是指将市场分成具有不同需要、欲望或特征的消费群体的过程。

（2）目标市场选择

在识别了各种可能的细分市场之后，企业开始评价各个细分市场的吸引力，决定进入哪个细分市场。

（3）市场定位

企业在确定了目标市场后，必须决定如何在目标市场中进行定位。市场定位包括定义营销组合变量的过程，使目标顾客对本企业产品与竞争对手产品的差别有一个清晰、显著、合意的理解。另外，识别目标市场之后，企业必须评估每个战略机会。企业如果抓住建立在比较优势（与竞争对手相比）基础上的机会，往往会取得成功。

2. 实施营销组合

在识别与评价不同的增长机会后，企业就可以开始采取行动了，该步骤决定做什么、如何做、有多少资源可以分配。在营销计划的第四步，营销人员基于他们对目标市场需求的理解，针对每个产品和服务制定营销组合策略——产品、价格、渠道与促销。同时，他们要做出重要决策，即如何将有限的资源合理分配给各种产品和服务。

（1）产品与创造价值

产品包括服务，构成营销组合 4Ps 中的第一个 P。因为任何营销活动成功的关键在于创造价值，所以企业试图开发消费者认为值得购买的产品和服务，如亚马逊开发了第一款电子书阅读器（Kindle）。

（2）价格与获取价值

营销组合的第二个 P 是价格。作为交换过程的一部分，企业提供产品、服务或两者的组合；作为回报，企业从中赚钱。基于价值的营销要求企业的定价和消费者感知到的产品提供给他们的价值（感知价值）一致。销售什么产品，从哪里购买，用什么方法销售，这些对企业非常重要。从某种意义上讲，价格是影响销售收入的唯一因素。如果价格太高，则无法带来足够的销量；如果价格太低，则会使利润低于边际水平。因此，产品定价应该基于顾客感知价值。

（3）渠道与传递价值

营销组合的第三个 P 是渠道。在通过产品或服务创造价值后，企业必须在消费者需要的时间、地点使他们能够快捷、便利地获得产品或服务。

（4）促销与传播价值

营销组合的第四个 P 是促销。营销人员通过各种媒体（包括网络、电视、广播、杂志），以及销售人员将产品价值或价值主张传播给消费者。同时，通过广告和社会媒体宣传企业对社会责任的承诺以及提供优质产品与服务的承诺。

9.2.3　控制阶段

在控制阶段（control phase），利用营销指标评价营销战略的绩效并采取必要的措施，即绩效评价（第五步）。

营销计划的最后一步包括评价营销战略的结果和运用指标来实施项目。指标是一个测量系统，对趋势、动态或特征进行量化。指标用来解释事情发生的原因并预测未来。指标使不同地区、不同战略业务单元（strategic business unit，SBU，指企业内部有不同的使命或目标，可以独立管理和运营，并独立于其他部门的部门）、不同产品和周期之间的比较成为可能。利用这些指标，企业可以确定完成既定绩效指标或未完成指标的原因，从而推动营销战略的适度调整。绩效评估也被用来分析问题所在，企业应该考察绩效高于或低于既定水平的原因。由于环境等外部因素的不可控，实际绩效与计划绩效可能会有出入。因为影响企业总体绩效的因素较多，所以很难找到单一指标来评价绩效。一种方法是应用常用的财务指标，如销售收入和利润，将企业不同时期的财务数据进行比较或与其他竞争对手的财务数据进行比较。另一种方法是将企业的产品或服务视为一个组合。根据企业的相对绩效水平，可以发现一些产品或服务的利润可用来支撑其他产品或服务的增长。

1. 财务绩效指标

财务绩效指标是用来评价绩效的财务指标，包括销售收入（营业收入）和利润。销售收入是通用的衡量经营活动水平的指标。企业可以通过降价增加销售收入，但是销售利润（毛利）却受到损害。因此，最大化使用某个指标必然降低另一个指标的作用，运用单一标准衡量绩效是不明智的，因为它无法反映全貌。除了利用销售收入和利润的绝对值进行评估（纵向），企业也希望利用其相对值进行评估（横向）。评价企业的指标会因做出决策的组织层级和相应层级控制资源的不同而有所变化，同时，也会受企业社会责任因素的影响。

2. 业务组合分析

在业务组合分析中，评价企业各种产品和业务也就是"组合"，并向那些未来盈利性最强的产品分配资源。企业必须决定如何将其有限的资源合理分配于现状、前景不一的各个战略业务单元，因此必须对各战略业务单元进行评估和分类，以确认它们各自的潜力，决定企业的投资结构及方向。虽然，可用业务组合分析方法来分析品牌或单个项目，但是，它通常在企业的战略业务单元或产品线（product line）层面上执行。与战略业务单元相反，产品线是消费者可以一起使用或在某些方面相似的一组产品。一个普遍采用的产品组合分析方法是将企业所有产品或服务分成 2×2 矩阵，即波士顿矩阵（BCG Matrix），如图 9-5 所示。波士顿矩阵又称市场增长率-相对市场份额矩阵、波士顿咨询集团法、四象限分析法、产品系列结构管理法等，是由美国著名的管理学家、波士顿咨询公司创始人布鲁斯·亨德森（Bruce Henderson）于 1970 年创作的。纵向代表市场增长率（或产品竞争的特定市场的年增长率），市场增长率用于测量特定市场的吸引力；横向代表相对市场占有率（市场份额），市场占有率是指一个产品（或服务）所占的市场比例，用于衡量产品在特定市场中的优势，通常用销售数量、营业收入或销售额等多项指标来衡量。一个特定的市场份额指标即相对市场份额（relative market share）反映了行业中该产品的相对优势（与行业中同类大企业比较）。

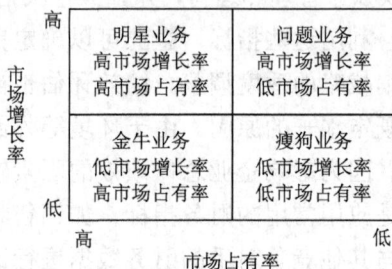

	高	明星业务 高市场增长率 高市场占有率	问题业务 高市场增长率 低市场占有率
市场增长率			
	低	金牛业务 低市场增长率 高市场占有率	瘦狗业务 低市场增长率 低市场占有率
		高 市场占有率 低	

图 9-5　波士顿矩阵

明星业务（产品）（左上象限）。它们是高市场增长率、高市场占有率的产品。企业常常需要大量投资用于诸如促销类活动和购买新生产设备以支持其快速发展。当市场增长减缓时，这些产品将由资源高消耗者转变为资源高产出者，并转变成金牛产品。

金牛业务（产品）（左下象限）。它们是低市场增长率、高市场占有率的产品。因为这些产品为了获得高市场份额已经完成巨额投资，所以企业有过剩的资源支持那些需要资源投入的产品，如问题产品。

问题业务（产品）（右上象限）。它们是高市场增长率、低市场占有率的产品。这类产品通常是需要集约化管理的产品，需要大量资源维持和继续增加市场份额。企业需要决定是将金牛产品产生的资源用于支持问题产品使之转化为明星产品，还是撤出资源最终放弃相应的问题产品。

瘦狗业务（产品）（右下象限）。它们是低市场增长率、低市场占有率的产品。这类产品虽然可能能够自给自足，但成不了明星产品。除非需要作为补充，或有促进其他产品销售的作用，或出于竞争需要，否则应该淘汰该类产品。

虽然概念化产品或服务的相对绩效水平并据此分配资源是相当有用的，但是波士顿矩阵分析法和其他类似方法一样难以实施，因为测量相对市场份额和行业增长率尤其困难，况且还有其他的简单测度可以作为它们的替代品来表示产品的竞争地位和市场相对吸引力。另外，对于波士顿矩阵各象限中产品或服务的潜在自我实现盈利的能力，假设有一种有潜力成为问题类的产品被归为瘦狗类，企业就可能减少对该产品的投资，直到没有销量而放弃该产品，但是，如果企业给该产品分配足够的资源，则该产品很可能会盈利。

　　由于上述局限性，许多企业减少了对波士顿矩阵分析法的使用，转而采用更加制衡的方法来评价产品、服务以及分配资源。许多企业不再把决策权交给组织最高层，而是从较低层的经理开始，利用检查和制衡手段，迫使每个层级的经理必须与其上下层人员协商，最终达成决策。

　　在讨论营销计划和制定战略决策时，需要遵循一定的程序，即在界定企业使命之后，再进行现状分析，识别战略机会，评价备选方案，设定目标，分配资源，形成实施计划，最后，评价绩效以及调整修正。但实际上，计划过程可以在这些步骤间时有重复。例如，现状分析可能发现一个合乎常理的备选方案，但是，这个备选方案可能并不包括在企业使命陈述中，这就需要修改企业使命陈述。又如，实施计划形成后可能发现没有足够的资源分配给特定的产品或服务来实现既定目标，在这种情况下，企业要么改变目标，要么增加资源；另一种备选方案是，可以考虑完全不投资该产品。因此，营销计划又不总是有序可依。[①]

9.3　客户关系管理

　　客户关系管理即顾客关系管理，它可能是现代营销学中最重要的概念之一。广义的顾客关系管理是指通过为顾客提供较高的价值和满意度来建立和保持可盈利的顾客关系的整个过程，涉及获取、维系和发展顾客的方方面面。

9.3.1　创造顾客价值和顾客满意

　　构建持久的顾客关系的关键在于创造卓越的顾客价值和顾客满意，这是建立顾客关系的基石。满意的顾客更容易成为忠诚的顾客，也更可能为企业带来更多的业务。

1. 顾客价值

　　吸引与保留顾客可能是一项非常困难的任务。顾客经常要从大量令人眼花缭乱的产品和服务中做出选择。顾客会从提供最高顾客感知价值的企业那里购买产品。重要的是，顾客通常不能"准确"或者"客观"地评价价值和成本，他们往往会根据感知价值判断。对一些消费者来说，价值可能意味着以合理的价格获得合适的产品；但对另一些消费者来说，价值可能意味着支付较高的价格获得更好的产品。

2. 顾客满意

　　顾客满意取决于消费者所感知的产品效用与其期望相符合的程度。如果产品效用低于顾客期望，顾客就会不满意；如果产品效用与顾客期望一致，顾客就会满意；如

---

　　① 杜鲁弗·格雷瓦尔，迈克尔·利维，2015. 市场营销学[M]. 郭朝阳，译. 3 版. 北京：中国人民大学出版社：23-36.

果产品效用超出顾客期望，顾客就会产生高度的满意和愉悦感。对于想要取悦顾客的企业来说，卓越的价值和服务将成为整个企业文化的重要组成部分。营销的目的在于创造顾客满意的同时使企业盈利，这就要求企业达到一种微妙的平衡状态：营销人员必须能够持续不断地创造顾客价值和顾客满意，但不能倾其所有。

9.3.2　顾客关系的层级和工具

根据目标市场的特征，企业可以在很多层次上建立顾客关系。在一种极端情况下，那些拥有很多低利润顾客的企业可以追求基本的顾客关系。例如，宝洁公司的汰渍洗衣粉营销人员不会给所有的消费者打电话来了解使用情况，而是会通过广告、公共关系、网站和社交媒体来建立顾客关系。在另一种极端情况下，对于拥有少数高利润顾客的市场，企业会希望与关键顾客建立亲密的合作关系。例如，宝洁公司的销售代表与沃尔玛以及其他出售汰渍的大型零售商有着密切的联系。在这两个极端之间，其他层级的顾客关系可能会更为合适。除了持续提供较高的价值和顾客满意外，营销人员也可以使用专门的营销工具来发展更牢固的顾客关系，如采用"频繁购买优惠"、"VIP顾客优惠"以及俱乐部或会员制等提升顾客忠诚度的工具。

随着互联网和社交媒体的崛起，快速发展的数字科技已经深刻地改变了人们之间的联络方式。这对企业和品牌如何与顾客建立联系，以及顾客之间如何相互联系和影响彼此的品牌行为产生了深远的影响。因此，顾客关系的本质已经发生了巨大的变化。

数字时代催生了一系列建立顾客关系的新型工具，从网站、在线广告和视频、移动广告和应用软件、博客到在线社区以及 Twitter、Facebook、微信、QQ 等大众社交媒体。过去，企业主要采用大众营销，与顾客之间有着一定的距离。如今，企业采用在线媒体、移动媒体和社交媒体营销，精准定位目标群体，并与顾客进行更深层的互动。旧式营销是将品牌营销给顾客，新式营销则是顾客参与营销（customer-engagement marketing），通过促成顾客直接和持续地参与来塑造品牌对话、体验和社区。顾客参与营销的目的远不止把品牌推销给消费者，而是使品牌成为消费者交流和生活中有意义的一部分。营销人员不仅要进行顾客关系管理，同时要让顾客管理关系，在这个过程中，顾客通过与企业和与其他顾客联系来形成自己的品牌体验。顾客权力的增加意味着企业不能再依赖于入侵式的营销。企业要采用吸引式的营销，通过服务营销、关系营销、整合营销、柔性营销、定制营销、参与营销等方式，创造会吸引顾客的市场供给物和信息，促进产品、品牌与顾客的互动和对话，以及消费者自发营销的有效生成。[①]

关系营销（relationship marketing）倡导企业应积极主动地与其相关利益群体，如

---

① 加里·阿姆斯特朗，菲利普·科特勒，2021. 市场营销学[M]. 赵占波，孙鲁平，赵江波，等译. 13 版. 北京：机械工业出版社：10-15.

顾客、公众、供应商、营销中介等建立并保持友好合作的关系，以形成一种长期稳定的关系网络，保持企业有利的市场竞争位置，实现企业的营销目标。关系营销的核心是建立和发展与顾客长期的、良好的关系，在此基础上开展营销活动，为顾客提供高度满意的产品和服务。

整合营销（integrated marketing）是一种对各种营销工具和手段的系统化结合，根据营销环境的变化，进行即时的动态修正，以使交易双方在交互中实现价值增值的营销理念与方法。整合就是把营销的各个环节和各种策略与方法综合成一个有机的整体（以消费者为中心）。

柔性营销又称软营销，是针对工业经济时代以大规模生产为主要特征的强势营销所提出的新理论。该理论强调企业在进行市场营销活动的同时，必须尊重消费者的感受和体验，通过一系列人性化的营销活动让消费者能心甘情愿地接受企业的产品和服务。相对于以广告和人员推销等为主要促销手段的强势营销，柔性营销强调通过有效沟通，让消费者主动接受企业提供的产品或服务。借助互联网，企业实现了与消费者之间自由、平等、开放和交互的信息交流，从而使软营销理论得以实践。

定制营销视每一位顾客为一个单独的细分市场，根据每一个人的特定需求来安排营销组合策略。定制营销是在规模化生产不能满足顾客多样化、个性化需求的情况下提出来的。在市场需求多样化的今天，定制营销能极大地满足顾客的个性化需求，提高企业的竞争力。顾客数据库是企业实施定制营销的依据。

消费者自发营销（consumer-generated marketing）是指消费者在自己和其他消费者的品牌体验形成过程中扮演着越来越重要的角色。消费者自发营销可以通过消费者自发地在博客视频分享网站、社交媒体和其他电子论坛上进行信息交流而发生。企业开始越来越多地邀请消费者在塑造产品和品牌过程中扮演更活跃的角色。例如，邀请消费者提供新的产品服务创意、参与企业的广告制作等。

9.3.3 顾客资产增值

顾客价值是企业为顾客创造的价值；与之相对，顾客资产是顾客为企业创造的价值，主要体现在直接价值、创新价值与扩展价值三个方面。

直接价值是顾客的直接购买为企业带来销售收入及利润的价值，不仅指顾客短期的一次性的购买所带来的价值，更是指顾客终身重复购买所带来的价值。

创新价值是指顾客不断推动企业市场创新、产品创新所带来的价值。优秀的顾客善于表达自己的需求，并乐于对企业产品和服务的不足提出自己的意见，从而为企业创新提供思路和动力，也就是为企业提供了建立优势和开拓新市场的机会。这些顾客是创意的来源，是新产品的首推对象，同时也是扩大需求的首选对象。

扩展价值是指忠诚顾客在形成规模、网络化和购买定式后的壁垒效应以及口碑效应所带来的更为广泛的收入增长、利润增长和成本下降。首先，一旦忠诚顾客形成规模和网络化，顾客间易于形成良性互动而不断增强其忠诚度。忠诚顾客的重复购买使交易成为习惯，并形成购买定式，购买定式和不断增强的忠诚是巨大的转换壁垒，阻止顾客转向其他供应商，并且大规模降低交易成本。其次，一定规模的网络化忠诚顾客会自发地形成口碑，这种口碑又导致顾客规模的持续扩大，并进而产生新的忠诚顾客，从而带来更为广泛的销售收入。最后，忠诚顾客会极易接受企业围绕核心产品开发出的相关产品，甚至全新的产品，这就使企业新产品的推广费用大大降低，推进时间大大缩短。[①]

9.3.4 客户维系

顾客可分为老顾客和新顾客，老顾客是指重复购买本企业产品的顾客，新顾客指第一次购买本企业产品的顾客。企业只有保持老顾客，同时不断地吸引新顾客才能获得稳健持续的发展。从营销成本来看，吸引新顾客的成本通常是保持现有顾客成本的五倍以上，进攻性营销比防守性营销成本高很多。顾客忠诚是顾客满意连续积累的过程。在此过程中，新顾客成为老顾客，老顾客成为忠诚顾客。然而，即便是忠诚顾客也仍然需要企业不断加以维护，挖掘其价值，这样才能使顾客忠诚演变为顾客资产并不断升值。然而，现实中造成顾客流失的原因在于顾客对产品的实际评价低于预期，或发生了问题又没有得到及时有效的解决。防止顾客流失、建立顾客忠诚的主要路径包括注重产品质量、引导顾客期望、响应顾客抱怨、建立客户关联、注重情感投资、传递客户满意、建立客户关系管理系统等。

思考与作业

1. 如何优化营销计划的流程？
2. 营销战略的类型及适用范围有哪些？

---

① 钱旭潮，王龙，2021. 市场营销管理：需求的创造与传递[M]. 5版. 北京：机械工业出版社：393-394.

第 10 章　营销伦理：永续价值

营销道德是判定营销活动正确与否的标准之一，即判断企业营销活动是否符合消费者及社会利益，能否为消费者及社会创造最大价值。一个企业只有具备正确的企业伦理观、社会公认的营销道德观，履行相应的企业社会责任（依法治理，遵守法律、道德准则、商业伦理；保证员工安全、平等就业，反对歧视；保护环境，参与社会公益事业等），才能得到公众的信任和社会的认可。企业的利益相关方等组织赋予了企业多维的社会责任，体现在营销活动的全流程。企业营销伦理观和社会责任建设有利于可持续发展及价值永续，有利于提升企业及品牌美誉度，有利于提高客户及员工满意度，有利于增强核心竞争力。[①] 企业只有坚持长期主义，组织实施富有责任担当、环境友好的营销活动，才能推进可持续发展。[②]

10.1　营销伦理概述

长期来看，不道德的市场营销会损害顾客和整个社会的利益，最终毁掉企业的声誉和销售，危及企业的生存，所以，满足消费者利益和社会福利的可持续市场营销的目标，只能通过有道德的市场营销行为来实现。有些营销行为不道德或不合法，如贿赂、窃取商业秘密、虚假广告、错误标签、价格操纵等，但还有一些营销行为存在很大的争议和分歧。在日益复杂的商业环境中，即使是具有强烈社会责任感的企业，也会因难以划分正常营销行为和不道德行为之间的明确界限而面临艰难的道德选择。

但是，在道德和社会责任问题上，究竟应该以什么标准指导企业及其市场营销活动呢？较低的要求是由市场和法律制度来决定企业的道德水平，营销人员可以做市场和法律允许的任何事情。但更多的企业认为，企业应该具有社会良知，承担更高的道德责任，而不是仅仅按"制度允许的"行事。为此，每位管理者不仅要遵守法律的规定，更要建立基于个人诚实、企业良知以及消费者长期福利之上的标准。越来越多的企业制定道德计划来帮助管理者认识一些重要的道德问题，并指导他们如何恰当地应对道德问题；还有一些企业成立道德委员会甚至设置高级道德岗位来处理道德事项，

---

① 王纪忠，2016. 市场营销[M]. 2 版. 北京：北京大学出版社：236.
② 加里·阿姆斯特朗，菲利普·科特勒，2021. 市场营销学[M]. 赵占波，孙鲁平，赵江波，等译. 13 版. 北京：机械工业出版社：427.

以帮助员工解决所面临的道德问题和困境。但是，书面的准则和道德计划并不能确保实际的道德行为。道德和社会责任要求整个企业参与，必须成为企业整体文化的组成部分。①

营销伦理关系到企业的价值观基础，关系到企业交换关系是否能够达成，关系到企业的长期生存和发展。道德价值观关乎企业的可持续发展，是企业文化的核心，也是企业价值的基础依据。营销对消费者、社会、其他企业的负面影响主要以营销伦理问题体现在市场调研、产品、价格、分销、促销及竞争等营销活动中，即每个环节都会存在营销伦理道德问题。这些道德问题，无论是对消费者的利益、企业的利益，还是对社会整体的利益都会造成严重的损害。对消费者而言，营销中的不道德行为轻则造成经济损失，重则影响身心健康甚至威胁生命安全；对企业而言，不道德行为一旦被揭穿，势必使企业名声扫地；对社会经济而言，营销不道德行为的泛滥会导致资源严重浪费和经济不健康发展。

10.1.1　营销调研中的道德问题

对于调研人员来讲，要为客户保守业务秘密，要保证调研工作质量，如问卷设计要认真，访问次数不要偷工减料，收集的资料要真实可靠，要尊重受访者的尊严和隐私权，并对其身份进行保密，未经许可，不能随意公布受访者提供的资料。对委托调研一方来说，要依约支付调研费，要公正、全面地发表调研成果，不能断章取义等。如果违背以上原则就属于道德问题，必然会受到道德谴责。

10.1.2　产品策略中的道德问题

1. 欺骗消费者

有的企业在营销中存心欺骗消费者，将假冒伪劣商品充当优质商品出售给消费者。产品缺乏应有的质量、产品提供的利益较少等假冒伪劣问题会严重破坏市场秩序、阻碍守法经营企业正常发展。例如，一些劣质产品生产厂家为追求利润，会选择劣质的便宜的或二手的充电宝电芯，让整个行业蒙受不良影响，使行业整体形象受到极大影响。企业生产合格产品，不仅是基本的道德要求，也是企业生存的根本途径，更是企业的一种社会责任。

2. 操纵消费者

有的企业在产品推广中故意操纵消费者的需要，过分刺激消费者的欲望，抬高社会成本。某些行业故意使其产品很快过时，鼓励消费者在尚可使用时就丢弃不用。有些制造厂家故意保留已开发成功且极具吸引力的产品特性，采用细水长流的方式推出，

---

① 晁钢令，楼尊，2019. 市场营销学[M]. 5版. 上海：上海财经大学出版社：348-354.

以促使消费者一再更新产品，造成社会资源的严重浪费。

3. 产品信息不实

产品的包装及标签必须提供真实的商品信息。企业有时出于自身利益的考虑，不愿披露与产品有关的危险。例如，对儿童玩具中含有有害化学物质以及家用电器可能由于使用不当而发生爆炸等危险未加以披露。产品信息不实包括：产品包装不能提供真实的产品信息，或包装过度造成社会资源的浪费及环境的污染；在产品说明书中成分标示不明或未提及产品的副作用，严重侵害消费者的知情权。

4. 产品生产损害

在产品生产过程中不能给员工带来身心的伤害。一些企业在利益的驱使下，使用劣质或工业用原料加工食品，严重危害了消费者的安全及健康，给社会造成环境污染和影响社会正常生活秩序。

5. 产品使用危害

有的产品在使用过程中给消费者带来人身和财产安全方面的危害，或者产品废弃物对环境造成污染。

10.1.3　价格策略中的道德问题

1. 存在欺诈性定价

定价时，故意抬高标价然后声称酬宾大减价或对无货的商品故意定低价，以造成廉价的错觉，行高价之实；或低价引进门，然后漫天要价。掠夺性价格、歧视价格、垄断价格及未披露全部价格信息等都是价格行为中违背营销伦理道德的典型表现。具体表现为利用消费者对价格的无知漫天要价，攫取超额利润；以不实的出厂价、批发价和成本价大做广告，先提高价格再做促销等。

2. 制定掠夺性价格

制定掠夺性价格即把产品的销售价格定得远远高于生产成本，如某些服装、药品和保健品、化妆品等常常是销售价格高于生产成本很多倍。一般来说，价格差异不都是违法的，但从道德角度看，价格差异易于引起怀疑，而且如果价格差异是用来削弱或损害竞争对手的，就会产生道德问题。价格中的营销道德问题还包括营销系统通过巧妙的安排，使价格比合理的水平高出许多，如很多消费者指责商品的价格中所包含的广告及促销费用过高。某些垄断性行业对产品实行超额加成也构成营销道德问题。

3. 实行垄断性价格

有些同类产品的生产商或销售商为了阻止产品价格的下降而实行价格共谋,要求此类产品必须按协议价格销售。由于市场信息的不对称,消费者对产品的成本、价格无法做出准确的判断,这些企业便把产品的销售价格定得远远高于生产成本,利用消费者求名买贵的心理牟取暴利。这些做法严重地损害了消费者的利益,扰乱了正常的市场经济秩序。

4. 竞相降价的恶性竞争

价格竞争是企业市场竞争的有效手段,它可以促进市场的优胜劣汰,但是过度价格竞争的结果是:多方的利益遭受损失,企业盈利水平下降,资金积累和技术研发水平降低,进而危及企业的生存;企业降低质量标准,消费者的安全受到威胁。价格竞争本无可厚非,它是市场经济条件下的一种必要的竞争方式,但一旦超出理性的界限,就会给相关企业正常的经营带来灾难性的后果。控制这种现象的蔓延,要靠政府干预、行业协调,更要靠相关企业的自律。只有形成以承担社会责任为基础的道德约束才是根本的出路。

10.1.4 分销策略中的道德问题

分销中的营销道德问题主要源于生产商与中间商之间的关系。生产商和中间商之间本应该是分工与协作的关系,但两者之间存在的利益上的矛盾常常导致协作中断,最终形成渠道"陷阱"。

1. 违反供货合约

生产商和中间商违反独家经销合同,如不如数供货给经销商,或经销商不按期付款给生产商,恶意拖欠厂家货款,致使货款不能及时回笼,或生产商与经销商相互推诿产品售后服务的责任等。

2. 中间商违规进货

某些中间商为了自身利益不顾合约的规定,避开合法的渠道,寻找其他的中间商或者经销其他生产商的产品,选择从一些非法的渠道进货,销售其他企业的产品,或生产商利用自己的垄断地位,损害消费者和生产商的利益。

3. 生产商胁迫中间商

生产商凭借其在分销渠道中的优势地位,对中间商的销售活动施加各种干预,改变和控制制造商的销售政策,采取终止合作关系、减少经销利润和广告支持、停止或减少供货、提升铺货成本等胁迫手段迫使中间商从事一些违反营销道德的行为。

4. 中间商审货

中间商为了自己的利益，会采用"刁难"审货等不符合营销伦理的恶性竞争手段来影响产品销售。这不仅造成了市场混乱，还扰乱了正常的市场竞争秩序，损害了生产商、其他经销商和竞争对手的利益，使消费者对品牌失去关注度。有些中间商见利忘义，它们为了避免货品积压，扩大销量以获得生产商的高额返利，人为制造扰乱价格、恶意竞争；利用货架资源随意更换生产商产品的摆放位置。生产商不仅要与其他企业、消费者建立良好关系，还要与中间商建立长期的合作关系。生产商和中间商之间不仅需要签订协议予以保证，还需要诚信来维持。

10.1.5　促销策略中的道德问题

在营销沟通中经常会产生道德问题，如虚假和误导性广告、操纵或欺骗性促销、欺骗性战术或过度宣传等。企业之间的竞争越来越激烈，因此，有些企业为了各自的生存和发展，过分地注重所谓的注意力经济，片面强调吸引消费者的眼球。在促销策略中存在的道德问题尤为严重。

1. 违规的包装

包装上的产品宣传言过其实或言不符实，或过度包装，加大成本，造成资源浪费。企业在推出一些产品满足消费者个人需要的同时，往往会带来较大的社会成本，如果企业对此没有承担相应的社会责任，就会增加社会的负担。例如，香烟在满足吸烟者需要的同时，损害了吸烟者的健康，侵害了不吸烟者的权利，导致因吸烟和被动吸烟致病的人数上升。

2. 忽悠的公关

捐款、资助等公共关系活动是企业提高公众形象的一个有效方式，然而一些企业，甚至是一些知名企业，只是利用公共关系活动进行企业及产品的宣传，事后却不履约。

3. 坑人的推销

有些推销人员采取操纵、威吓等一些强迫手段向消费者推销其并不需要的产品，在促销中诱惑消费者购买不需要的产品或不想买的产品，或推销伪劣产品和滞销产品等；有些推销人员以高于市场价很多的价格向消费者推销产品；有些推销人员采取歪曲诱导、坑蒙诈骗的方式诱骗消费者购买那些假冒伪劣产品或滞销积压的产品；有些推销人员为了做成生意，给予对方回扣或向对方送礼行贿。现实中，有的商家有意安排"托儿"，制造产品"紧俏"的假象，诱使不明真相的消费者上当；或宣传"买一赠一"，但赠品与卖品相差很大；或炒作概念，利用人们对新科技产品的依赖和追求心理，故意将开发的新产品冠上科技新概念，以蒙骗消费者，促进产品销售。另外，有些推销人员在推销活动中以貌取人,不尊重消费者,对消费者爱答不理、冷嘲热讽、不耐烦,甚至辱骂、殴打消费者,严重损害了个人形象和企业形象。

10.1.6　广告策略中的道德问题

1. 广告欺骗

有些企业在广告中进行虚假宣传,过度夸大产品的功效,诱使、欺骗消费者购买产品。一些企业不负责任地向消费者开"空头支票",存在欺诈性承诺,结果很难兑现或压根就不想兑现承诺,以此来达到促销目的。

2. 广告攻击

有些企业通过含沙射影地诋毁同业的广告来攻击竞争对手,以提高本企业和产品的地位。

3. 广告误导

有些企业在广告宣传中故意模棱两可、含糊其词,从而引起消费者对广告真实含义的误解,使消费者做出错误的购买决策。

4. 广告污染

广告在传播过程中,必然会对社会文化、社会风气等产生一些现实和潜移默化的影响,因此,广告的内容和形式应该是积极向上的。但是,有些企业的广告过多地向人们灌输物质主义、权势、地位等观念,在播出和刊登后对社会造成不良影响,这种广告污染在一些医药和保健品广告上表现得比较明显。

10.1.7　软文营销中的道德问题[①]

在软文营销过程中,有的企业为了博取大众眼球,以获得更好的传播效果,追求自身利益的最大化,不惜恶意炒作或蓄意制造舆论热点,有的不惜捏造事实、散布谣言,以吸引用户眼球,误导用户看法,博取用户同情,让用户上当受骗。这些行为将导致企业面临道德层面的风险,以及经营效益和信誉的损失,严重时还会受到法律的制裁。为了眼前的蝇头小利去做一些违背社会道德且消耗企业品牌信誉的行为,对企业的长远发展而言是不利的。企业规避这类风险,就要掌控软文营销的尺度,在确保产品或品牌的研发背景、生产过程及性能功效等关键环节客观真实的前提下,提炼产品或品牌的核心卖点进行适度的包装和修饰。只有依托事实、兼顾企业和消费者双方利益的软文才能站得住脚,让用户产生认同和信任,才能经得起市场的考验。企业要

---

① 梁芷曼,2018. 软文营销[M]. 北京:人民邮电出版社:179-180.

注意规避软文营销言过其实、撰写错误，著作权、肖像权以及名誉权等风险。

10.1.8　市场竞争中的道德问题

随着市场竞争的加剧，有些企业为了谋求竞争优势，采取各种不道德的竞争手段，既破坏了正常的竞争秩序，损害了同行利益，又增加了成本。首先，以不道德的方式获得竞争对手的知识产权和商业秘密。例如，商标抢注行为，有的抢注不是为了生产、销售产品，而是为了投机、获利。有的企业以合作、洽谈、考察为幌子，乘机获取竞争对手的商业秘密；有的对竞争对手使用"商业间谍"；有的利用高新技术窃取竞争对手的商业秘密。其次，开展恶性竞争，如价格大战或有奖销售战，有的相互攻击、诽谤，制造谣言，诋毁竞争对手的企业形象和产品形象。最后，利用"权力营销"，与政府有关部门或者人员相互利用，进行权力营销，不仅污染社会风气，为各种腐败现象提供了"温床"，而且给正当经营造成了巨大冲击。[①]

营销活动的种种不道德行为不仅给消费者、同行企业带来了负面影响，还给社会带来了负面影响（图 10-1）。对消费者的负面影响包括高价格（一般由高分销成本、过高的广告和促销成本、过高的加价形成）、故意过时（有的生产商依照一些故意过时的计划，使其产品在确实需要替换之前就已过时）、欺骗行为（欺骗性定价、欺骗性促销、欺骗性包装等）、高压销售（销售人员有时会进行高压销售，说服人们购买他们从未想过要购买的商品）、对弱势消费者的低质服务、出售劣质或不安全产品（产品劣质、低消费收益、造成伤害等）；对同行企业的影响包括恶意收购竞争对手、进入壁垒（减少竞争）、不公平竞争（掠夺性定价等）；对社会的负面影响包括错误地引发需求和过度物质主义、文化污染（低俗广告等）、提供过少的社会产品（指企业以牺牲公共物品为代价，即过度销售私人物品，引起社会成本增加）。这些负面影响损害了消费者的权益，影响了企业形象，阻碍了企业的长期发展，造成市场整体失序。在这种失序的市场环境中，最终遭受损失的还是企业。因此，企业要对营销道德加以重视。

图 10-1　营销对社会的负面影响

资料来源：菲利普·科特勒，加里·阿姆斯特朗，洪瑞云，等，2022. 市场营销原理：亚洲版[M]. 赵占波，姚凯，译. 4 版. 北京：机械工业出版社：443.

---

① 钟旭东，2019. 市场营销学：现代的观点[M]. 2 版. 上海：格致出版社：35-39.

10.2 营销伦理的新理念

10.2.1 社会责任营销

营销活动必须和主流的伦理观、价值观及社会责任相匹配。企业在社会责任方面要采取更为积极的策略,这被认为不仅对顾客、员工、社区和环境有利,而且对股东也有利,企业也在不同方面受益。提升社会责任营销的水平需要从法律责任、伦理责任和社会责任等方面入手。

1. 法律责任

企业必须确保每一个员工都知道并遵守相关法律。例如,销售人员向消费者说谎或者误导消费者是违规或违法的,不能向采购代理商或其他影响 B2B 销售的人进行贿赂;销售人员的表述必须与广告宣传一致,并且不能通过贿赂或商业间谍来获得或使用竞争对手的技术和商业秘密;销售人员不能通过暗示不真实的事情来诽谤竞争对手或其产品。

2. 伦理责任

企业伦理(enterprise ethics 或 business ethics)也称商业伦理或企业道德,是企业经营本身的伦理,是企业在处理企业内部员工之间、企业与社会、企业与顾客之间关系的行为规范的总和。不仅企业,凡是与经营有关的组织都涉及伦理问题。只要由人组成的集合体在进行经营活动时,在本质上始终都存在着伦理问题。一个有道德的企业应当重视和尊重他人,积极采取对社会和消费者有益的行为。价值观的基础就是伦理道德。企业伦理观念是美国在 20 世纪 70 年代提出的,企业伦理要素包括以人为本、与人为善、守信负责、公平平等、社会责任等。市场营销等商业行为有时会受到攻击,因为商业环境经常会让企业面临道德选择,企业很难在合规营销行为和不道德行为之间划一条明确的界限。一些问题可能产生争议或让社会相关方产生意见分歧,如在儿童市场销售"不健康"食品的问题。当然,一些商业行为是明显不道德或不合法的,这些行为包括贿赂、窃取商业秘密、虚假欺骗广告、排他性销售、捆绑协议、质量或安全问题、虚假质保、错误标签、价格操纵或者非法歧视、进入壁垒和掠夺性竞争等。企业必须制定营销伦理守则,建立符合道德规范的企业行为系统,督促员工执行并为之负责。

3. 社会责任

营销管理者在和顾客、利益相关者打交道时,都必须实践他们的社会良知及责任。越来越多的人想知道企业在社会责任和环境责任方面的担当履历,以帮助自己决定在哪个企业购买、投资和工作。通常来说，企业承诺更多的可持续发展和环境保护，可能面临更多的困境。一些批评者担心公益营销或"消费性慈善"（consumption philanthropy）可能会用未经深思的购买行为代替慈善行为，减少对真正的解决方法的关注，或者使人们不再注意到市场最初可能造成的许多社会问题。对可持续发展的过度关注的企业，已经不幸地导致了"伪环保"（green washing），这使得产品被披上了环保的外衣却没有兑现承诺。一项研究显示，自称为绿色产品的产品标签中有一半在关注产品有利于环保的方面（如再循环内容）的同时，却忽略了产品不利于环保的方面（如生产强度或运输成本）。因为一些不诚信的企业也赶绿色环保这个卖点，消费者对于那些自称环保的产品带有一种合理的怀疑，他们既不愿意牺牲产品性能和质量，也不愿意为绿色产品支付高价。绿色产品可能更加昂贵，因为其成本高，而且较少的运输量也会导致更高的运输成本。因此，企业要关注并构建富有社会责任的商业模式，那些从社会责任角度出发，有更新解决方案和价值观的企业才最有可能获得成功。①

10.2.2　可持续营销

可持续营销（sustainable marketing）是在新形势下的一种特定的营销观念。可持续发展已经成为全球关注的热点问题。可持续性不仅意味着环境友好，还意味着放眼未来。可持续性意味着满足当代人需求的同时又不能对后代产生危害，包含环境可持续性（基本生态系统及其功能的持续保护）、经济可持续性（经济系统为人类需求持续提供产品和服务的能力）和社会可持续性（社会为其成员的福祉持续供给的能力）三个方面。这三个方面彼此依存和相互作用，人类的福祉需要经济活动，经济活动又依赖于自然系统。人类（people）+利润（profit）+地球（planet）的 3P 平衡成为可持续性的底线。企业的市场营销活动对社会和环境产生着深远的影响，市场营销在创造可持续的社会中发挥着重要和独特的作用。

1. 可持续营销的概念

可持续营销是以自然和人类资本都得到保护或强化的方式创造、共享和递送价值给顾客的过程。它并不与营销理念的基本原则相冲突，而是强调在整个营销过程中保护环境和可持续性，这就要求企业开发创造价值的新方式，也要求企业建立新思维和新的商业关系。

社会营销观念引入了社会责任，消费扩展了市场营销哲学，要求营销者以不损害社会福利的方式满足当前消费者和企业的需求；战略规划观念考虑到了企业未来的需求和长远的发展；而可持续营销观念则兼顾了两者，未来更进一步地要求企业承担对社会和环境的责任，既满足消费者和企业的当前需要，也满足他们的未来需要（图 10-2）。企

---

① 菲利普·科特勒，凯文·莱恩·凯勒，2016. 营销管理[M]. 何佳讯，等译. 15 版. 上海：格致出版社：627-631.

业要把可持续性作为发展的核心价值观之一，要构建满足当代需求的同时又不对后代产生危害的营销逻辑。

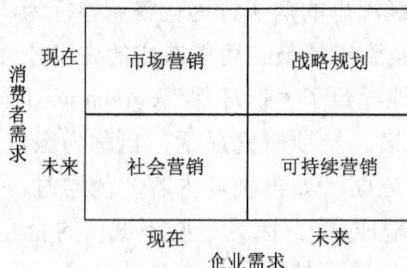

图 10-2　可持续营销逻辑

资料来源：晁钢令，楼尊，2019. 市场营销学[M]. 5 版. 上海：上海财经大学出版社：349.

通过市场营销系统，人们大多数的物质需求和心理需求得到满足。作为企业与社会的交互活动，市场营销对形成社会文化的改变有巨大的潜力。可持续营销能够对人类的可持续性发展发挥重要的积极作用。菲利普·科特勒指出，真正可持续的市场营销需要一个运行顺畅的市场营销系统，其中消费者、企业、公共政策的制定者以及其他人齐心协力，努力确保市场营销行为符合社会责任和道德规范。市场营销理念基本原则认为，组织通过比竞争者更有效地确定和满足目标顾客的需要和欲望来实现繁荣和发展。但当前的营销实践往往致力于通过给予顾客当前需要的满足来实现企业短期的销售、成长和利润目标，而忽略了满足消费者当前需要和欲望并不总是符合消费者或企业未来的最佳利益这一客观事实。有时，即使是满足某些消费者当前需要的良好市场营销活动，也可能在当前或未来产生对其他消费者或社会的损害。例如，SUV 车型在容量、动力和效用方面满足了许多驾驶者当前的需要，但其大排量在环境责任方面却引发了不得不由当代和后代消费者承担的问题。

2. 可持续营销的原则

为支持营销系统长期的最佳业绩，企业的市场营销活动必须遵循可持续营销的原则。可持续营销不仅关注当今顾客的需要和欲望，还要关心未来的顾客，确保企业、股东、员工以及赖以生活的地球的存续和发展。可持续市场营销包括五条指导原则，即顾客导向原则、顾客价值原则、创新性原则、使命感原则以及社会责任原则。

（1）顾客导向原则

顾客导向原则是指企业应该从顾客的视角看待和组织市场营销活动，这是市场营销理念的核心。营销应该始终将顾客放在心中，努力地感受、服务和满足特定顾客当前和未来的需要。向精心挑选的顾客传递卓越价值的激情是所有优秀营销的共同点。只有从顾客的视角看待世界，企业才能真正理解顾客的需求，建立持久和可盈利的顾客关系。

（2）顾客价值原则

顾客价值原则是指企业应该将大部分资源投入到为顾客创造和传递价值的营销活动中。市场营销应基于这样一种信念，满足顾客需求和欲望的企业能够得以发展，不能满足顾客需要的企业，以及有意或无意伤害当前顾客、社会或未来顾客的企业将难以为继。因此，唯有那些以承担社会、环境和道德责任的行为方式为顾客创造价值的企业才能够做到可持续发展，取得最终长久的成功。越来越多的企业已经将可持续市场营销作为一种创造即时和未来顾客的价值、强化客户关系的手段。明智的市场营销者致力于不断改善顾客从产品和服务中得到价值，以此来建立长期的消费者忠诚。通过为顾客创造价值，反过来企业也可以从顾客那里获得回报。

（3）创新性原则

创新性原则要求企业不断改善其产品和营销方法。可持续营销不同于传统营销，需要企业寻求创造价值的新方式，为此企业必须持续不懈地进行创新。例如，高污染行业企业，通过生产流程的循环再造、产品的技术升级以及营销理念的绿色重塑等方式，实现了可持续发展，在满足顾客需求的同时，自身也成为环境友好型的企业。可持续营销的要求促进了企业不断创新，而创新又是实现企业可持续发展的保证。

（4）使命感原则

使命感原则要求企业以广泛的社会视角，而非狭隘的产品视角定义自己的使命。企业的社会使命一旦确立，员工就会对自己的工作有良好感觉，并有更加清晰的努力方向。品牌如果能够与更广泛的社会使命相联系，则有利于最大化企业和消费者双方的长期利益。由使命驱动的企业知道要"做好"的同时，必须先"做对"，致力于发展能够促进使命实现，且可持续盈利的业务。

（5）社会责任原则

社会责任原则是指企业在制定市场营销决策时，必须考虑利益相关者的欲望和利益、企业的要求和社会的长期利益。如今，顾客不断增长的期望、员工日益提高的目标、政府法规的规制、投资者和媒体的监督以及企业的不断自觉等，这些力量正驱使企业实践更高水平的社会责任。采用和实施高水平社会责任的营销会使顾客、员工和其他利益相关者感到满意并获得商业成功，而且被认为具有社会责任的企业更容易吸引优秀的员工。相反，忽略消费者和社会长期利益，会给消费者和社会造成损害，最终损害企业的未来。因此，明智的企业纷纷开展符合社会责任和道德规范的市场营销，为顾客和社会创造可持续的价值。例如，负责任的企业不仅提供使人感到愉悦的产品来满足消费者当前的需要，而且生产能为消费者和社会带来长期利益的产品。

从企业面对消费者的伦理来看，产品可以根据当前消费者满意和长期消费者利益两个维度分为四类：既没有即时的吸引力，又没有长期利益的缺陷产品（deficient product），如味道难吃且无效的药品；能带来高度的即时满足，但从长期看却可能对消费者造成损害的取悦产品（pleasing product），如香烟和垃圾食品；当前吸引力很低，但从长期看对消费者有利的有利产品（salutary product），如摩托车头盔和保险产品；

既能够提供高度的即时满足，又能够产生长期利益的理想产品（desirable product），如味美又有营养的早餐食品。许多企业通过技术创新尽力使自己的产品都转变为理想产品。社会责任原则要求企业的营销活动对包括顾客、合作伙伴、投资人、员工和社会在内的利益相关者当前和未来的利益负责。企业在承担利益相关者的社会责任和环境责任方面的表现，已经成为人们购买、投资和工作决策时重要的考虑因素。越来越多的企业不仅实践社会责任，而且公布企业社会责任报告，向公众承诺并接受监督。企业可用事业关联营销（cause- related marketing）活动来提高社会福利，同时为企业创造独特的品牌定位，优化品牌形象，激励员工提高营销业绩乃至企业的市场价值。事业关联营销是指本着至少一个和社会福利有关的非经济性目标，使用企业或合作者资源的营销活动，它是企业将社会责任活动与营销活动结合常用的方法。

10.3 营销道德构建

营销道德的构建刻不容缓，但因其涉及人们的思想观念、是非观念，所以企业营销道德的构建将是一个长期而艰难的过程，需要参与社会经济生活的各方面共同努力，从社会和企业两个角度去重点考虑，在达到利益和谐的基础上，尽可能实现社会整体利益和个体利益的最大化。

10.3.1 社会角度分析

1. 发挥法律的震慑作用

为了促进市场经济的健康发展，国家已经出台了一系列法律法规，如《中华人民共和国产品质量法》《中华人民共和国食品安全法》《中华人民共和国商标法》《中华人民共和国价格法》《中华人民共和国广告法》《中华人民共和国电子商务法》《中华人民共和国消费者权益保护法》《中华人民共和国反垄断法》《中华人民共和国反不正当竞争法》等，但还不能全面满足经济发展的要求，一些现实问题的处理无法可依，一些不道德的营销行为得不到制裁。因此，需要进一步加大立法修法力度，为治理各类问题提供法律依据。市场营销管理领域有广泛的涉及法律的问题（图10-3），有的即使还没有到法律处理层面，也需要相关法规进行约束和规范。针对这些问题，要加强执法力度，使违法现象受到应有的惩罚（提升违法或不道德行为的成本），充分发挥法律的预防与震慑作用，只有这样才能提高企业营销道德水平。

2. 发挥行业协会的作用

行业协会是行业的群众性组织，因为是内行，所以容易辨别企业的行为，可以监督企业。营销道德问题普遍存在于企业活动之中，尽管从法律的角度看并不违法，但可能存在道德方面的问题。单个企业在行业中如同个人处于一个群体中，有一种

"从众心理"，大家都遵守成文或不成文的规则，因此自身迫于压力也必须服从。行业协会应制定统一的行业职业道德标准、违规处罚办法等，对企业营销活动加以规范和监督。

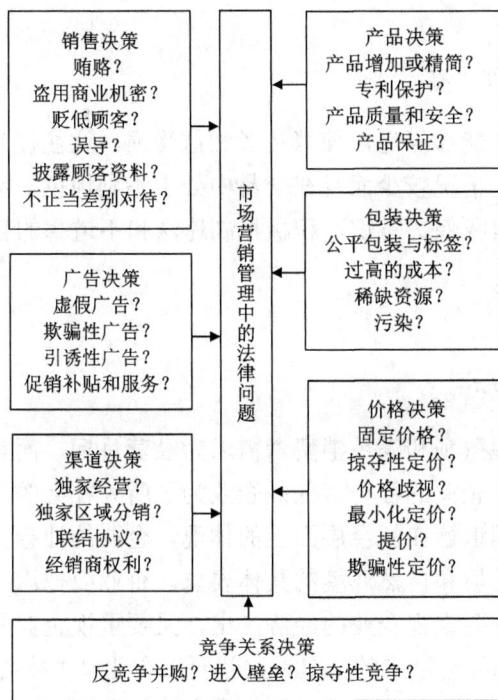

图 10-3　市场营销管理中的法律问题

资料来源：加里·阿姆斯特朗，菲利普·科特勒，2021. 市场营销学[M]. 赵占波，孙鲁平，赵江波，等译. 13 版. 北京：机械工业出版社：439.

3. 增强营销道德建设的主动性

营销道德的建设与社会道德环境的建设密不可分。应加强道德宣传，使公民自觉提高道德意识和道德修养，信守"勿以恶小而为之，勿以善小而不为"，以德为本，从而提高全社会道德水平，使不道德的营销行为失去存在的社会基础。我国传统文化重视"君子爱财，取之有道""货真价实，童叟无欺"等，但法律的地位和尊严并没有得到足够的重视，致使这种建立在良心基础之上的道德观念在市场经济大潮中受到了一定的挑战。因此，应加强法治教育，用法律武器保护自己的合法权利，并形成一种社会力量，自觉抵制不道德的营销行为；通过对媒体的监督控制切断虚假广告的传播源头；通过报刊和各种广告为消费者提供更多的商品知识，培养理性的消费者。

4. 加强企业文化建设

企业文化就是在一定的社会文化背景下，企业在长期生产经营过程中形成的具有明显特性的价值观、道德观、经营理念、战略思想的总和。它制约着企业营销决策的动机，规范着企业营销行为。企业文化是影响营销道德的重要内部因素，优秀的企业文化能形成巨大的感召力和凝聚力，能塑造员工的人生观、价值观，对提高营销道德水平起着重要作用。

5. 解决信息不对称问题

不道德的营销行为能够得逞，使消费者利益受损，这往往是由于营销者掌握的信息较多，消费者了解的情况较少而且在交易中处于不利地位。因此，要加强对消费者的宣传教育，增强其自我保护意识，积极抵制违法和不道德的营销行为。

10.3.2　企业角度分析

1. 树立社会营销观念

企业不仅要以实现盈利和满足消费者需求为经营目标，而且要以社会营销观念为指导去承担社会责任。企业的社会责任是企业为了所处社会的福利必须承担的道义上的责任，它是市场营销道德在社会层面上的体现。企业的社会责任是企业所处的社会文化环境、政治法律环境和自然环境的具体要求。企业应把承担社会责任作为营销活动的有机组成部分，既要重视企业的经济产出，又要重视企业的社会产出，力求二者均衡发展，使企业成为社会进步的工具，这就要求企业以"社会"的观点而非"产品"的观点来确定自己的使命，把社会的目标作为企业努力的方向。

2. 承担社会责任

企业不但要提供传统的经济服务，而且要为人们所关心的社会事务提供令人满意的服务，为社会的发展做贡献。例如，为社会提供就业机会，为员工提供培训、福利，资助文化艺术事业，捐助各种社会公益活动，协助政府提供社会服务等。

3. 提供社会价值产品

企业营销的目标不能仅限于满足消费者的需求，应着眼于全社会生活质量的提高。企业提供的产品和服务应在时间和空间上产生社会价值，不给社会带来危害或不经济。这就要求企业尽力降低并自觉承担产品的社会成本；尽量开发绿色产品、可回收产品，以减少环境污染，节约有限的资源；采用正当的竞争手段，维护良好的社会风气；尽量避免需求过度，正确引导消费者形成健康的消费观念。

4. 重视社会利益

企业的营销行为不仅要符合自身利益，而且要符合社会利益，这是企业与社会相互适应、共同发展的必要条件。企业应致力于维护社会及公众的当前利益和长远利益，制定履行社会责任、达成社会效益的营销行为规范并传导给企业员工，帮助他们解决营销活动中的道德问题，培养和造就一批具有高尚营销道德观念的营销人员。

5. 接受社会监督

社会及公众对企业营销道德水平的评价能够影响消费者是否购买企业的产品，而且这种影响越来越大。如果社会对一个企业的营销道德水平评价很差，消费者就会对该企业及其产品持反感、戒备、疏远的态度。因此，企业应该自觉地接受社会监督，及时了解消费者及公众对企业的评价和意见，把提高社会对企业营销道德水平的评价作为营销战略目标。

6. 强化营销道德规范

道德信念是指企业及其员工对某种营销道德规范、原则和理想的正确性深信不疑，并且具有履行这种道德义务的强烈责任感。它是一种主观的道德评价，主要通过良知来发挥作用。培育良好的道德信念，能够促使员工产生强烈的道德自立、自律意识，为企业营销道德的内化提供精神动力。营销道德的基本规范应是公平、自愿、诚实和信用。公平，是指买卖双方在交易中要等价交换、互惠互利；自愿，是指买卖双方应该完全按照自己的意愿进行交易活动，不强买强卖；诚实，是指买卖双方应互通真实信息，实事求是，不弄虚作假；信用，是指买卖双方应信守诺言，遵从合约。企业及其营销人员必须遵循这些基本规范，在满足消费者需求、保证消费者利益的基础上，通过正当的营销活动谋求企业利润，坚决杜绝以不正当手段损害消费者利益来谋求企业自身利益的行为。[①]

思考与作业

1. 如何防范营销伦理的风险？
2. 如何构建促进价值增值的营销伦理？

---

① 陶晓波，吕一林，2022. 市场营销学[M]. 7 版. 北京：中国人民大学出版社：19-26.

参 考 文 献

阿尔文·伯恩斯，罗纳德·布什，2015. 营销调研[M]. 于洪彦，金钰，译. 7 版. 北京：中国人民大学出版社.

伯特·罗森布洛姆，2014. 营销渠道：管理的视野[M]. 宋华，等译. 8 版. 北京：中国人民大学出版社.

查尔斯·W. L. 希尔，梅利莎·A. 席林，加雷思·R. 琼斯，2021. 战略管理：概念与案例[M]. 薛有志，李国栋，等译. 12 版. 北京：机械工业出版社.

晁钢令，楼尊，2019. 市场营销学[M]. 5 版. 上海：上海财经大学出版社.

程天纵，2019. 赋能：新创企业的成长课[M]. 北京：机械工业出版社.

戴维·乔布尔，约翰·费伊，2013. 市场营销学[M]. 徐瑾，杜丽，李莹，等译. 3 版. 大连：东北财经大学出版社.

蒂姆·史密斯，2015. 定价策略[M]. 周庭锐，张恩忠，赵智行，等译. 北京：中国人民大学出版社.

杜鲁弗·格雷瓦尔，迈克尔·列维，2015. 市场营销学[M]. 郭朝阳，译. 3 版. 北京：中国人民大学出版社.

段勇，张柳新，王茜鸢，2022. 探索虚实融合的教育元宇宙[J]. 人工智能（2）.

菲利普·科特勒，何麻温·卡塔加雅，伊万·塞蒂亚万，2020. 营销革命 3.0：从价值到价值观的营销[M]. 毕崇毅，译. 北京：机械工业出版社.

菲利普·科特勒，何麻温·卡塔加雅，伊万·塞蒂亚万，2021. 营销革命 4.0：从传统到数字[M]. 王赛，译. 北京：机械工业出版社.

菲利普·科特勒，加里·阿姆斯特朗，2019. 市场营销原理：全球版[M]. 郭国庆，译. 15 版. 北京：清华大学出版社.

菲利普·科特勒，加里·阿姆斯特朗，2020. 市场营销：原理与实践[M]. 楼尊，译. 17 版. 北京：中国人民大学出版社.

菲利普·科特勒，加里·阿姆斯特朗，洪瑞云，等，2022. 市场营销原理：亚洲版[M]. 赵占波，姚凯，译. 4 版. 北京：机械工业出版社.

菲利普·科特勒，凯文·莱恩·凯勒，亚历山大·切尔内夫，2022. 营销管理[M]. 陆雄文，等译. 16 版. 北京：中信出版社.

格雷厄姆·胡利，奈杰尔·皮尔西，布里吉特·尼库洛，2014. 营销战略与竞争定位[M]. 楼尊，译. 5 版. 北京：中国人民大学出版社.

郭国庆，2014. 市场营销学[M]. 北京：中国人民大学出版社.

郭国庆，陈凯，2022. 市场营销学[M]. 7 版. 北京：中国人民大学出版社.

韩德昌，1995. 市场营销理论与实务[M]. 天津：天津大学出版社.

季辉，吴玺玫，2010. 市场营销[M]. 2 版. 北京：科学出版社.

加里·阿姆斯特朗，菲利普·科特勒，2021. 市场营销学[M]. 赵占波，孙鲁平，赵江波，等译. 13 版. 北京：机械工业出版社.

加里·阿姆斯特朗，菲利普·科特勒，王永贵，2017. 市场营销学[M]. 王永贵，郑孝莹，等译. 12 版. 北京：中国人民大学出版社.

卡迪科亚·康佩拉，2018. 品牌挑战：行业品牌建设责任[M]. 徐梅鑫，译. 北京：经济管理出版社.

兰迪·科米萨，詹通·赖格尔斯曼，2019. 直面创业问题：创业者快速学习的行动指南[M]. 周昕，王莉，译. 杭州：浙江大学出版社.

李昆益，吴烽，2020. 创业营销策划实务[M]. 北京：中国人民大学出版社.

梁文玲，2019. 市场营销学[M]. 3 版. 北京：中国人民大学出版社.

梁芷曼，2018. 软文营销[M]. 北京：人民邮电出版社.

刘洪深，陈阳，2020. 市场营销学[M]. 4版. 北京：北京大学出版社.

刘会福，房照，杨嘉伟，2016. 现代市场营销理论与实务[M]. 北京：北京交通大学出版社.

陆剑清，丁沁南，2017. 营销心理学[M]. 北京：人民邮电出版社.

罗伯特·帕尔马蒂尔，什里哈里·斯里达尔，2020. 营销战略：第一原理和数据分析[M]. 康俊，杨智，译. 北京：中国人民大学出版社.

罗杰·A. 凯琳，罗伯特·A. 彼得森，2011. 战略营销：教程与案例[M]. 范秀成，译. 11版. 北京：中国人民大学出版社.

罗杰·A. 凯琳，史蒂文·W. 哈特利，威廉·鲁迪里尔斯，2012. 市场营销[M]. 董伊人，史有春，何健，等译. 9版. 北京：世界图书出版公司.

迈克尔·埃特泽尔，布鲁斯·沃克，威廉·斯坦顿，等，2009. 市场营销[M]. 王永贵，译. 14版. 南京：南京大学出版社.

迈克尔·所罗门，2018. 消费者行为学[M]. 杨晓燕，等译. 12版. 北京：中国人民大学出版社.

孟韬，2021. 市场营销：课程思政与互联网创新[M]. 2版. 北京：中国人民大学出版社.

O. C. 费雷尔，约翰·弗雷德里克，琳达·费雷尔，2016. 企业伦理学：诚信道德、职业操守与案例[M]. 李文浩，卢超群，等译. 10版. 北京：中国人民大学出版社.

裴吉·A. 兰姆英，查尔斯·R. 库尔，2009. 创业学[M]. 胡英坤，孙宁，译. 4版. 大连：东北财经大学出版社.

钱旭潮，王龙，2021. 市场营销管理：需求的创造与传递[M]. 5版. 北京：机械工业出版社.

乔·蒂德，约翰·贝赞特，2020. 创新管理[M]. 陈劲，译. 6版. 北京：中国人民大学出版社.

乔治·贝尔奇，迈克尔·贝尔奇，2019. 广告与促销：整合营销传播视角[M]. 郑苏晖，等译. 11版. 北京：中国人民大学出版社.

任会福，李娜，彭莉，2015. 市场营销实务[M]. 2版. 北京：人民邮电出版社.

陶晓波，吕一林，2022. 市场营销学[M]. 7版. 北京：中国人民大学出版社.

托马斯·富诗德，伯恩哈德·斯沃伯得，张红霞，2020. 消费者行为学：关注个体与组织的购买行为[M]. 孙晓池，译. 5版. 北京：北京大学出版社.

王宏伟，2021. 网络营销[M]. 3版. 北京：北京大学出版社.

王纪忠，2016. 市场营销[M]. 2版. 北京：北京大学出版社.

王锐，2022. 网络营销中国模式和新思维[M]. 北京：北京大学出版社.

王文永，高秀春，2016. 市场营销原理与实务[M]. 北京：中央广播电视大学出版社.

王永贵，2018. 服务营销[M]. 北京：清华大学出版社.

王永贵，2019. 市场营销[M]. 北京：中国人民大学出版社.

王永贵，2022. 市场营销[M]. 2版. 北京：中国人民大学出版社.

威廉·科恩，托马斯·德卡罗，2017. 销售管理[M]. 刘宝成，李霄松，译. 10版. 北京：中国人民大学出版社.

吴健安，钟育赣，2022. 市场营销学[M]. 7版. 北京：清华大学出版社.

吴越舟，2021. 未来商业趋势的5大转变[EB/OL].（2021-04-28）[2023-07-17]. http://www.360doc.com/content/21/0428/20/42586190_974625647.shtml.

熊高强，陈志雄，2017. 市场营销学[M]. 沈阳：东北大学出版社.

于洁，2022. 市场营销学：原理与实践[M]. 2版. 上海：复旦大学出版社.

张黎明，2018. 市场营销学[M]. 6版. 成都：四川大学出版社.

赵伟，2013．创业可以走直线[M]．南京：江苏文艺出版社．

张启明，杨龙志，2020．市场营销学[M]．北京：机械工业出版社．

赵轶，2014．市场营销[M]．2版．北京：清华大学出版社．

钟旭东，2019．市场营销学：现代的观点[M]．2版．上海：格致出版社．

周昌芹，李建清，林琢人，2016．创新与创业指导教程[M]．南京：河海大学出版社．

周亚蓉，陶廷雪．2015．现代营销实务与创新[M]．2版．北京：北京交通大学出版社．

朱燕空，罗美娟，祁明德，2018．创业如何教：基于体验的五步教学法[M]．北京：机械工业出版社．